Manual de Estudo de Caso

William Ellet trabalhou 14 anos como consultor de textos dos estudantes de MBA da Harvard Business School. Antes disso, lecionou por dois anos a disciplina de Comunicação Empresarial e, depois, um requisitado curso do programa de MBA da HBS. Atualmente, é responsável pelos textos do programa de PreMBA da mesma instituição. Além disso, é editor de uma publicação *on-line, Training Media Review.* Diplomado pela University of Chicago e pela University of California em Berkeley.

E45m	Ellet, William.
	  Manual de estudo de caso : como ler, discutir e escrever casos de forma persuasiva / William Ellet ; tradução André de Godoy Vieira. – Porto Alegre : Bookman, 2008.
	  270 p. ; 25 cm.
	
	  ISBN 978-85-7780-231-9
	
	  1. Administração. 2. Estudo de caso. I. Título.
	
	  CDU 658

Catalogação na publicação: Mônica Ballejo Canto – CRB 10/1023.

WILLIAM
ELLET

MANUAL DE ESTUDO DE CASO

COMO LER, DISCUTIR E ESCREVER CASOS DE FORMA PERSUASIVA

Tradução:
André de Godoy Vieira

Consultoria, supervisão e revisão técnica desta edição:
Professor Tadeu da Ponte
Membro do Núcleo de Estudos da Dinâmica
de Ensino e Aprendizagem do Ibmec São Paulo
e docente na área de Métodos Quantitativos da mesma instituição.
Mestre em Matemática pelo IME – USP

2008

Obra originalmente publicada sob o título
The Case Study Handbook: How to Read, Discuss, and Write Persuasively About Cases
ISBN 978-1-4221-0158-2

Copyright © 2007 William Ellet
Publicado conforme acordo com a Harvard Business School Press.

Capa: *Rogério Grilho*

Leitura final: *Andrea C. Perrot*

Supervisão editorial: *Arysinha Jacques Affonso*

Editoração eletrônica: *Techbooks*

Reservados todos os direitos de publicação, em língua portuguesa, à
ARTMED® EDITORA S.A.
(BOOKMAN® COMPANHIA EDITORA é uma divisão da ARTMED® EDITORA S.A.)
Av. Jerônimo de Ornelas, 670 - Santana
90040-340 Porto Alegre RS
Fone (51) 3027-7000   Fax (51) 3027-7070

É proibida a duplicação ou reprodução deste volume, no todo ou em parte,
sob quaisquer formas ou por quaisquer meios (eletrônico, mecânico, gravação,
fotocópia, distribuição na Web e outros), sem permissão expressa da Editora.

SÃO PAULO
Av. Angélica, 1.091 - Higienópolis
01227-100 São Paulo SP
Fone (11) 3665-1100   Fax (11) 3667-1333

SAC 0800 703-3444

IMPRESSO NO BRASIL
PRINTED IN BRAZIL
Impresso sob demanda na Meta Brasil a pedido de Grupo A Educação.

AGRADECIMENTOS

Os estudantes de MBA são os virtuais co-autores deste livro. Quem dera eu pudesse manifestar meu reconhecimento a todos eles, em especial àqueles com quem tive a imensa sorte de trabalhar no programa de PreMBA da Harvard Business School. Por ora, no entanto, só me é dado agradecer aos que contribuíram diretamente para a realização deste livro: Oscar Zagrean, Chuljoong Jurng, Jorge Novis, Yosef Hojchman, Vvivi Rongrong Hu, Emily Mei Dong, Chris Cagne, Rastislav "Rasto" Kulich, E. Ciprian "Cip" Vatasescu e Agam Sharma. Cip e Francisco "Paco" Demesa cederam-me seus ensaios como base para as amostras presentes nos Capítulos 11 e 12. Yusuke Watanabe não apenas contribuiu para o capítulo sobre discussão de casos, como também prestou valiosa assistência coletando os comentários de outros alunos.

Sinto-me incapaz de enumerar todos os benefícios que recebi de Maureen Walker, diretora associada dos Serviço de Apoio ao MBA da HBS, porque a lista é longa demais. Basta dizer que seu conhecimento perpassa todo este livro, tendo sido ela a principal fonte de consulta para o capítulo relativo à discussão de casos. Pat Light, diretora dos Serviço de Apoio ao MBA da HBS, há muitos anos tem apoiado a assistência redacional aos estudantes de MBA, oportunizando-me auxiliá-los e aprender com eles.

O grupo de redação que tenho a sorte de integrar – Tehila Lieberman, Bob Dall, Kari Bodnarchuck, Cathy Armer, Lucy McCauley, Laurie Covens e Sara Fraser – é composto por escritores de ficção e não-ficção literárias; mas nem por isso essas pessoas pacientes e observadoras deixaram de ouvir os esboços de meu manuscrito e de aprimorá-lo – no que me apoiaram até aqui. Tehila, em especial, colaborou com o desenvolvimento de conceitos para a análise de casos e com a redação de ensaios baseados em casos. Entre suas contribuições estão as versões originais dos modelos de planejamento ensaístico presentes ao final dos Capítulos 10, 11 e 12.

Andrea Oseas e Joelle Andre testaram minhas idéias, ajudando-me a identificar as que funcionavam e as que precisavam ser trabalhadas. Shelley Fishman foi minha primeira colaboradora nas redações. Além de sua *expertise* em instrução redacional, ela partilhava comigo a crença de que poderíamos oferecer aos estudantes algo mais que conselhos genéricos sobre ensaios baseados em casos.

Jeff Kehoe, editor de aquisições da Harvard Business School Press, convencido do potencial da obra, agiu prontamente movido por essa crença. Sou grato a ele e a seus colegas da Press pela oportunidade que me deram. Meu agente, Charles B. Everitt, foi um guia confiável durante todo o processo editorial. Erin Scheffler, diretor dos Cursos de MBA da HBS, prestou-me generoso auxílio na pesquisa de casos para este livro, posto em produção por Dino Malvone e Marcy Barnes-Henrie, da Press, cujas atuações desmentiram o estereótipo de morosidade comumente atribuído à publicação de livros. Monica Jainschigg realizou uma meticulosa preparação dos originais.

Devo muito também aos revisores anônimos recrutados pela Harvard Business School Press. Diligentes e nada dogmáticos, eles leram atentamente o manuscrito, contribuindo com muitas sugestões para melhorá-lo. Charles Bambach desceu dos píncaros heideggerianos para ler partes dos originais, comentando a respeito de suas bases metodológicas. Sua mais valiosa contribuição, contudo, foi a amizade. Embora jamais tenhamos nos encontrado, o professor James W. Harris assentiu prontamente na leitura de um capítulo fundamental e os comentários que teceu me levaram a uma revisão substancial do texto.

Por fim, sempre que precisei trabalhar, minha esposa Jane preencheu minha ausência doméstica. Meu filho Will suportou supreendentemente bem esse período de abstração paterna, sobretudo se considerarmos que me ocupei deste livro durante metade de sua vida (ele tem sete anos de idade). O apoio e a compreensão de ambos foram cruciais em cada etapa deste caminho.

A todos vocês, minha gratidão não cabe em palavras.

William Ellet

Sumário

Introdução 9
1 Persuasão, argumento e o método do caso 13
2 O que *é* um caso? 19

PARTE I
ANÁLISE

3 Como analisar um caso 27
4 Demonstração da análise de caso 43
   ESTUDO DE CASO: "Malásia nos anos 1990 (A)"
5 Problemas 53
   ESTUDO DE CASO: Allentown Materials Corporation:
                    Divisão de Produtos Eletrônicos
                    (Resumido)"
6 Decisões 67
   ESTUDO DE CASO: "General Motors:
                    Divisão Packard Electric"
7 Avaliações 79
   ESTUDO DE CASO: "Allentown Materials Corporation:
                    Divisão de Produtos Eletrônicos
                    (Resumido)"

PARTE II
DISCUSSÃO

8 Como discutir um caso 91

PARTE III
ELABORAÇÃO

9   Como redigir um ensaio baseado em caso 105

10   Ensaios sobre problemas 117
     ESTUDO DE CASO: "Allentown Materials Corporation:
                         Divisão de Produtos Eletrônicos
                         (Resumido)"
     Ensaio amostral 123

11   Ensaios sobre decisão 131
     ESTUDOS DE CASO: "General Electric: Major Appliance
                          Business Group (Resumido)" e
                          "Whisler Corporation (A)"
     Ensaios amostrais 141

12   Ensaios sobre Avaliação 157
     Caso disfarçado 164
     Ensaio amostral 169

PARTE IV
CASOS PARA ANÁLISE E ELABORAÇÃO

Allentown Materials Corporation:
A Divisão de Produtos Eletrônicos (Resumido) 175

General Electric: Major Appliance Business
Group (Resumido) 191

General Motors: Divisão Packard Electric 211

Malásia nos anos 1990 (A) 233

Whistler Corporation (A) 253

Índice 267

Introdução

O *Manual de Estudo de Caso* é o resultado de 16 anos de trabalho junto a estudantes de administração. O estímulo que me levou a elaborá-lo foi o vácuo com que me deparava ao orientar meus alunos na composição de ensaios de caso.

No início, quando trabalhava com estudantes de MBA, eu me limitava a dar conselhos convencionais – como redigir parágrafos coerentes, dar preferência à voz ativa, produzir ensaios com início, meio e fim discerníveis. Conselhos que até causavam certo impacto, mas não tão grande quanto eu desejava. Por fim, percebi que, ao examinar os casos, os estudantes geralmente não sabiam reconhecer a carência de um argumento ou não se sentiam seguros sobre como escrever um (mas essa falta de compreensão não era culpa deles, e sim das instruções redacionais que haviam recebido). Assim, decidi imediatamente pôr a questão do argumento no primeiro plano das minhas aulas. Experimentei usar algumas proposições derivadas de um entimema. Utilizei o método silogístico com o qual Stephen Toulmin aborda a estrutura de um argumento. No fim, mantive-a simples: conclusão, razões e evidência.

Compreender quando está faltando um argumento e como criar um ajudou muitos dos escritores sob minha orientação. Contudo, eu continuava preocupado com aqueles estudantes que tinham dificuldades para redigir ensaios baseados em casos. Seus textos não raro se caracterizavam por pontos de vista confusos, por discussões desconectadas dos tópicos e pelo uso impróprio das evidências. Demorei algum tempo até perceber que esses ensaios estavam refletindo, de maneira involuntária, os próprios casos que os escritores supostamente deviam estar interpretando. A terapia do argumento era, portanto, uma solução incompleta para esse problema. Meus alunos precisavam de algo mais, mas eu não tinha esse algo mais para lhes oferecer.

Eu estava ciente de que, se havia uma solução, ela estava nos próprios casos – mas minha jurisdição se restringia ao campo da escrita. Relutante, presenciei muitas discussões sobre isso e li muitos exames de caso. Acompanhei casos sobre os quais meus alunos escreviam e os comparei aos ensaios produzidos com base neles. Alguns estudantes sabiam instintivamente como responder a perguntas do tipo "Qual é a melhor decisão?", "Por que esta organização está tendo um desempenho ruim?". Admirei-me com sua clareza de propósito, apesar de toda a pressão do exame, do desafio que escrever sobre um caso representa e da falta de informação sobre as expectativas dos leitores. Aprendi tanto com os ensaios bem-sucedidos quanto com os que ficaram aquém do esperado.

Aos poucos, à medida que as idéias contidas neste livro iam tomando forma, procurei testá-las com estudantes de MBA, para saber se finalmente eu poderia oferecer-lhes algum conselho que atendesse a todas as suas necessidades. Dessa vez, minhas idéias não estavam limitadas ao terreno da escrita. De repente me vi criando, numa espécie de engenharia reversa, um método que poderia ser aplicado para analisar casos. Venho usando as idéias aqui detalhadas por cinco anos, e os resultados têm sido consistentemente positivos, tanto nas discussões em aula como nos exames baseados em casos – não por avaliação minha, mas de meus instrutores de MBA, que nada sabiam do referido método (e que não tinham razão alguma para saber). Fiquei contente sobretudo pelos estudantes que conseguiram superar as dificuldades acadêmicas.

Nesta obra, faço algumas observações que poderiam ser interpretadas como uma teoria de casos. Os leitores, especialmente os acadêmicos da área de administração, precisam antes de mais nada entender o que este livro não é. Ele não alimenta ambições teóricas nem consiste de uma teoria de casos retórica ou generativa ou ainda de uma taxonomia com categorias exclusivas. Tampouco inaugura qualquer espécie de argumentação. Ele descreve um método pragmático fundado em observações sobre situações freqüentemente verificadas nos casos e na maneira como os estudantes respondem a eles. Falando estritamente, o livro que o leitor tem em mãos não é sobre o método do caso porque tais situações acontecem no mundo real – o que não é de admirar, já que os casos espelham justamente o que acontece no mundo real. O método que proponho não dá conta de cada situação encontrada nos casos nem de cada combinação delas. Ele simplesmente tira partido do fato de que muitos casos envolvem certas situações bem-definidas.

Cada uma dessas situações tem sua própria lógica, e o conhecimento disso pode ajudar os estudantes a interpretar os casos de maneira mais eficiente, a discuti-los com maior propriedade e a escrever sobre eles de modo mais convincente. As conexões entre análise, discussão e redação constituem a vantagem primordial desse método; todavia, ele não pode ser tomado como um substituto das teorias, das estruturas conceituais, dos processos e dos métodos quantitativos ensinados nos cursos de administração. Na verdade, seu propósito é complementar e facilitar a utilização deles, não devendo depreciá-los ou sonegá-los, mas acelerar seu entendimento e dedicar-se à sua aplicação.

Os ensaios e excertos de ensaios apresentados neste livro baseiam-se em textos produzidos por estudantes de MBA. Eles foram disfaçados para proteger a privacidade de seus autores. Como os ensaios originais eram testes escritos sob a pressão do tempo, optei por editá-los para, assim, permitir que exemplificassem melhor os conceitos aqui sustentados. No entanto, procurei ser comedido nessa edição, para que eles não soassem como exemplos "ideais". Somente um exemplo de texto ruim é apresentado – e ele serve como contraponto a um bom exemplo sobre o mesmo caso. A meu ver, exemplos de textos ruins tendem a reforçar uma má escrita.

Todos os casos contidos neste livro provêm da Harvard Business School. De modo a evitar qualquer tipo de problema para os professores, eles foram cuidadosamente pesquisados, tendo em vista assegurar que já não estavam mais sendo usados em sala de aula em nenhum lugar do mundo. Utilizo esses casos inativos para demonstrar o método aqui destacado. Saliento ao leitor que minhas interpretações não são mais definitivas que as de ninguém, e que nelas incluo questões em aberto e outras formas de abordar um caso. Em outras palavras, faço o possível para desencorajar a idéia de que existe uma "resposta certa" para cada caso. Alguns trechos curtos de casos que ainda estão sendo empregados em aula foram cuidadosamente disfarçados, para evitar que algum estudante venha a tirar alguma vantagem indevida – embora seja difícil imaginar que breves citações possam proporcionar qualquer vantagem.

O *Manual de Estudo de Caso* não foi escrito com a pretensão de ser indispensável. De fato, há estudantes de administração que por conta própria desenvolvem abordagens que funcionam bem e que facilmente vão se adaptando à composição de ensaios. Ainda assim, muitos deles acabam não chegando a uma abordagem confiável, o que atrapalha o seu aprendizado. O mesmo se aplica às suas dificuldades redacionais – muitos lutam contra isso nas escolas de administração. Com o crescimento a longo prazo das matrículas em MBA e com o uso difundido de casos, o *pool* mundial de estudantes que irão se deparar com o método do caso segue se expandindo.

Este livro destina-se a todos esses estudantes, atuais e futuros. Minha esperança é de que seus benefícios estendam-se ainda mais amplamente. Todos ganham se os aprendizes estão melhor preparados para as discussões de sala de aula e para a redação de argumentos – os alunos, seus pares, os professores e os futuros empregadores.

Capítulo 1

PERSUASÃO, ARGUMENTO E O MÉTODO DO CASO

A cada ano, os estudantes que ingressam na escola de administração se deparam com uma abordagem de ensino e aprendizagem nova para muitos deles: o método do caso. Por *caso*, refiro-me aos estudos substanciais desenvolvidos por faculdades de administração ou corporações, e não às insuficientes vinhetas incluídas em muitos livros-texto sobre negócios. Para os novatos, esse primeiro contato pode ser desconcertante. Um caso parece ser uma narrativa direta, mas, ao terminar de lê-lo, esses estudantes se perguntam qual é sua idéia central. Um estudo de caso sobre uma dada cadeia de restaurantes termina com o presidente da organização revolvendo na mente questões básicas sobre o negócio. Ele não dá nenhuma resposta; o caso, tampouco. Em outro estudo de caso, um jovem MBA acidentalmente toma conhecimento de um suposto comportamento organizacional que poderia trazer várias conseqüências para os indivíduos envolvidos, inclusive ele. Na conclusão do caso, o sujeito em questão acaba com uma verdadeira dor de cabeça, literal e figurada – e nada de explícito é mencionado quanto ao que ele deveria fazer.

Nas salas de aula, em discussões de casos como esses, os professores aplicam o método socrático, através do qual os estudantes conduzem a discussão ao responder a uma sucessão de perguntas. Em tais situações, os discentes podem se sentir vulneráveis, e a atmosfera da sala de aula pode ser de tensão e ansiedade, particularmente nos primeiros meses. Testes escritos baseados em casos apresentam um outro desafio. Em sala de aula, todo o grupo, inclusive o professor, trabalha conjuntamente em dado caso. Dependendo do tamanho da turma, cada estudante tende a contribuir com apenas um pequeno número de comentários para a discussão. Nos testes, os estudantes atuam por conta própria. Não apenas têm de analisar o caso em resposta a uma ou mais questões, mas também redigir um ensaio que satisfaça e convença um leitor experimentado – tudo isso em um período de tempo limitado.

Tanto em classe como em testes, os estudantes do método do caso têm de responder a questões como as que seguem:

- Vale a pena o esforço de mudança apresentado no caso? Se sim, por que não obtêve êxito? Como pode ser implementado com sucesso?

- Quão atraente é o setor descrito no caso? Existem alguns segmentos mais atraentes do que outros? Por quê? Identifique, analise e avalie a estratégia da empresa ilustrada no caso.

- Pensando da perspectiva dos membros atuais da União Européia, você concorda com a sua decisão de ampliar a UE com dez novos participantes? Quais são os prós e os contras? Qual é o impacto sobre a economia mundial?

HABILIDADES PARA O ESTUDO DE CASOS

De tempos em tempos, estudantes de MBA vêm me dizer que sentem haver, quanto ao método do caso, um segredo que alguns desvendam, e outros, não. Se o desvendamos, nos saímos bem; do contrário, fazemos o melhor que podemos, sempre receosos de que estaremos nos expondo.

O método do caso realmente exige muito do estudante, mas isso não significa que constitua uma sociedade secreta na qual poucos indivíduos afortunados conseguem ingressar e, assim, superar seus pares. Os estudantes do método do caso necessitam de dois conjuntos de habilidades. Em primeiro lugar, a capacidade de analisar o caso, conferindo-lhe um significado a partir de seus pontos-chave ou das questões feitas a seu respeito. O objetivo é chegar a conclusões congruentes com a realidade do caso, levando em conta suas lacunas e incertezas. Em segundo lugar, a capacidade de comunicar seu pensamento de maneira efetiva.

O presente livro fornece um método para organizar e conduzir um estudo de caso, bem como uma orientação sobre como comunicar os resultados. Esse método deverá ajudá-lo a utilizar os conceito de administração que já fazem parte de seu conhecimento profissional ou que são ensinados em cursos de administração – conceitos como os que seguem:

- Teoria da Expectativa (Victor Vroom)
- Análise de situações de *marketing* 5 Cs[1]
- Modelo de Liderança 5 Ps (Mildred Golden Pryor, J. Christopher White e Leslie A. Toombs)
- Macroeconomia
- Cadeia de Valor (Michael Porter)

A combinação entre um método para organizar o pensamento sobre um caso e conceitos de administração o ajudará a chegar a algumas conclusões e a explicar por que você acredita que elas são válidas. Tanto no âmbito educacional como no empresarial, suas conclusões têm pouco significado se não são compartilhadas com os demais. O método do caso consiste em emitir e comparar opiniões, aprendendo com as diferenças e semelhanças. Num programa acadêmico, a comunicação de conclusões sobre um caso ocorre oralmente – em grupos de estudo e discussões em aula ou em apresentações formais. Também ocorre por escrito – em tarefas de aula, projetos de pesquisa e exames. Cada tipo de comunicação tem suas próprias necessidades e exigências. Em sala de aula, você tem de inserir seus *insights* no contexto da discussão geral. O papel de cada indivíduo é avançar a discussão e contribuir para o entendimento coletivo do caso. Apresentações individuais ou em grupo normalmente visam a persuadir a audiência. Um ensaio baseado em caso também visa à persuasão. Este livro se divide em três grupos distintos de habilidades: análise de caso (Parte I), discussão (Parte II) e redação a partir de casos (Parte III).

---

[1] Ver Robert J. Dolan, "Note on Marketing Strategy", Note 9-598-061 (Boston: Harvard Business School Publishing, 1997).

RECEBENDO CONHECIMENTO *VERSUS* PRODUZINDO CONHECIMENTO

Muitos dos estudantes que ingressam nas escolas de administração foram educados mediante um sistema de preleções (aulas expositivas). Tal sistema constitui uma maneira eficiente de um especialista passar conteúdos a vários indivíduos ao mesmo tempo. Aliado aos livros-texto, que nada mais são que aulas expositivas, esse modelo de aprendizagem pode transmitir uma grande quantidade de conteúdos num curto espaço de tempo.

O modelo de preleção é eficiente para a transmissão de informações. Porém, como qualquer método de aprendizado, ele tem suas limitações. Uma das mais importantes é não estimular os ouvintes a pensar a respeito do conteúdo exposto nem a aplicá-lo. Preleções sobre desenvolvimento organizacional ou macroeconomia só adquirem um verdadeiro significado quando o aprendiz é capaz de aplicar o seu conteúdo a questões que o levem a compreender melhor organizações ou países. Conceitos que devem ser aplicados exigem oportunidades para pô-los em prática. O método de preleção geralmente não possibilita ao estudante exercer uma prática rigorosa, e os aprendizes tendem a ser avaliados segundo sua capacidade de recordar os fatos.

Ao ingressar num programa baseado em casos, os estudantes compreensivelmente supõem que "regurgitar" fatos relativos a um caso constitui uma tarefa central. Causa-lhes admiração quando seus professores não apenas esperam que eles conheçam esses fatos, mas que também os utilizem para respaldar sua opinião acerca de alguma questão que o caso suscite. De nada adianta dizer que esses estudantes novatos geralmente não são informados sobre o que o método do caso lhes exige. A mentalidade do tipo "ou vai ou racha" parece ser algo habitual, pelo menos nos Estados Unidos. No método de preleção, os aprendizes *recebem* conhecimento de um especialista. No método do caso, eles *produzem* conhecimento com o auxílio de um especialista. Essa mudança fundamental faz com que muitos deles se sintam confusos e inseguros quanto à forma como devem encarar o processo de aprendizagem.

REDAÇÃO E PERSUASÃO

Um graduado certa vez resumiu seus sentimentos em relação às instruções redacionais que lhe haviam sido passadas durante um programa de MBA: "Eu não fui para uma escola de administração para aprender a escrever!".

Bastante justo, embora muitos estudantes de administração não considerem suas habilidades redacionais satisfatórias, razão pela qual se sentem inseguros sobre como redigir um argumento. A grande maioria dos diplomados em programas de graduação teve pouca prática de escrita depois de passar pela disciplina de redação exigida para calouros e obter um pouco *feedback* significativo de seus textos. É provável que pessoas graduadas e com experiência não tenham produzido sequer um único texto importante desde a escola secundária. Ainda assim, como programas MBA de qualidade – tanto em sala de aula como *on-line* – exigem que os estudantes escrevam, a carência de uma instrução e de uma prática prévias pode acabar sendo uma desvantagem. Além disso, pode reduzir a efetividade de suas carreiras. O título de um artigo do *New York Times* capta com precisão o estado em que se encontra a capacidade de escrever nos Estados Unidos: "O que a América corporativa não pode construir: uma frase".[2]

---

[2] Sam Dillon, "What Corporate America Cannot Build: A Sentence", *New York Times*, 7 dez. 2004.

A capacidade de pensar com clareza e de comunicar-se de modo convincente sempre constituiu uma importante habilidade para líderes e administradores. Nos dias de hoje, talvez seja ainda mais. A rápida globalização, o aumento de grupos de trabalho geograficamente dispersos e o advento da Internet conferiram um novo *status* de qualidade à comunicação textual. O artigo do *New York Times* supracitado ilustra o caos diário que *e-mails* mal redigidos acarretam às empresas. Na "economia do conhecimento", espera-se que os funcionários pensem e ajam por conta própria. Por sua vez, esses indivíduos hábeis e inteligentes esperam que a gerência explique e convença, não apenas emita ordens. Com os empregados espalhados pelo mundo todo, o meio mais prático de contatá-los é pela via escrita. Documentos bem-redigidos podem ser uma fonte oculta de vantagens competitivas.

A persuasão é a arte de convencer uma audiência, ouvintes ou leitores, a acreditar, pensar ou agir conforme o desejo do orador ou do escritor. Trata-se de uma arte milenar, que remonta aos primórdios da civilização ocidental. Continua tão vital nos dias de hoje como o foi em suas formas antigas. A argumentação e a persuasão são necessárias para resolver controvérsias – para ajudar pessoas com diferentes pontos de vista sobre o mesmo assunto a chegar a um consenso. Essa função tem uma importância particular no terreno dos negócios, estando sua ênfase na ação. Diferenças de opinião precisam ser negociadas a fim de que a empresa possa adotar uma ação inteligente.

Por possuírem múltiplos significados, os casos são sempre controversos. Numa turma com quarenta estudantes, por exemplo, é provável que haja quarenta pontos de vista diferentes sobre o mesmo caso. Para que sua escrita seja capaz de persuadir colegas de aula e professores, o aluno precisa lidar com dois obstáculos: o texto compartilhado (o caso) e o olhar ou a atitude crítica da audiência. Como essa última conhece o texto e os fatos, esse discente-escritor não pode se dar ao luxo de cometer equívocos factuais. Além disso, como os membros da audiência estão familiarizados com o caso e, portanto, têm suas próprias opiniões a respeito dele, é necessário que o escritor encontre um alto padrão de evidências.

Por outro lado, o conhecimento da audiência sobre o caso é um ativo. Ele desobriga o escritor de descrever a situação do caso, de definir os termos nele utilizados e de outras tarefas que cabem aos oradores ou escritores desempenhar sempre que sua audiência não está a par do tópico tratado. Além disso, há muitos professores que se mostram menos interessados pela posição que os escritores adotam do que pela sua capacidade de comprová-la.

Há várias formas de persuadir uma audiência – apelos emocionais, truques de lógica, apelos à autoridade, ou emprego do raciocínio e de evidências. Num cenário acadêmico ou de negócios, a melhor maneira de persuadir é fazer uso da argumentação. O trabalho acadêmico está fundado no pensamento e no discurso lógico, racional, sendo a argumentação necessária a ambos. Para os estudantes de administração, aprender a analisar uma situação de modo preciso e persuadir usando argumentos racionais são requisitos de extrema importância. Cabe aos gerentes e executivos serem capazes de pensar logicamente sobre os negócios que estão tentando administrar, as pessoas que procuram liderar e as metas que pretendem alcançar. Pensamentos cronicamente obscurecidos pela emoção, por lapsos da razão ou pela relutância em encarar friamente os fatos costumam acarretar dificuldades tanto para os gestores quanto para suas organizações.

Em termos gerais, uma argumentação consiste numa série de afirmações logicamente relacionadas. A relação fundamental, aquela que mais importa, é a que se dá entre a afirmação contida numa conclusão e a evidência que nos leva a ela.

Chegamos a uma conclusão para determinado caso – p. ex., o presidente está certo em não pagar a dívida externa do país – e os leitores acenam positivamente com a cabeça e dizem: "Ótimo, mas o que você pode dizer para provar sua conclusão?".³ Para que a audiência leve nossa conclusão a sério, precisamos mostrar por que isso é necessário.

Eis um exemplo da relação conclusão-evidência:

O quê? (conclusão)   *[porque]*   *Por quê? (evidência)*
O presidente está certo em não pagar a dívida externa.   O pagamento integral da dívida desestabilizará o país.

A afirmação "O pagamento integral da dívida desestabilizará o país" por si só não persuadirá ninguém. A audiência precisa de evidências capazes de provar que o pagamento integral da dívida desestabilizará a nação.

O quê? (conclusão)   *[porque]*   *Por quê? (razão)*
O presidente está certo em não pagar a dívida externa.   O pagamento integral da dívida desestabilizará o país.

Evidências
1. O pagamento da dívida privará o país de um dinheiro extremamente necessário para amparar a economia e atender a demandas sociais como educação e saúde.
    Evidências incluem uma narrativa histórica mostrando que no passado, baixas na economia do país empobreceram a população e criaram conflitos políticos que agravaram sua situação econômica.
2. As finanças nacionais estão exauridas.
    Evidências incluem dados e cálculos mostrando que a precária administração da economia do país resultou no aumento do déficit público com empréstimos e numa arrecadação de impostos desigual.
3. A economia nacional começou a se recuperar recentemente.
    Evidências incluem dados e cálculos mostrando que o Produto Interno Bruto aumentou 3 e 5% nos últimos dois anos, respectivamente, que a inflação diminuiu 5% no período de um ano, mas que o índice de desemprego cresceu acentuadamente.
4. A qualidade de vida e outros indicadores de bem-estar social estão melhorando, mas uma baixa na economia reverterá esses progressos.
    Evidências incluem dados mostrando que a renda *per capita* teve uma pequena alta (2%). A criminalidade caiu em 6%, coincidindo com uma melhora na economia.
5. Uma crise política foi recém-solucionada, mas, se a economia sofrer baixa, é possível que surjam novas crises.
    Evidências demonstram que, na história recente do país, agitações políticas impediram o governo de tomar as medidas difíceis, mas necessárias, para promover o crescimento econômico.

---

³ Paráfrase de Stephen Toulmin, *The Uses of Argument* (Cambridge: Cambridge University Press, 1958), 13.

A argumentação inicia-se com uma conclusão e uma afirmação que resumem a prova. Dispostas logo abaixo da afirmação estão outras, mais detalhadas. Cada qual precisa ser acompanhada por evidências adicionais que as corroborem (a fim de manter esse esquema desordenado, a maior parte das evidências detalhadas não foi incluída). Note que tais evidências não são apenas específicas, como também oriundas de diferentes fontes, incluindo estatísticas econômicas e a história política do país. Em geral, quanto maior o alcance da evidência relacionada a uma conclusão, tanto mais convincente será o argumento empregado.

Mantenha em mente esse modelo simples de argumentação, especialmente ao ler os capítulos sobre a redação de ensaios baseados em casos. Os casos constantemente nos convidam a mergulhar nos detalhes dos fatos e dos dados. Queremos detalhes – mas queremos também uma estrutura que nos permita administrá-los e relacioná-los a uma conclusão.

Capítulo 2

O Que *É* Um Caso?

Numa aula de método do caso, tanto o professor quanto o aluno precisam atuar de forma diferente. Cada um depende do outro para os respectivos processos de ensino e aprendizagem. Os professores são especialistas, mas raramente transmitem seu conhecimento de maneira direta. No método do caso, a arte do instrutor reside em fazer a pergunta certa no momento certo, fornecer um *feedback* para as respostas dadas e fomentar discussões que possibilitem encontrar múltiplos significados para o caso.

Para ilustrar esse padrão de perguntas e respostas, eis um trecho de uma discussão de caso simulada, derivada do caso da Harvard Business School "Malásia nos anos 1990 (A)":

Instrutor: O que vocês acham que o primeiro-ministro deveria fazer? O que ele deveria dizer às Nações Unidas?

Estudante A: Ele não deveria ceder aos ambientalistas. Dentro de suas fronteiras, todo país deve ser livre para fazer o que quiser. Isso não é da conta de ninguém. Os ambientalistas deveriam se preocupar com os problemas de seus próprios países.

Instrutor: Quer dizer então que o primeiro-ministro deveria trabalhar sozinho? Digamos que vocês estejam interessados em investir seu dinheiro nesse país. O que vocês prefeririam: um governo aberto ao diálogo e às negociações ou um governo "linha dura" para com os estrangeiros?

Estudante A: Acho que preferiria um governo disposto a dialogar. Mas não acho que essa seja uma questão que precise ser discutida.

Instrutor: Você disse que os grupos ambientalistas deveriam se preocupar somente com as questões relacionadas a seus próprios países, não é mesmo?

Estudante A: Sim.

Instrutor: Existe algum movimento ambientalista forte na Malásia?

Estudante A: Eu... eu não sei. O caso não menciona isso.

Instrutor: Suponhamos que não exista. Um ponto de vista ambientalista tem alguma utilidade para uma nação em desenvolvimento? Haveria aí alguma conseqüência que poderia prejudicar o desenvolvimento desse país ou tudo se resume a salvar da extinção, digamos, uma espécie de rã que os cientistas do Ocidente ainda não tiveram oportunidade de estudar?

Estudante A: Acho que esse país não pode sustentar os mesmos padrões de proteção ambiental que os países ocidentais.

Estudante B: O caso não menciona conseqüências negativas para a Malásia, como erosão, enchentes e extinção de espécies de plantas que poderiam ser desenvolvidas para usos medicinais.

Instrutor: Ok. Vejamos de outro modo: será que o desmatamento pode prejudicar o desenvolvimento a longo prazo desse país?

Estudante C: É bem possível. O plantio de árvores para colheita num nível que não seja sustentável significa que a colheita de madeira será cada vez menor. Conseqüentemente, a indústria e a receita proveniente dela desaparecerão.

Instrutor: Podemos dizer que esse é um problema grande, um problema pequeno ou algo entre eles?

Estudante C: Acho que está mais relacionado a uma única área.

Instrutor: Algo nesse caso nos informa qual é o escopo do problema? Alguém tem números que possam determiná-lo?

Estudante C: Não tenho números específicos. Sei que a madeira está diminuindo, assim como a porcentagem das exportações...

Como vemos, são os estudantes que fornecem o conteúdo para a discussão do caso; portanto, eles são indispensáveis para a geração de conhecimento. De fato, se eles não comparecem à aula bem preparados, o método do caso não atinge seu propósito, pois os responsáveis por gerar significados a partir dele não estão preparados para essa tarefa. No método de ensino expositivo, ou centrado no *expert* (professor), os fatos tendem a ser configurados de tal forma que só permitem uma única interpretação, a "verdade". As discussões de caso são repletas de fatos e informações, mas não são moldadas numa única verdade.

A lógica do método parece boa, até mesmo inspiradora, mas a realidade da experiência pode ser desconcertante. Os instrutores do método do caso normalmente não fornecem um resumo final dos fatos e argumentos apresentados, tampouco emitem opiniões pessoais sobre as conclusões e os planos de ação de seus alunos. Eles até podem ensinar conceitos para analisar os casos estudados em aula, mas de modo algum anunciam conclusões definitivas ou respostas certas, ainda que possam discriminar entre soluções mais e menos plausíveis. Com efeito, os estudantes entram e saem da sala de aula como os responsáveis pelos resultados da discussão.

Para eles, essa pode ser uma mudança monumental em sua experiência educacional – passando do conforto da autoridade e da verdade oficialmente sancionada ao duro esforço da responsabilidade pessoal e ao incômodo da ambigüidade e da possibilidade de múltiplos significados.

O QUE UM CASO É, O QUE ELE FAZ, O QUE ELE NÃO FAZ

Um *business case* imita ou simula uma situação real. Casos são representações textuais da realidade que colocam o leitor no papel de participante da situação. A sua unidade de análise varia consideravelmente, desde um único indivíduo ou organização a toda uma nação ou mesmo ao mundo. Sua exposição pode se estender de uma página a cinqüenta ou mais, embora todos tenham um propósito em comum: representar a realidade, descrever uma situação com todos os fatos transversais e delimitações – incluindo impropriedades, questões secundárias, falsos juízos e informações incompletas ou em quantidade demasiada.

A maior parte dos textos educativos representa o real como lógico e coerente, porém as situações reais de negócio são fluidas e inevitavelmente abrigam incertezas; elas não apresentam informações selecionadas e sortidas, tampouco os casos. Situações reais possuem certa clareza, informações excessivas ou incompletas e muitas casualidades – tal como os casos. Elas oferecem aos estudantes de administração o equivalente aos laboratórios utilizados para ensinar cientistas e médicos. Para cumprir sua função, um caso deve ter certas características. Como analogia da realidade, substituto da experiência direta de uma situação de negócio, um caso deve ter as três seguintes características:

- Questão ou questões empresariais significativas
- Informações suficientes nas quais basear conclusões
- Ausência de conclusões manifestas

Um caso desprovido de uma questão significativa não tem qualquer valor educativo. Podemos assumir, portanto, que todo caso lida com algo importante (p. ex., um dilema de precificação, compensações entre dívida e patrimônio líquido, um grande problema numa fábrica). Um caso deve ter uma base factual apropriada, a partir da qual seja possível tirar conclusões razoáveis e, ao mesmo tempo, não manifestar conclusão.

Muitos casos apresentam características que geram de dificuldades, a saber:

- Informações que incluem "ruído" – impropriedades, impasses e testemunhos falsos, tendenciosos ou limitados por parte dos personagens do caso
- Informações tácitas que precisam ser inferidas das informações explícitas
- Uma estrutura não-linear em que as evidências relacionadas estão dispersas por todo o texto e freqüentemente disfarçadas ou dependentes de inferências

Um caso bem-escrito *deve* conter essas características, de modo a simular a realidade. Como um leitor de casos, portanto, você deve estar habilitado a:

- Construir conclusões a partir das informações contidas no texto
- Descartar partes do texto irrelevantes ou de baixo valor
- Fornecer as informações ausentes a partir de inferências
- Associar evidências de partes diferentes do caso e integrá-las em uma conclusão

Um caso pode conter afirmações que, ditas por seus personagens podem soar conclusivas, ainda que, devido a seu próprio interesse e ponto de vista limitado, esses personagens sejam passíveis de descrença. Muitos casos apresentam trechos ou frases inúteis, em seu texto e ilustrações, cujo propósito é desviar o foco do leitor, dificultando a identificação de informações realmente proveitosas. O "ruído" é uma característica das situações reais. Atualmente, estamos abarrotados de informações, muitas das quais de pouco valor. Os casos nos dão uma árdua mas inestimável lição de como filtrar informações de acordo com sua relevância e valor. Alguns dos melhores casos, no entanto, utilizam a estratégia oposta: oferecem o que parece ser uma base factual impraticável e inadequada e imitam situações nas quais a informação é escassa, recompensando a capacidade do leitor de fazer inferências. Cada caso, quer contenha grande ou pouca quantidade de informação, exige que o leitor faça inferências – e essa pode ser a mais difícil transição dos livros-texto e das aulas expositivas. Se a memorização é a principal habilidade exigida no modelo expositivo, no método de caso o principal requisito é a habilidade de fazer inferências.

Os casos aparentam ter uma estrutura linear. Podem conter uma introdução e uma conclusão, uma seqüência de tópicos e subtópicos, além de uma série de ilustrações semelhantes às dos livros-texto. A introdução e a conclusão podem fornecer informações de valor incalculável, como veremos mais adiante, mas nem sempre é assim. Os tópicos e subtópicos parecem dividir o caso em seções que seguem a lógica de um livro-texto ou de um artigo do *Wall Street Journal*. Casos sobre negócios simulam a estrutura de documentos lineares como os livros-texto, mas, por não serem lineares, seu conteúdo não é apresentado da maneira mais lógica. Ao lado das informações obtidas por inferência, essa característica provavelmente constitui o maior desafio para os leitores. Estudantes inexperientes lêem casos supondo que o texto possua uma ordem lógica. É grande a sua perplexidade quando seu conteúdo segue uma organização que, apesar de não ser completamente ilógica, ainda assim é confusa. A partir daí, eles podem se sentir encorajados a empreender um esforço maior, a se debruçar mais tempo sobre os casos, a fim de obter notas melhores. Antes, porém, o que deveriam fazer é questionar se a maneira como lêem corresponde à natureza do texto lido.

DOMANDO UM TEXTO INDETERMINADO

Casos exigem leitores ativos. Os textos que a maior parte das pessoas costuma ler as incitam a adotar uma postura passiva. Os textos jornalísticos veiculados em jornais, em revistas, na televisão e na Internet – quer noticiando, quer opinando – têm por meta informar ao leitor o significado que pretendem transmitir; do contrário, não cumpririam seu propósito. Um artigo de jornal, por exemplo, expressa com clareza o assunto de que vai tratar, não raro no primeiro parágrafo, e cuidadosamente vai revelando seus pontos principais, que em geral são explicados e amplificados por meio de exemplos específicos. A título de ilustração, um recente artigo de capa de um jornal americano iniciou com uma anedota a respeito de um médico que descobre que um representante de uma companhia farmacêutica é dotado de grande conhecimento sobre os remédios que prescreve. Eis o terceiro parágrafo da história:

> *Os fabricantes de remédios, em um nível de detalhe ignorado por muitos médicos, estão gastando milhões de dólares para desenvolver relatórios secretos sobre determinados médicos e seus pacientes, de acordo com consultores das companhias farmacêuticas.*[1]

O parágrafo expressa sucintamente o propósito geral da história. O equilíbrio do texto fornece exemplos da coleta de dados e explora as razões pelas quais as empresas desejam coligi-los.

Num livro-texto, o especialista transmite aos leitores a verdade segundo ele a concebe. Um texto de história acerca da Roma antiga lança, na página 1, a seguinte "pergunta fundamental":

> *Como foi possível, em solo italiano e com base numa liga presidida por um de seus membros, criar um poder único, dotado de um forte exército e de um rico tesouro, ao passo que a Grécia, a despeito de seu gênio criativo, jamais perseverou em nenhuma de suas tentativas de obter o mesmo resultado? Em outras palavras: por que razão Roma, uma cidade-estado como Atenas e Esparta, logrou solucionar o quebra-cabeça que havia atordoado tanto Atenas como Esparta, e mesmo as monarquias gregas fundadas no poderio militar pelos sucessores de Alexandre?*[2]

O restante do texto – mais de trezentas páginas – procura responder a essa questão.

O caso da Harvard Business School "Malásia nos anos 1990 (A)" inicia com o primeiro-ministro do país, Mahathir bin Mohamad, prestes a discursar na Assembléia Geral das Nações Unidas e a ter encontros com investidores potenciais. Ambientalistas ocidentais criticavam a Malásia pelo desmatamento de suas florestas. O primeiro-ministro deve considerar a estratégia de desenvolvimento de seu país em relação a interesses internos e externos. Ao final do caso, reflete se deveria ou não aceitar as declarações de confronto, redigidas pelos autores de seus discursos, em repúdio aos ambientalistas e suas críticas. O restante do caso não relata apenas os fatos relevantes à controvérsia ou apresenta as opiniões e o raciocínio de todas as partes em relação à contenda, avaliando qual delas é a de posição mais legítima. Em comparação com uma notícia jornalística ou um livro-texto, as seções de abertura e fechamento desse caso parecem ter pouco a ver com o texto que as entremeia.

TRÊS FORMAS DE LER

Há pelo menos três abordagens possíveis para a interpretação de um caso:

- Recebê-la
- Descobri-la
- Produzi-la

---

[1] Liz Kowalczyk, "Drug Companies' Secret Reports Outrage Doctors", *Boston Globe*, 25 maio 2003, seção A.
[2] Michael Ivanovich Rostovtzeff, *Rome* (New York: Oxford University Press, 1960), 1.

A primeira abordagem, "Recebê-la", convém a um texto que expõe tanto um assunto quanto o seu significado, como as matérias jornalísticas ou as resenhas de produtos vendidos *on-line*. A segunda, "Encontrá-la", é indicada a um texto provido de códigos e pistas que os leitores reconhecem e reúnem para buscar uma solução. Uma novela de mistério é um bom exemplo disso (como também o são – o que é bastante estranho – os casos quantitativos, que dão dicas úteis para identificar as fórmulas ou equações corretas para preencher uma lacuna explícita ou implícita em um dado caso). A última abordagem, "Produzi-la", é própria para casos.

No exemplo "Malásia", o início e o fim do caso são suficientemente claros. Podemos admitir que as críticas feitas pelos ambientalistas ocidentais têm alguma base – o que não significa que sejam declaradas como verdadeiras – e poderiam complicar a estratégia de desenvolvimento do governo malaio. Mas, quando lemos o caso, as informações que se nos apresentam variam consideravelmente em sua aparente relevância para a questão suscitada no início do texto. A leitura do caso nos desperta a incômoda sensação de que, embora seu conteúdo se relacione com tal questão, a maneira como isso acontece não é clara. Na verdade, os fatos relevantes não são expostos claramente, ou o são de múltiplas maneiras. Caso se tratasse de uma matéria jornalística, o editor a mandaria de volta ao repórter, para que a reescrevesse.

Propositadamente, um caso não nos revela qual é o seu significado. Na primeira leitura, ele pode parecer um todo que é menos do que a soma de suas partes. Portanto, não podemos nos acomodar e esperar que o texto faça todo o trabalho. Precisamos lê-lo ativamente e construir nosso próprio sentido.

PARTE I

Análise

Capítulo 3

COMO ANALISAR UM CASO

Um caso é um texto que recusa explicar a si próprio. Em vista disso, de que maneira você pode conferir-lhe significado?

Comece identificando alguns fatores contextuais que o ajudem a delimitar e a restringir sua análise. Em geral, os casos são estudados em cursos. Um caso de *marketing* exige que você pense como negociante, não como um estrategista ou um gerente de produção. Os cursos costumam ser divididos em diferentes módulos ou temas, definidos por certos tipos de situações e, não raro, por conceitos, teorias e práticas apropriadas para essas situações. Espera-se encontrar, nos casos, os temas que integram os módulos e oportunidades para pôr em funcionamento as ferramentas analíticas e as melhores práticas que você aprendeu. Discussões de casos anteriores proporcionam uma base para se pensar a respeito de um novo caso, e questões de estudo podem chamar a atenção para aspectos importantes. Você deve fazer uso de todos esses fatores contextuais, tendo em mente, contudo, que eles não equivalem a um método para análise de casos.

PONTO DE PARTIDA PARA A COMPREENSÃO

O método de caso é *heurístico* – termo empregado para definir a aprendizagem auto-orientada que faz uso de análise para extrair conclusões sobre uma dada situação. O termo *análise* deriva do vocábulo grego que expressa "dissolução". Em inglês, análise possui duas definições estreitamente relacionadas: (1) separação de um todo em seus elementos componentes e (2) estudo das relações das partes com o todo. Para analisar um caso, portanto, você necessita de meios para identificar e compreender aspectos importantes de uma dada situação e o que eles significam em relação à situação como um todo.

Cada disciplina de administração dispõe de suas próprias teorias, estruturas conceituais, processos, práticas e ferramentas quantitativas. Todas elas são adaptadas para facilitar o entendimento de tipos específicos de situações. Os conceitos desenvolvidos por Michael Porter são bastante proveitosos para decidir pelo lançamento ou não de um dado produto a um preço especial ou para escolher o melhor método de financiar o crescimento de um negócio. As cinco forças de Porter permitem descrever e explicar o contexto do setor em que uma empresa atua.[1]

Ninguém esperaria que a estrutura conceitual de Porter orientasse a decisão de lançar um produto. Os métodos especializados são vantajosos porque foram

---

[1] Michael E. Porter, *Competitive Strategy: Techniques for Analyzing Industries and Competitors* (New York: The Free Press, 1980).

concebidos para servir a propósitos bem-definidos. No entanto, eles costumam ser complexos e difíceis de aplicar, sobretudo por aqueles que estão aprendendo a utilizá-los.

Este livro ensina uma abordagem de casos que complementa conceitos e teorias de administração. Seu propósito é oferecer um ponto de partida para análise que auxilie o uso de teorias, estruturas conceituais e fórmulas quantitativas, todas indispensáveis para se chegar a conclusões sobre um dado caso e construir um argumento para tais conclusões. A abordagem da situação de caso identifica aspectos do caso que podem ser úteis para analisá-lo, além de estimular uma leitura ativa.

PENSAR, NÃO LER: EIS O SEGREDO

Estudantes pouco familiarizados com o método do caso costumam acreditar que a maneira mais confiável de entender um caso é lê-lo do começo ao fim e depois relê-lo quantas vezes for necessário (é por isso que muitos estudantes de administração julgam que cursos de leitura dinâmica podem lhes ser úteis). Assim, com o marca-texto na mão, eles se precipitam sobre um dado caso e põem-se a lê-lo como se fosse o capítulo de um livro-texto. Na análise de caso, você precisa saber quando ler depressa e quando ler devagar. Precisa também gastar mais tempo pensando sobre o caso do que lendo.

Ao começar a trabalhar em um novo caso, você não sabe exatamente o que procurar. Esse é o primeiro dilema enfrentado por todos aqueles que se prestam a lê-lo. Numa abordagem de caso ativa, começamos a pensar a respeito do caso antes mesmo de lê-lo. A partir daí, procuramos respostas contidas no próprio caso. À medida que encontramos respostas parciais ou integrais, pensamos de que modo elas se relacionam umas com as outras e com o caso como um todo. Não produzimos conhecimento pelo ato de leitura. Com efeito, ler jamais constitui o primeiro recurso da análise de caso. Ler é simplesmente um instrumento, conduzido pelo processo de pensamento que produz sentido a partir do texto.

TIPOS DE SITUAÇÕES DE CASO

Quatro tipos de situações ocorrem repetidamente nos casos:

- Problemas
- Decisões
- Avaliações
- Regras

As pessoas às vezes reagem indignadas a essa classificação. Insistem que, pelo fato de os casos retratarem uma multiplicidade de situações, reduzi-los a quatro circunstâncias pode levar a equívocos. Por certo, as quatro situações propostas não são as *únicas* verificadas nos casos; ocorre que muitas situações de caso *pertencem* a uma dessas quatro categorias, de modo que, quando isso ocorre, saber de qual categoria se trata ajuda a organizar sua análise. Essa abordagem não é a única maneira correta de tratar um caso – é apenas uma delas. Experimente-a e veja se lhe é útil. Sinta-se livre para combinar partes dela com sua própria maneira de lidar com os casos. Talvez a maior utilidade desse método esteja em fazer você refletir sobre o modo como pensa os estudos de caso.

Problemas

A palavra *problema* possui muitos significados. Pode exprimir uma coisa vaga, aludindo a algo difícil ou embaraçoso. Contudo, tratando-se de uma situação de caso, a definição de *problema* é bastante específica. Trata-se de uma circunstância em que (1) há um resultado ou desempenho significativo e (2) inexiste uma explicação explícita para esse resultado ou desempenho. Em outras palavras, *problema* é uma situação em que algo importante aconteceu, mas não sabemos por quê.

Os casos contêm muitos exemplos de problemas assim definidos. Em um deles, um gerente bem-treinado e bem-intencionado tentou implementar uma mudança vantajosa na estratégia de vendas de uma dada organização – mudança ancorada em uma detalhada análise orientada por dados que todos consideravam um avanço –, mas não conseguiu obter o apoio da equipe de vendas. Em outro caso, um gerente de contabilidade de um fabricante percebe que dois bons clientes varejistas repentinamente deixaram de pagar contas vultosas o bastante para causar preocupação. O gerente não imagina por que as duas empresas atrasaram de tal forma seus pagamentos.

Ambos os casos descrevem situações que envolvem conseqüências ou resultados negativos. É importante conhecer as causas desses tipos de resultados por uma razão bastante prática: conhecê-las pode nos ser útil para melhorar a situação. O esforço de mudança pode ser autodestrutivo porque revela fraquezas não-aparentes, ou talvez o gerente seja eficiente sob muitos aspectos, mas um medíocre agente de mudança. É possível que os referidos clientes varejistas do fabricante tenham imensas contas a pagar por disporem de um sistema de controle interno desleixado – ou por estarem ambos à beira da falência. Tais possibilidades ilustram por que é tão imprescindível uma acurada análise causal. Uma mudança conceitualmente defeituosa é algo muito diferente de um indivíduo que não está bem-preparado para promovê-la. Se as duas situações existem, tomar uma medida corretiva torna-se muito mais complexo. Operações varejistas que precisam pôr em ordem seus processos contábeis podem exigir que o fabricante se empenhe em negociações durante um certo período de tempo, ao passo que duas empresas com dívidas que podem levá-las à falência requerem do fornecedor atenção imediata.

O sucesso também pode representar um problema, no sentido que essa palavra tem aqui. Vejamos o caso de uma companhia especializada em publicidade para *outdoors*. Ela opera em três diferentes segmentos de mercado, mas o caso não nos informa qual deles é o mais lucrativo, muito menos por quê. Um outro caso descreve o desenvolvimento de um dado país num espaço de mais ou menos trinta anos; superadas várias convulsões políticas e sociais, o país começa lentamente a se recuperar, superando o desempenho da maioria das outras nações da região. Entretanto, o caso não expõe até que ponto o país em questão é mais bem-sucedido que seus vizinhos e, embora forneça uma grande quantidade de dados – tanto econômicos quanto demográficos –, não enumera as razões para tal revitalização.

A análise inicia com uma definição do problema. Por mais que isso pareça óbvio, há muitos casos que sequer expõem um problema. Portanto, você precisa primeiro perceber a existência de um problema e, então, defini-lo para si mesmo. Em seguida, deve procurar explicá-lo relacionando o resultado ou desempenho às suas causas primordiais – essa é a principal tarefa da análise do problema. Para realizá-la a efeito, você terá de contar com ferramentas relevantes, tais como os métodos especializados das disciplinas de negócios, o comportamento organizacional ou a gestão operações.

Decisões

Muitos casos são organizados em torno de uma decisão explícita. O segundo parágrafo de "General Motors: Divisão Packard Electric" (reproduzido neste livro) inicia com a seguinte sentença: "O comitê de Produto, Processo e Confiabilidade*, que tinha a responsabilidade final pelo processo de desenvolvimento do novo produto, recorreu à análise e ao conselho de [David] Schramm para definir se a Packard Electric deveria ou não adotar o anel isolante RIM num modelo automotivo de 1992". A exemplo de muitos outros, esse caso impede que a decisão seja imediata: Schramm deve tomar uma resolução dentro de uma semana, sendo que o pessoal do desenvolvimento de produto e o da manufatura divergem quanto ao caminho a seguir.

A existência de uma decisão explícita é um importante fator de distinção, pois quase todos os casos de negócios envolvem decisões. Em muitos deles, porém, as decisões estão implícitas e dependem de uma outra situação. Vejamos o caso descrito anteriormente, que envolve o problema da empresa de publicidade para *outdoors*. O caso implica a seguinte decisão: qual é a melhor estratégia que a empresa deveria buscar no futuro? Tal decisão só pode ser tomada depois de se analisar a atual estratégia da empresa e como ela está funcionando.

As decisões apresentadas nos casos variam consideravelmente em termos de escopo, conseqüências e dados disponíveis. Um executivo deve decidir se deve ou não lançar um produto, transferir uma fábrica, buscar uma fusão ou providenciar financiamento para uma expansão planejada – ou o presidente de um país precisa decidir-se pela assinatura ou não de um acordo comercial controverso. Sejam quais forem as dimensões de uma decisão, analisá-la requer os seguintes elementos:

- Opções de decisão
- Critérios de decisão
- Evidências relevantes

Identificar opções de decisão é uma tarefa geralmente fácil, na medida em que os casos nos dizem quais são elas. Tão logo encontre uma decisão estabelecida, você deve procurar listar as possíveis alternativas. Caso elas não estejam aparentes, o primeiro objetivo da análise será providenciar opções de decisão plausíveis.

A parte mais importante de uma análise de decisão é determinar seus critérios. Uma decisão racional não pode ser tomada sem critérios apropriados. Por outro lado, um caso de decisão não tende a expor critérios – estes devem ser obtidos a partir de um estudo cuidadoso das especificidades do próprio caso, com o auxílio de métodos especializados. Os critérios são utilizados para desenvolver evidências e, assim,

---

* N. de T.: Em inglês, PPR: *Product, Process, and Reliability*.

completar a análise de uma decisão. O objetivo é determinar a decisão que melhor se encaixa entre as evidências disponíveis e os critérios. No caso referente à General Motors, um possível critério de decisão é o valor para o cliente. O leitor precisa encontrar evidências que indiquem qual opção proporciona o maior valor para o cliente (contudo, isso não encerra a questão, pois há outros critérios).

Outra característica da análise de decisão é também digna de nota: não existe decisão objetivamente correta. O padrão para uma decisão correta é aquele que gera mais benefícios do que alternativas e que apresenta poucos ou menos reveses.

Avaliações

As avaliações expressam um julgamento sobre a importância, o valor ou a efetividade de um desempenho, ato ou resultado. O objeto da análise de uma avaliação pode ser um indivíduo, um grupo, um departamento, uma organização inteira, um país ou uma região do globo. A avaliação do desempenho anual de um funcionário constitui um exemplo do mundo real. Assim como o é um novo CEO avaliando o desempenho da empresa que está dirigindo. Uma avaliação pode também envolver a apreciação de um ato, como, por exemplo, uma decisão que já foi tomada. Eis um exemplo:

> *Da perspectiva dos membros atuais da UE, você concorda com sua decisão de ampliar a União com dez novos integrantes?*

Por fim, uma conseqüência ou um resultado pode ser o objeto de uma avaliação. A posição competitiva de uma empresa, por exemplo, é o resultado de numerosas decisões e desempenhos, assim como de determinadas contingências, como as condições macroeconômicas.

A exemplo da análise de uma decisão, a avaliação também requer critérios adequados. Sem eles, não há padrões a partir dos quais avaliar a importância, o valor ou a efetividade de um resultado ou desempenho. Como acontece na análise de decisão, os critérios avaliativos são inferidos das particularidades de uma dada situação, com o auxílio de métodos especializados. A avaliação do desempenho financeiro de uma empresa durante um período de cinco anos pode ser realizada mediante uma longa lista de fórmulas financeiras, mas as circunstâncias apresentadas no caso também entram em cena. Os números podem mostrar que, ao longo desse período, a empresa em questão revela um desempenho em constante declínio, mas talvez ainda esteja se saindo bem porque a economia nacional encontra-se em depressão e ela, na verdade, está levando vantagem sobre a concorrência.

Uma avaliação geral expressa o melhor ajuste entre as evidências e os critérios. No exemplo supracitado, se avaliarmos a empresa seguindo critérios puramente financeiros, veremos que seu desempenho é medíocre. Contudo, as evidências ligadas à macroeconomia e a critérios competitivos alteram tal avaliação: num ambiente de mercado acirrado, a empresa está, na verdade, se saindo melhor que suas concorrentes.

Outra exigência da avaliação é que ela inclua tanto lados positivos quanto negativos. Um líder empresarial tem pontos fortes e fracos, e, numa avaliação precisa, ambos estão presentes. Além disso, é possível haver aspectos ambíguos em relação ao desempenho desse líder – por exemplo, ele tem delegado poder amplamente, mas ainda é cedo demais para saber se os gerentes a ele subordinados são capazes de exercê-lo. Sem esquecer que o desempenho desse indivíduo como líder poderia ser substancialmente afetado por fatores que estão além de seu controle – por exemplo, a sede corporativa intervém em suas decisões de promoção, insistindo para que certos privilegiados ascendam na empresa, mesmo não sendo os candidatos mais bem-qualificados.

Regras

Os métodos quantitativos podem fornecer informações cruciais sobre situações de negócios. Digamos que seja necessário comparar o valor de uma empresa quando uma condição específica existe – uma parceria com outra empresa – e quando não existe. O meio de calcular valores em caixa futuros – meio que os especialistas e a prática defendem como razoavelmente acurado – é o valor presente líquido (VLP). Um cálculo de VPL é efetuado de acordo com uma dada fórmula. Matematicamente, há um modo correto de realizar esse cálculo; qualquer outro modo produz um resultado impreciso.

Para a análise de regras, eis o que você precisa saber:

- O tipo de informação exigido em uma situação
- A regra apropriada para fornecer tal informação
- A maneira correta de aplicar a regra
- Os dados necessários para executar a regra

A análise de regras está presente em quase todas as áreas de negócios. Um cálculo de ponto de equilíbrio é uma regra empregada em *marketing*. Na indústria, os métodos quantitativos são utilizados para a análise de processos, enquanto a contabilidade e as finanças consistem principalmente de regras. O escopo destas é muito restrito. De um modo geral, elas são úteis apenas sob circunstâncias específicas, nas quais, porém, são muito produtivas. Há um modo correto de executar uma regra, e o resultado é de um tipo. Um conjunto bem-definido de regras é necessário para analisar a liquidez de uma empresa. Essas regras são as mais úteis em tal situação, porque foram concebidas para isso. Cada cálculo especificado por uma regra apresenta um procedimento que deve ser seguido; do contrário, o resultado é um número sem sentido. Cada cômputo gera um resultado preciso de um tipo pré-conhecido (por exemplo, uma porcentagem menor ou igual a zero).

Os métodos *qualitativos* diferem das regras. Em geral, há muitos métodos alternativos para obter informações iguais ou semelhantes. Para analisar a qualidade da liderança de uma dada organização ou sua estratégia competitiva, há um grande número de métodos dentre os quais escolher. Não há um método determinado que forneça informações corretas sobre uma vantagem competitiva. Em *marketing*, dois métodos diferentes podem ser aplicados à mesma situação, produzir resultados muito diferentes e ainda assim ser úteis – ou inúteis. Uma segunda diferença entre regras e métodos qualitativos está na forma como ambos são executados. Com efeito, há uma maneira correta de executar uma regra como, por exemplo, a fórmula do valor presente líquido; por outro lado, não existe um modo correto de executar métodos qualitativos para analisar a concorrência.

Com isso *não* se está dizendo que a análise de regras carece de incertezas e ambiguidades. Todo cálculo sobre o futuro envolve incerteza, e essa incerteza é embutida em fórmulas por meio de suposições, que por sua vez envolvem juízos de valor, e não, a verdade objetiva. Determinar um índice de crescimento ou de inflação durante um certo período de tempo é algo especulativo. O segredo está no raciocínio por trás da escolha. Os analistas dos bancos centrais podem estar enganados quanto à inflação e ao crescimento, assim como todos nós. As suposições necessitam de uma base sensata, o que não impede que pessoas sensatas divirjam quanto a elas. Note, porém, que o argumento diz respeito a suposições, e não, às regras propriamente ditas. (Especialistas argumentam sobre a adequação das regras e as modificam, mas, depois de fazê-lo, utilizam as regras modificadas e as executam da mesma maneira.)

Às vezes, porém, uma suposição idiossincrática não exerce qualquer efeito material sobre o resultado de um cálculo. No exemplo de avaliação supracitado, poderíamos assumir uma taxa de crescimento demasiado otimista, mas, se essa taxa for a mesma tanto no cálculo com parceria como no sem parceria, então ela não deverá ter qualquer efeito sobre a comparação dos valores finais.

Os resultados da análise de regras freqüentemente provocam diferenças de opinião acentuadas. O que duas pessoas inferem dos mesmos resultados numéricos pode divergir. Os economistas se notabilizam por observar o mesmo grupo de números e chegar a conclusões consideravelmente diferentes acerca deles, mesmo concordando com as fórmulas e com os dados que os produziram. O mesmo se aplica às empresas. Um executivo pode interpretar determinados números financeiros como uma confirmação de que a estratégia organizacional está funcionando, ao passo que um outro executivo pode ver neles a advertência de que um desastre se aproxima. Em suma, os números não explicam o que significam, tampouco tomam decisões por você.

Entretanto, a interpretação do produto das regras difere das regras em si. Se a regra certa é aplicada e executada corretamente, e se não envolve uma suposição controversa (como a taxa de crescimento prevista do PIB), todos chegarão exatamente ao mesmo resultado. No entanto, se um método qualitativo relevante para uma dada situação é aplicado ao mesmo conjunto de fatos de um modo consistente com o significado geralmente entendido de seus conceitos, nem todos chegarão necessariamente ao mesmo resultado. Aí reside a diferença fundamental entre as regras, tal como definidas aqui, e os métodos qualitativos.

As regras não serão abordadas adiante neste livro. Aprender a análise de regras significa aprender uma certa categoria de regras – a avaliação, por exemplo –, e também quando e de que forma usá-las. Essa aprendizagem é o terreno da contabilidade, das finanças, dos impostos e de outras áreas intensamente regidas pela aplicação de regras. No entanto, talvez seja útil lembrar que, quando as regras dependem de suposições, os valores escolhidos para elas exigem um argumento. Além disso, a informação que as regras provêem tem grande importância para a análise de problemas, decisões e avaliações. As regras de contabilidade podem diagnosticar a saúde financeira de uma organização. A macroeconomia é inestimável para avaliar a estratégia de desenvolvimento de um país. As regras financeiras são indispensáveis para, por exemplo, decidir vender ou não uma empresa em um dado tempo e a um dado preço. As regras constituem um amplo e importante subconjunto dos métodos especializados necessários para compreender situações de caso.

ANÁLISE DE CASO COMO UM PROCESSO

O modo como se analisa um caso difere de pessoa para pessoa. No entanto, existe uma diferença entre hábitos de estudo pessoais e o processo exigido para analisar um caso. Esse último envolve muito mais do que hábitos e práticas; diz respeito à forma como pensamos o caso. O propósito desta parte do livro é sugerir a adoção de um processo que tem ajudado estudantes do método do caso a tornarem-se mais eficientes e produtivos. Embora se destine à preparação de discussões de casos, esse processo se adapta facilmente à redação de ensaios (mas, em se tratando de ensaio, a maneira de analisar um caso é mais prescritiva, pois os ensaios devem conter certos elementos. Os Capítulos 10 a 12 explicarão que elementos são esses).

A chave para o processo de que estamos tratando é a leitura ativa. Por leitura ativa nos referimos a uma leitura de natureza *interrogativa* e *propositada*. Nela se fazem perguntas sobre determinado caso e procuram-se respostas. As perguntas conferem um sentido à leitura: direcionam o estudo para aspectos importantes de uma dada situação. Assim, ao perceber que está lendo sem um objetivo definido, pare e reorganize-se mentalmente. Talvez essa seja uma boa hora para relaxar, alongar os músculos, fazer ioga ou caminhar. Uma leitura ativa é também *iterativa*, no sentido de que se percorre o mesmo caso várias vezes. A cada iteração, modifica-se o propósito da leitura: procuram-se novas informações ou velhas informações de uma nova maneira. Há três conceitos que contribuem para a leitura ativa: um objetivo, um ponto de vista e uma hipótese.

Objetivo da análise

Inicialmente, o objetivo em questão pode parecer óbvio. Ao analisar um caso, o que mais se pode objetivar senão entendê-lo? O problema é que "entender" é algo demasiado vago. Uma outra maneira de pensar um caso está expressa na seguinte pergunta: como sabemos quando concluir o estudo de um caso? Aí está uma questão importante. Se não fixamos um limite concreto, podemos andar à toa durante horas, a maior parte das quais permeada por momentos de distração e esforços sem propósito. Eis um objetivo mais concreto: familiarizar-se com as informações contidas no caso, chegar a uma conclusão sobre sua questão principal, dispor de evidências demonstrando que nossa conclusão é razoável e, após refletir sobre outras conclusões possíveis, mostrar por que preferimos a nossa.

Esse objetivo substancial pode ser aliado a um limite de tempo. Disponibilize um período de tempo – duas horas, por exemplo – para cada caso. Ao final desse período, pare e verifique tudo quanto souber a respeito do caso analisado. Essa é uma excelente maneira de impor a si próprio uma pressão construtiva, a fim de tirar o máximo proveito desse período.

Ponto de vista

Para ancorar sua análise, aproveite o que já existe no caso. Adote o ponto de vista do protagonista – o personagem principal. Ponha-se no lugar dele. Encare o dilema dele como se fosse o seu. Caso se trate de uma decisão, estabeleça como seu objetivo uma decisão recomendada. Ao adotar a personalidade desse protagonista, não proceda como se estivesse lidando com um boneco de cartolina, revestido de dramaticidade. Antes considere suas potencialidades, responsabilidades e também seus pontos cegos. Ademais, seja sensível aos dilemas do personagem. Muitas vezes uma boa pergunta a fazer é por que ele está diante de tal dilema.

Hipótese

Um dos constructos mais úteis para solucionar o dilema do protagonista é a *hipótese*. Uma hipótese consiste numa "explicação experimental que responde por um conjunto de fatos, podendo ser testada para investigações posteriores".[2] Ela é indispensável à ciência e a qualquer atividade analítica baseada em fatos que comporte múltiplas conclusões possíveis.

Uma hipótese tem a vantagem de oferecer uma afirmação concreta que podemos confrontar com as evidências do caso. Digamos que o protagonista de um caso precise avaliar um profissional que contratou – uma estrela em ascensão, mas também uma pessoa indiferente a muitos funcionários da empresa e que toma alguns atalhos em sua incansável procura por um novo negócio. A hipótese é de que o novo contratado deva receber uma alta classificação, apesar de algumas falhas em seu desempenho. Para testar essa hipótese, você terá de desenvolver um forte argumento, baseado em critérios, fatos e inferências relevantes, que sustente a avaliação positiva do personagem em questão, mas que também reconheça seu fraco desempenho em relação a outros critérios.

Os casos não permitem lançar mão de qualquer hipótese. As evidências neles disponíveis fixam um limite racional para a gama de hipóteses possíveis. Nesse sentido, uma hipótese que não possa ser sustentada a partir das evidências contidas no respectivo caso não passa de uma opinião sem qualquer fundamento. No entanto, para todo caso há um leque de hipóteses possíveis. A posição de um antagonista – uma posição que se oponha ao que parecem ser as hipóteses mais seguras e que pode ser sustentada com base em evidências – pode ter um efeito reanimador numa discussão, forçando todos a olhar para as evidências sob um ângulo inteiramente novo ou a considerar evidências que ninguém mais havia percebido.

DESCRIÇÃO DO PROCESSO

O restante deste capítulo irá delinear um processo por meio do qual os casos podem ser trabalhados. Ele se divide em cinco fases, a saber:

1. Situação
2. Perguntas
3. Hipótese
4. Prova e ação
5. Alternativas

Esse processo deve ser flexível e adaptável. Experimente-o, utilizando os casos apresentados neste livro. Um grande número de estudantes de MBA não pensa muito na maneira como aborda os estudos de caso, não porque isso não tenha importância, mas porque eles não vêem nada de tangível em que pensar. Em última análise, o valor do processo descrito a seguir depende de inspirá-lo ou não a pensar no seu próprio processo de análise.

---

[2] *The American Heritage College Dictionary*, third edition (Boston: Houghton Mifflin Company, 1993).

1. Situação (5 minutos)

A parte mais difícil de uma análise de caso parece ser seu início. Nela, devemos preencher a lacuna que há entre nossa falta de conhecimento do caso e o conhecimento necessário para formular uma hipótese. Essa lacuna pode parecer um tanto extensa à medida que começamos a ler um caso repleto de detalhes; com efeito, é como se estivéssemos diante de muitas partes e nenhum todo. Antes, neste capítulo, ressaltei a dificuldade de encontrarmos algo quando não sabemos exatamente o que estamos procurando. Para começar, você pode estruturar sua análise com uma série de perguntas. O processo que aqui defendo consiste primeiramente em entender o panorama geral da situação e depois preenchê-lo com detalhes. Comece fazendo a seguinte pergunta: *qual é a situação?*

Normalmente, a leitura da primeira e da última seções do caso é suficiente para identificar a situação. As decisões e avaliações tendem a mostrar-se já no início do texto. No entanto, os problemas são mais difíceis de reconhecer (no Capítulo 5 apresentaremos mais detalhes sobre como identificá-los). Característica de um caso com problema é a ausência de qualquer afirmação concreta por parte do protagonista ou a respeito dele. No mais das vezes, o personagem principal encontra-se refletindo sobre uma dada situação e imaginando o que fazer.

Ler a primeira e a última seções de um caso geralmente permite colher muito mais informações além do tipo de situação de que se trata. Em casos de decisão, essas seções podem especificar as opções de decisão. Isso se aplica ao caso "General Motors: Divisão Packard Electric". Não encontrando opções no início ou no fim do caso, você deve procurá-las em outras seções. A introdução ou a conclusão de um caso sobre um problema pode apresentar uma descrição parcial ou completa do problema. Sejam quais forem os tipos de casos, as seções inicial e final costumam expressar uma tensão ou conflito importante para a análise. Em "General Motors", a primeira seção permite identificar a decisão e um conflito entre dois grupos funcionais. Os dois lados do conflito, com o protagonista entre eles, podem servir como pontos de referência para a sua análise. Por que razão o pessoal do desenvolvimento de produto apóia tão entusiasticamente o referido componente inovador, a ponto de assumir um risco temível? Por outro lado, por que o pessoal da manufatura se mostra tão inflexível, a ponto de, no curto prazo, a empresa não seguir adiante com o componente?

Após ler as seções de introdução e conclusão, você deve deixar o caso de lado por um instante e considerar o que aprendeu. Em que consiste a situação analisada: um problema, uma decisão ou uma avaliação? Você tem alguma idéia dos conceitos ou critérios causais que poderiam encaixar-se em tal situação? A seu ver, será necessário percorrer uma grande quantidade de informações do caso ou, ao contrário, pela escassez dessas informações, você terá de fazer inferências? As duas seções contêm dicas sobre causas, critérios ou mesmo sobre alguma decisão ou avaliação plausível? Havendo pistas, elas lhe parecem confiáveis ou seriam apenas um expediente para desorientá-lo?

2. Perguntas (15 minutos)

Reconhecer a situação do caso lhe permite fazer perguntas pertinentes a um problema, decisão ou avaliação. Eis a mais importante delas: *o que eu preciso saber sobre a situação?*

A seguir, questões específicas para cada situação:

PROBLEMA

Quem ou o que constitui o assunto do problema (por exemplo, um gerente, uma empresa, um país)? Qual é o problema? Estou tentando explicar as razões de um fracasso, de um sucesso ou de algo mais ambíguo? Qual é a importância do problema para o assunto? Quem é o responsável pelo problema (normalmente o protagonista) e o que talvez ele precise saber para tomar alguma providência?

DECISÃO

Quais são as opções de decisão? Há entre elas alguma que pareça particularmente forte ou fraca? O que está em jogo nessa decisão? Quais são os possíveis critérios? Que critérios podem ser os mais importantes para esse tipo de decisão? Há entre eles algum que seja explicitamente discutido no caso (os tópicos dos casos às vezes dão boas dicas)?

AVALIAÇÃO

Quem ou o que está sendo avaliado? Quem é o responsável pela avaliação? O que está em jogo? Quais são os possíveis critérios? Que critérios podem ser os mais importantes para esse tipo de avaliação? Há entre eles algum que seja explicitamente discutido no caso (os tópicos dos casos às vezes dão boas dicas)?

Por ora, você não conseguirá responder a essas questões; elas lhe exigirão um estudo mais aprofundado. No intuito de tornar essa primeira leitura do texto mais focada, é útil fazer um *inventário do conteúdo* do caso. O propósito dessa ação é localizar informações que poderiam ser utilizadas para responder às questões relativas à situação.

Para construir um inventário ágil e dinâmico, examine os tópicos do texto. Leia um pouco das seções, especialmente daquelas que parecem conter informações valiosas. Examine as ilustrações para compreender o que transmitem. Assim você aprenderá algo sobre o caso – por vezes, muito mais do que poderia esperar. Você também criará um mapa do conteúdo mais proveitoso. Fazê-lo é de extrema importância, uma vez que os casos costumam ser não-lineares em sua organização; partes de informações relacionadas à mesma questão serão encontradas em diferentes seções do caso, bem como nas ilustrações.

Utilize uma caneta ou lápis especial para grifar o caso. Assinale as seções mais importantes e circule os fatos, números e afirmações de possível relevância. Certifique-se de captar qualquer pensamento referente às repostas para suas perguntas e anote novas perguntas que lhe venham à mente. Observe o que determinadas ilustrações podem mostrar e que cálculos podem ser efetuados mais tarde, a fim de proporcionar informações importantes.

3. *Hipóteses (45 minutos)*

Após munir-se de uma lista das coisas que deseja saber sobre a situação e de um mapa do conteúdo do caso, você estará pronto para a seguinte pergunta: *qual é a minha hipótese?*

Essa é a fase mais importante de seu trabalho no caso. Estudando cuidadosamente as seções e os exemplos de maior importância, você restringe todas as possibilidades àquela que lhe parece a mais plausível. Se houver três alternativas para uma decisão, teste-as uma a uma, começando por aquela que você suspeita ser a mais promissora. Aqui estão outras sugestões para estruturar seu trabalho neste momento:

PROBLEMA

- Assegure-se de que você conhece o problema que precisa ser diagnosticado. Veja se as características desse problema sugerem causas.

- Considere os conceitos que parecem mais apropriados para a situação. Caso não esteja certo deles, revise brevemente as particularidades de cada um.

- Procure determinar o diagnóstico observando as informações do caso pelas lentes da causa de que você tem mais certeza.

- Para cada causa, faça uma leitura separada do caso, procurando evidências de cada uma.

- Se o caso possui um grande número de evidências quantitativas, a que causa elas são mais relevantes? Se você não conta com uma causa relevante para as evidências quantitativas, formule uma. Trabalhe as evidências quantitativas relevantes o máximo que puder.

- Num caso com protagonista, verifique se ele constitui uma causa potencial. Se você julgar que sim, verifique se ele contribui para o problema.

DECISÃO

- Revise os critérios que você propôs até agora. Em qual deles você mais confia?

- Revise as opções de decisão. Há entre elas alguma que pareça particularmente forte ou fraca?

- Aplique o critério que parece identificar o maior número de evidências contidas no caso.

- Investigue a opção de decisão mais forte conforme o critério em que você mais confia ou, caso você esteja razoavelmente seguro de qual das opções é a mais fraca, verifique se pode descartá-la imediatamente.

- Se o caso possui um grande número de evidências quantitativas, qual é o critério mais relevante para elas? Se não houver um critério relevante para as evidências quantitativas, formule um. Trabalhe as evidências quantitativas relevantes o máximo que puder.

- Se houver conflitos quanto a uma decisão entre indivíduos ou grupos, considere o motivo por que isso ocorre. Observe a decisão do ponto de vista de cada uma das partes conflitantes.

- Se o protagonista estiver numa posição difícil em relação à decisão, considere o motivo por que isso ocorre.

AVALIAÇÃO

- Revise os critérios que você propôs até agora. Em qual deles você mais confia?

- Quais serão os termos da avaliação (p. ex., forças/fraquezas)? Há entre eles algum que se destaque no caso (p. ex., uma força óbvia de algum indivíduo)?

- Você já tem uma compreensão da avaliação final que privilegia? Se sim, quais são as razões de sua preferência? Procure-as.

- Comece aplicando o critério que parece identificar o maior número de evidências contidas no caso.
- Investigue a classificação mais positiva ou a mais negativa conforme o critério em que você mais confia.
- Se o caso possui um grande número de evidências quantitativas, qual é o critério mais relevante para elas? Caso não conte com um critério relevante para as evidências quantitativas, formule um. Trabalhe as evidências quantitativas relevantes o máximo que puder.

Tomar notas é uma atividade útil para organizar e recordar informações, mas também serve ao propósito igualmente importante de registrar nosso processo de pensamento. Sem elas, podemos facilmente nos desviar da leitura ativa. É claro que tomar notas pode degenerar na mera transferência de informações do caso para um pedaço de papel ou tela de computador. As anotações de um caso não se resumem a recordar fatos: elas captam tudo o que poderia levar às respostas para as perguntas que realizamos.

Pode parecer trivial, mas recomenda-se aos estudantes tentar conter o dito "hábito marca-texto". Esse tipo de recurso de estudo funciona muito bem no modelo expositivo de aprendizagem, mas pode ser prejudicial em se tratando de estudos de caso. Grifar frases é um procedimento satisfatório porque nos faz sentir como se estivéssemos de alguma forma agindo sobre o texto. Na verdade, porém, o que estamos fazendo nada mais é do que assinalar certas frases para refletir sobre elas mais tarde – o que configura uma leitura passiva. O que devemos fazer é pensar a respeito das afirmações na *primeira vez* que deparamos com elas. Dito isso, os marcadores de texto podem ser úteis como ferramenta para diferenciar conteúdos relacionados: fatos relativos a um aspecto do caso, por exemplo, ou texto e números pertencentes a uma categoria de evidência.

Um lápis ou caneta é mais conveniente em uma leitura ativa – para anotar perguntas e tomar notas. Quando começar a gravitar em torno de uma decisão, pare e anote-a. A função de uma hipótese é conferir-lhe, mais do que uma conclusão final, a possibilidade de testar diversas conclusões. Portanto, ouça atentamente sua intuição.

Após essa iteração, se tiver tempo, deixe o caso de lado. Mesmo um breve intervalo pode lhe ser útil. Evidências científicas atestam que o subconsciente lida melhor com a complexidade que o consciente. Assim, voltar a atenção para questões alheias permite ao subconsciente trabalhar as informações coletadas.

4. Prova e ação (40 minutos)

Uma hipótese leva a uma abordagem diferente do caso. Você quer provar algo, e não, procurar algo para provar. Faça as seguintes perguntas: *que evidências tenho que respaldam minha hipótese? Quais são as evidências adicionais de que necessito?*

Observe as informações que você compilou e identifique as evidências que suportam sua hipótese. Sua primeira prioridade deve ser aumentar o número de evidências de que dispõe. Qual é a sua evidência mais forte? É possível aumentá-la?

Agora, examine onde estão faltando evidências. Onde você poderá encontrar mais evidências – ou há alguma evidência no caso? Considere qualquer fator que você possa ter negligenciado, como uma causa, um critério ou uma categoria de avaliação.

Volte ao caso, tendo como único propósito expor mais evidências que se alinhem à sua hipótese. Não é necessário percorrer da primeira à última página; basta ir diretamente às seções e ilustrações que, a seu ver, contêm o que você precisa. É claro que você pode trabalhar do começo ao fim do texto, se isso o faz sentir-se mais confortável. Apenas certifique-se de permanecer concentrado naquilo que está tentando provar.

Digamos que você esteja construindo um argumento para uma opção de decisão e que um dos critérios seja as economias de custo. Você percebeu que algumas afirmações sugerem que sua opção de decisão poupará dinheiro para a empresa e circulou números que julgou relevantes para tal economia. Reúna esses números agora e efetue cálculos para estimar a economia total. É aí que você poderá desfrutar um dos momentos gratificantes propiciados pelo estudo de caso: partindo de números dispersos, tão inconseqüentes quando vistos isoladamente, você conseguiu reunir uma estimativa indicando uma enorme economia anual – e essa é apenas uma parte de seu argumento.

Ademais, reflita um pouco sobre a parte concreta de sua posição. Como você implementaria a decisão que está recomendando? Que ações seu diagnóstico ou sua avaliação exigem? Pense não em termos idealizados, mas práticos, do mundo real. Não se limite a esboçar mentalmente uma ampla abordagem de ação. Considere medidas tangíveis e anote-as. Por fim, reflita um pouco sobre a ordem de suas ações. Um plano de ação constitui um programa em que as ações são tomadas a um certo tempo, por uma determinada razão. Não se trata de uma lista de tarefas.

5. *Alternativas (15 minutos)*

Pode parecer paradoxal, mas na última fase da análise você deve questionar sua hipótese: *qual é a maior fraqueza de minha hipótese? Qual é a alternativa mais forte em relação a ela?*

O objetivo aqui não é arruinar todo o árduo trabalho que você realizou até agora, mas retroceder um passo e examinar criticamente sua hipótese e as evidências. Afinal, toda posição tem um ponto fraco, e é você quem precisa reconhecê-lo, não o professor ou seus pares. Eis algumas maneiras de pensar seu trabalho de uma perspectiva crítica:

PROBLEMA

O problema pode ser definido de modo diferente? Isso faria diferença para o diagnóstico? Há alguma falha no diagnóstico – é possível que estejam faltando causas? Qual é a parte mais fraca do diagnóstico? Seria possível fazer um diagnóstico inteiramente novo? Como ele seria?

DECISÃO

Qual é o maior aspecto negativo da decisão recomendada? De que maneira você lida com esse aspecto negativo? Qual é a evidência mais forte contra a recomendação? Como seria um caso para a melhor alternativa?

AVALIAÇÃO

Você se mostrou objetivo e cuidadoso em relação aos achados avaliativos que se contrapõem à sua apreciação geral? Considere de que forma uma avaliação geral diferente poderia ser experimentada. Você levou em conta os fatores que o objeto da avaliação não pôde controlar?

"MAS E SE MINHA HIPÓTESE ESTIVER ERRADA?"

Muitos estudantes me fizeram essa pergunta diversas vezes. Uma hipótese jamais está errada: ela não atinge seu objetivo quando não somos capazes de lhe conferir um argumento confiável a partir das evidências do caso. Se você estiver nessa situação – e estará, mais cedo ou mais tarde –, primeiro certifique-se de que a dificuldade reside na hipótese, e não nas evidências coletadas. É possível que você tenha negligenciado informações importantes ou que não tenha utilizado as ferramentas especializadas de modo efetivo. Se você estiver certo de que a evidência não está lá, admita-o, mas tenha em mente que o trabalho até então realizado não está perdido. Agora você tem uma boa compreensão do caso e provavelmente uma boa percepção de qual é a evidência e de onde ela está. Seu trabalho com uma nova hipótese tende, portanto, a avançar a passos rápidos.

Outra maneira de encarar o medo de estar errado é se perguntar qual é a alternativa. Nunca ouvi falar de alguma análise de caso que jamais tenha levado a conclusões duvidosas. De fato, cometer erros de análise possui um valor incalculável. Graças a eles, podemos aprender mais sobre esse processo de pensamento chamado análise de caso. Além disso, uma análise incerta/insegura às vezes pode indicar uma tomada de risco, o que também constitui uma experiência de aprendizagem inestimável.

Capítulo 4

DEMONSTRAÇÃO DA ANÁLISE DE CASO

O capítulo anterior descreveu um processo de análise de caso. Este capítulo demonstrará como utilizar esse processo a fim de investigar um caso particular, "Malásia nos anos 1990 (A)". Primeiro leia o caso e, depois, releia as seções no momento em que forem discutidas. Essa demonstração do processo não constitui a análise definitiva do caso. Compare suas idéias sobre o caso com aquelas contidas neste capítulo. Quanto mais você se ocupar ativamente de sua análise, testando-a em relação ao caso, tanto maior será o aprendizado que obterá em sua abordagem analítica.

1. SITUAÇÃO

Muitos casos, em sua primeira e última seções, possibilitam-nos aprender uma série de coisas. A primeira parte de "Malásia" nos informa que o primeiro-ministro deve decidir de que modo responder às acusações dos ambientalistas ocidentais. Vê-se, portanto, que a situação está centrada em uma decisão. A seção de abertura nos informa que, à época do caso, o país tornara-se independente há trinta anos. Nesse período, gozou de um crescimento econômico "saudável" e de uma "relativa" estabilidade política. Contudo, os ambientalistas ocidentais protestavam contra o rápido desmatamento do país. Sua principal ameaça, ao que parece, é um boicote aos produtos derivados da madeira malaia.

A seção final do caso ("Uma barreira à madeira ocidental?") sugere uma opção: são as companhias madeireiras ocidentais que estão orquestrando as críticas. A frase final do caso sugere um motivo ainda mais sinistro: entidades anônimas estão tentando manter o país na pobreza. Em outras palavras, a verdadeira questão consiste na disputa Oriente *versus* Ocidente, entre um país em desenvolvimento e países desenvolvidos. Devemos perceber nessa contenda uma outra questão que merece ser considerada. O caso contém alguma evidência que sustente a existência de uma teoria da conspiração? Antes que o investiguemos, precisamos recuar um passo – desde já – e ponderar outras questões que talvez queiramos propor.

Em primeiro lugar, são verdadeiras as acusações lançadas pelos grupos ambientalistas? Essa é uma boa pergunta, porque é baseada em fatos. Em segundo lugar, que importância tem a madeira para a economia malaia? E, em terceiro lugar, até que ponto a barreira à madeira malaia, por parte dos países ocidentais, prejudicaria a economia da Malásia?

Agora, precisamos levar em conta as alternativas de decisão. Na seção final, consultores do primeiro-ministro recomendam-lhe rejeitar as críticas e preservar o *status quo*. Com um simples exercício de lógica, logo podemos propor uma alternativa diametralmente oposta a essa: aceitar as críticas e implementar as mudanças necessárias para satisfazê-las. Se ambas as alternativas constituem pontos extremos, isso significa que a opção de decisão situada entre elas assemelha-se ao seguinte: aceitar qualquer crítica que seja válida, rejeitar as retantes e implementar as mudanças que forem necessárias.

Eis as alternativas de decisão e as perguntas que podem organizar nosso estudo inicial:

- Alternativas
    - Opção 1: Rejeitar as críticas, preservar o *status quo*.
    - Opção 2: Aceitar as críticas, implementar todas as mudanças necessárias.
    - Opção 3: Aceitar qualquer crítica que seja legítima, rejeitar as restantes, implementar mudanças necessárias.

- Perguntas
    - São verdadeiras as acusações dos ambientalistas?
    - É economicamente significativa a derrubada de árvores?
    - Seria prejudicial um boicote à madeira malaia por parte dos países ocidentais?
    - Há alguma evidência que sustente a existência de uma teoria da conspiração por parte das empresas madeireiras ocidentais?

Lendo somente a introdução e a conclusão do caso e refletindo sobre elas, já passamos a contar com orientações promissoras para a nossa análise.

Antes de seguirmos em frente, precisamos criticar as opções. Às vezes é possível tirar rápidas conclusões a respeito delas. Um país asiático gozando de razoável crescimento econômico provavelmente não irá mudar suas políticas só porque grupos ambientalistas distantes o estão criticando – a não ser que o país em questão venha a sofrer terríveis conseqüências. Assim sendo, a Opção 1 parece ser a mais plausível, a menos que encontremos evidências de que adotá-la resultará em graves conseqüências.

2. QUESTÕES

Agora, devemos refletir sobre os critérios de decisão. Normalmente, os conceitos e métodos aplicados em um curso de MBA seriam o principal recurso à adoção de critérios – mas esse recurso não está disponível. Em vez disso, tomarei emprestadas idéias de uma disciplina ensinada no primeiro ano de uma escola de administração.

Para o governo malaio, o ponto mais importante a considerar é a prosperidade do país. Assim, a decisão a ser tomada deve promover o bem-estar nacional. Ocorre que o termo "bem-estar nacional" é amplo demais. Precisamos separá-lo em seus componentes específicos. A macroeconomia é certamente um dos alicerces do bem-estar de qualquer país e tem a vantagem adicional de ser mensurável. Outro fator que está na base da prosperidade de uma nação é sua dinâmica política e social, que pode ser medida até certo ponto. Para manter a análise focada, precisamos de uma lista extra de critérios. Adicionemos, pois, mais uma possibilidade: a reputação ou imagem internacional da Malásia. A lista inicial de critérios (ver adiante) nos colocará em ação. Podemos abandonar, modificar ou acrescentar outros critérios se os iniciais não produzirem evidências.

CRITÉRIOS

- A decisão a ser tomada deve promover o bem-estar nacional nos seguintes campos:
  - Econômico
  - Social
  - Político
- A decisão também deve favorecer uma imagem internacional positiva.

Agora, podemos examinar o caso "Malásia" e suas ilustrações, lendo um pouco de cada seção para encontrar conteúdos relevantes. As seções e ilustrações a seguir parecem indicar informações valiosas:

Conhecimento factual
- Preocupações ambientais
- O sistema de concessão

Economia
- Estratégia econômica
- Desempenho econômico
- Ilustrações 3, 5, 8, 9, 10

Social-político
- Condições sociais
- Estrutura política

Iniciaremos nossa investigação com essas seções. É possível que outras partes do caso contenham informações pertinentes, mas, nesta etapa, não queremos nos sobrecarregar.

3. HIPÓTESE

Agora estamos prontos para ler o caso e desenvolver uma hipótese.

Ambiente

Em "Preocupações ambientais", verificamos que a Malásia responde por uma diminuta porcentagem das florestas tropicais do mundo – 2%, para sermos exatos. Ao mesmo tempo, o governo do país admite que as atuais taxas de extração de madeira são insustentáveis. Nosso primeiro critério rende uma desconfortável mistura: o país está esgotando suas florestas mais rapidamente do que as está repondo, mas sua contribuição para o problema global é pequena. A essa altura, poderíamos dizer que nosso trabalho está concluído. Não, a Malásia decerto não é perfeita, mas as críticas dos grupos ambientalistas estão voltadas para o país errado. Apesar disso, essa não parece ser uma posição concluída.

Economia

Eis o que aprendemos com as seções relativas à economia malaia.

"Estratégia econômica" nos fornece muitas informações sobre o caminho que o governo malaio percorreu para promover o crescimento econômico do país. As ilustrações apresentadas nos informam ainda mais. As exportações são de extrema importância para a economia da Malásia, sendo que a madeira segue respondendo por uma grande parte do seu *mix* de exportação. Ao mesmo tempo, uma das metas de sua estratégia de desenvolvimento é diminuir a dependência das exportações de *commodities*, como as toras. O texto do caso e os números apresentados nas ilustrações mostram que essa estratégia está funcionando. As exportações de matéria-prima constituem uma porção em declínio das exportações malaias, embora a exportação de madeira não tenha diminuído tão rapidamente quanto a de outras *commodities*. A maior parte das toras exportadas do país segue para determinados países asiáticos, em especial o Japão. Assim, um boicote à madeira malaia por parte dos países ocidentais surtiria pouco efeito sobre a economia daquele país; mas, se estendido a seus produtos de madeira com valor agregado, aí sim o resultado seria bastante nocivo. Seja como for, o caso não fornece informações sobre a porcentagem de produtos de madeira com valor agregado exportados para as nações do Ocidente.

O investimento externo direto aumentou em mais de 300% da década de 1980 à de 1990, mas, caso continue a se verificar o crescimento da renda na Malásia, o capital estrangeiro pode transferir-se para a próxima economia de baixa renda da região. Essa fuga de capital talvez não seja tão ruim quanto parece se o governo conseguir dirigir a economia para os produtos e serviços de valor agregado antes que o investimento direto externo, à procura de regiões de baixa renda, se direcione a outro lugar.

Dois outros pontos relacionados à colheita de madeira sobressaem. Em primeiro lugar, uma extração madeireira insustentável poderia, a longo prazo, acarretar prejuízos à Malásia. A degradação ambiental impõe custos; além disso, esse tipo de extração seria obviamente restringido ou eliminado à medida que diminuíssem os estoques de árvores. Ao que parece, as atuais políticas poderiam, em algum momento futuro, arruinar a posteridade que supostamente deveriam garantir. Em segundo lugar, a produção de toras em larga escala, com vistas à exportação, mantém a confiança da Malásia na exportação de *commodities*, uma dependência que o governo está determinado a reduzir, se não a eliminar.

O bem-estar social e político está intimamente relacionado ao desenvolvimento econômico. A Malásia encontrou um delicado ponto de equilíbrio social e político tendo por base um bolo maior e uma fatia artificialmente superior oferecida à população malaia majoritária – que em matéria de renda havia ficado para trás em relação a outros grupos – mediante a Nova Política Econômica (NEP). Sem a continuidade do crescimento econômico e a garantia de que a maioria participará dele, o risco de instabilidade parece elevado. Ao mesmo tempo, a NEP deveria nos refletir. Por mais que apresente uma meta positiva e tenha produzido os resultados almejados, ela é um mecanismo que cobra os custos da ineficiência e é vulnerável à corrupção.

Talvez pareça cedo demais, mas poderíamos testar uma hipótese. Lembre-se de que hipóteses são afirmações que conferem propósito a uma investigação; logo, não constituem em conclusões definitivas.

> *Por enquanto, a Malásia não deve implementar mudanças em suas políticas econômicas básicas, mas o governo deveria monitorar a extração madeireira e tomar medidas nesse sentido, se tal atividade representar uma ameaça ao desenvolvimento de longo prazo do país.*

4. PROVA E AÇÃO

A fim de respaldar nossa hipótese, podemos construir um argumento valendo-nos de uma estrutura conceitual com diversas afirmações a saber:

CONTEXTO FACTUAL
- A Malásia contribui minimamente para o desmatamento das florestas tropicais.
- O governo admite um índice de extração madeireira que excede aos limites acordados.

CRITÉRIOS
Econômicos
- Cortes abruptos nas exportações de madeira crua reduzirão o PIB.
- Um boicote dos países ocidentais à madeira malaia não prejudicaria a economia do país.
- Uma extração madeireira em níveis insustentáveis, porém, poderia causar à sua economia prejuízos mais severos se fosse mantida por um longo tempo.
- Também seria prejudicial uma dependência prolongada das exportações de *commodities* e da mão-de-obra barata.

Estabelecer um contexto factual é algo simples e direto. O caso afirma que a Malásia responde por apenas 2% das florestas tropicais mundiais. Além disso, a derrubada de árvores de uma dada área não significa que esta permanecerá improdutiva. Nos trópicos, os terrenos desmatados podem se regenerar dentro de 25 ou 30 anos, diferentemente das florestas de climas mais frios.

O impacto financeiro que uma redução abrupta das exportações de madeira crua causaria à economia nacional da Malásia pode ser demonstrado por números contidos em várias das ilustrações. As conseqüências políticas e sociais são questões de inferência. No passado, as agitações ocorridas no país foram em parte ocasionadas pela desigualdade econômica. Ademais, a Malásia não desfrutava dos mesmos padrões de vida de alguns de seus vizinhos asiáticos. Assim, se a população majoritária se deparar com a perda dos seus já modestos ganhos, é possível que as conseqüências políticas disso venham a forçar decisões que fortalecerão o padrão de vida dessa maioria, mas prejudicarão a economia do país como um todo.

As ilustrações do caso fornecem números relativos às exportações de madeira crua da Malásia, os quais revelam que elas predominantemente se dirigem a países asiáticos. É de se presumir, portanto, que um boicote ocidental não teria efeito algum sobre as empresas japonesas que importam a maior parte da madeira crua malaia. Essas empresas nipônicas não apenas são as maiores consumidoras da madeira malaia, como também as que pagam por elas os melhores preços. Ademais, sobram evidências de que o governo conseguiu atingir metas que poucas nações em desenvolvimento, com população heterogênea, conseguiram: (1) crescimento econômico estável, (2) melhoria do padrão de vida de toda a população, com um maior incremento direcionado à fatia social menos favorecida economicamente e (3) decrescente dependência de *commodities* inconstantes. Esses três pontos relacionados revelam como a política governista procura balancear várias e variadas necessidades, incluindo aquelas concernentes ao meio ambiente.

Dados contidos no texto e nas ilustrações comprovam o crescimento econômico estável obtido pela Malásia. A estratégia de desenvolvimento implementada pelo governo malaio fez com que o país alcançasse, nos anos 1980, o impressionante índice anual de crescimento de 5,9%. O governo ajustou a composição das exportações a fim de reduzir a fabricação de *commodities* e aumentar a de produtos com valor agregado; o porcentual de bens manufaturados saltou de 28% do total de exportações, em 1980, para 67%, em 1990.

Social-político

Até aqui, trabalhamos o conteúdo ambiental e econômico com alguma profundidade. Devemos agora examinar mais detidamente as questões de ordem social e política, para saber se guardam relação com nossa hipótese. As ilustrações e a seção "Condições sociais" nos informam que os bumiputras – grupos indígenas que incluem os malaios e outras etnias – desfrutaram um crescimento anual de 2,7% em rendimento familiar comparado ao 1,4% dos chineses. A ascendente prosperidade verificada em todos os grupos étnicos é responsável por promover a estabilidade, que constitui a base do crescimento econômico. Embora a Malásia não ostente um desempenho do mesmo nível de "tigres asiáticos" como Cingapura e Coréia do Sul, o país saiu-se muito bem, levando em conta o fato de que os tigres, ao contrário da Malásia, possuem populações homogêneas.

A seção "Estrutura política" é breve; talvez a conclusão mais importante que se possa tirar dela é de que a política malaia constitui uma balança de grupos étnicos meticulosamente orquestrada. O grupo majoritário lidera essa coalizão nacional, mas não persegue seus interesses particulares à custa dos demais grupos. A maioria goza de poder político para decretar ações que essencialmente confiscam a riqueza de outros grupos. Nesse contexto, a NEP afigura-se como uma política limitada.

Podemos agora acrescentar mais alguns pontos à estrutura conceitual de nosso argumento:

SOCIAL-POLÍTICO

- Reduções abruptas e sustentadas do PIB resultarão num padrão de vida declinante, que afetaria mais severamente os segmentos de baixa renda – a maior parte da população malaia.

- Se o progresso econômico da maioria for revertido, o resultado será a miséria social (com o aumento do desemprego, por exemplo), o que poderá incitar conflitos políticos.

- A população majoritária poderia exigir que o governo deslocasse mais riqueza para si própria, rompendo o sistema político e desestabilizando a economia.

As evidências que compilamos são consistentes com nossa hipótese. Utilizando apenas os dados econômicos à nossa disposição, podemos afirmar que, com o tempo, a exportação de toras irá decair. No entanto, há ainda dois pontos soltos. A extração madeireira exige uma gestão cuidadosa, a fim de assegurar a manutenção de uma produção doméstica com valor agregado, sendo que essa "gestão cuidadosa" poderia ser vista de formas diferentes pela Malásia e pelas nações ocidentais.

Todavia, não podemos deixar de notar que o estado de Sarawak é seguidamente mencionado como uma área conturbada no que diz respeito às colheitas de madeira. O estado tem encontrado dificuldades para gerenciar tal atividade de extração, e há uma referência velada ao comportamento questionável de certas empresas comerciais japonesas. Na seção final e mais importante do caso, ficamos sabendo que tanto o estado quanto os governos federais solicitaram a uma organização madeireira internacional que avaliasse a situação de Sarawak. Para chegar a uma colheita de madeira sustentável, o grupo recomendou um corte imediato de 50% na produção, mas Sarawak não o fez, apesar das promessas de que o faria.

No processo empreendido para provar sua conclusão sobre determinado caso, é possível que você se depare com uma questão que não se encaixa no argumento que está elaborando. É o que se verifica aqui. Quando isso acontece, você precisa considerar se tal questão opõe-se ao ponto de vista que está desenvolvendo ou se consiste numa das quase inevitáveis complicações que as situações de caso jogam sobre os leitores. A única maneira de responder a tal pergunta é aprofundar seu estudo.

O governo integra uma organização internacional, assinou um acordo no intuito de gerenciar suas florestas de maneira responsável e prometeu implementar um grande corte na produção. Não deveria, portanto, honrar sua palavra e agir rigorosamente contra a extração ilegal de madeira? A incapacidade de cumprir tais compromissos aponta para um problema, podendo fazer com que os investidores internacionais hesitem em injetar seu dinheiro no país. Governos que não mantêm a palavra geralmente não são bons para se fazer negócios. Ademais, a imagem internacional da Malásia poderia sofrer um impacto, reduzindo a disposição de outros governos em cooperar com o país.

A situação de Sarawak merece um olhar mais atento. De 1976 a 1990, o estado gozou do maior índice de crescimento em renda familiar do país, segundo a ilustração 7 do caso. Ao mesmo tempo, a colheita de madeira revela um aumento considerável de 1980 a 1990 (ilustração 10 do caso, seção B), a maior parte da qual tendo sido exportada principalmente para o Japão (ilustração 10 do caso, seção C). Ambas as tendências estão correlacionadas: o povo de Sarawak tem amealhado grandes somas derrubando suas florestas em níveis insustentáveis e vendendo a madeira aos japoneses.

Como isso pode acontecer? Eis alguns fatos e inferências relevantes:

- Empresas comerciais japonesas parecem estar incentivando uma extração excessiva, por esta lhes proporcionar uma fonte madeireira de baixo custo.

- A adjudicação das concessões relativas à extração de madeira não é transparente, e em Sarawak há evidências de uma ostensiva prática de autocontratação.

- Há evidências de extração madeireira ilegal em Sarawak.

- A carência de pessoal impede a execução das leis relativas à extração em Sarawak.

- Os governos estadual e federal parecem se preocupar mais em culpar um ao outro do que em tomar alguma providência para solucionar o problema.

Recordando as informações contidas em "Condições sociais" à luz dos fatos supracitados, podemos inferir que a cobertura da NEP sobre a estratégia econômica nacional deixou a porta escancarada para a corrupção. Podemos fazer as seguintes inferências:

- Empresas comerciais japonesas remuneram empresários chineses, os verdadeiros detentores das concessões de extração.

- Os chineses remuneram seus sócios ostensivos malaios exigidos pela NEP.

- Os "sócios silenciosos" chineses ou os proprietários nominais malaios remuneram os oficiais estaduais e federais convenientes, os quais obstruem o cumprimento da lei, permitindo que as toras sejam cortadas e exportadas.

Agora, precisamos considerar a possibilidade de modificar nossa hipótese. Seria essa apenas uma interessante questão secundária do caso ou algo mais central? A corrupção pode corroer o desenvolvimento econômico de múltiplas maneiras. Podemos acrescentar ao nosso ponto de vista que o país deveria lidar com a corrupção que conduz a extração em algumas partes do território:

A Malásia não deve promover mudanças em suas políticas econômicas básicas, mas o governo deveria honrar seus compromissos internacionais e gradualmente reduzir a extração madeireira ilegal.

Esse ponto de vista parece corresponder à evidência, mas provavelmente não é realista, dada a política de uma população heterogênea. Não dispomos de muitas evidências com as quais trabalhar em relação à política malaia – sobretudo em matéria de "Condições sociais" e "Estrutura política". Talvez o país deva de fato lidar com a corrupção associada à atividade de extração, mas deve fazê-lo sem pressa, a fim de não perturbar o equilíbrio político produzido pela NEP. Nossa hipótese revista reconhece as preocupações da crítica internacional, mas procura contrabalançá-las com considerações internas.

5. ALTERNATIVAS

Os critérios e evidências nos levaram a atacar o *mix* das políticas que melhor serviam aos interesses de longo prazo da Malásia. O caso procura retratar a situação de uma perspectiva política e ética neutra. As críticas lançadas pelos ambientalistas do mundo desenvolvido são apenas relatadas, e não, julgadas como justas ou injustas. Constatamos então que tais críticas podem realmente estar corretas, mas não consideram uma variedade de fatores atenuantes.

A NEP não é condenada como uma evidente violação dos princípios do livre mercado nem defendida como instrumento de igualdade econômica. O caso apresenta dados relativos à NEP que mostram progressos quanto às suas metas declaradas. Entretanto, também fornece evidências de resultados negativos. A extração não-sustentável certamente não contribui para o desenvolvimento de longo prazo. Mas será que é tão danosa a ponto de o governo central precisar adotar medidas drásticas para refreá-la? Ou será que a mescla de fatores positivos e negativos é adequada ao estágio de desenvolvimento da Malásia? Esse modelo deveria sofrer mudanças significativas, agora que parece estar beneficiando a maior parte da população malaia?

Sua hipótese é influenciada por sua experiência, seus valores e sua formação cultural, mas também pelas evidências. O caso pode ser encarado como um conflito entre, de um lado, críticos procedentes de países ricos e desenvolvidos que podem se permitir nutrir preocupações ambientais e, de outro, líderes de uma nação em desenvolvimento que estão procurando melhorar as condições de vida da população. No entanto, essa perspectiva pode ser invertida: grupos ocidentais estão tentando proteger o meio ambiente em todas as partes do mundo, não apenas nas nações desenvolvidas, na medida em que isso interessa à população global. Deveríamos procurar, o quanto fosse possível, reconhecer a importância tanto do ecossistema mundial como dos principais interesses de milhões de pessoas vivendo num país em desenvolvimento.

Fomos longe o suficiente para demonstrar uma análise de caso. Sua responsabilidade deve ser a de decidir-se por uma posição final – uma recomendação ao primeiro-ministro – e a de ter à disposição evidências que respaldem tal posição da maneira mais convincente possível. Mas é também importante para o processo de aprendizagem que você tenha em mente questões suscitadas pelo estudo do caso, cada uma das quais podendo servir de caminho para um aprendizado mais aprofundado – para você e para todos numa aula sobre caso.

CONFIANÇA EM UM MUNDO CONTROVERSO

Não é fácil provar alguma coisa. Há situações em que a audiência tem um baixo limiar de prova, mas em geral, numa audiência interna de uma empresa, num grupo de investidores potenciais ou numa aula de MBA, provar uma posição controversa é tarefa árdua. Para ser persuasivo, você precisa estar apto a empreender uma análise adequada da situação.

Desenvolver uma prova requer múltiplas habilidades. Mas a confiança também tem relação com isso. Você deve ter em mente o padrão de prova para uma posição em um dado caso: racional e concreta, não uma certeza científica. Em outras palavras, *você está convencido de que seu argumento considera as partes mais relevantes da evidência contida no caso?*, em oposição a *você está satisfeito de que seu argumento seja verdadeiro e exclua todos os outros argumentos possíveis?* Muitos estudantes que iniciam no método do caso admitem tacitamente que o padrão de prova para a interpretação de um caso é o padrão científico. Assim, procuram construir uma prova incontestável, trabalhando contra um padrão que jamais atingirão porque o conteúdo do caso simplesmente não o permite.

Um segundo aspecto a lembrar é a variação no teste de otimismo *versus* pessimismo: o copo está meio cheio ou meio vazio? Os estudantes podem concentrar-se obsessivamente na parte meio vazia do copo: aquilo que não sabem sobre o caso. Você estará muito melhor servido concentrando-se no que realmente *sabe* sobre o caso e, a partir daí, trabalhando para criar mais conhecimento.

Capítulo 5

PROBLEMAS

O que poderia explicar o sucesso de uma empresa e os equívocos de outra? No setor aéreo norte-americano, velhas "legendárias" como a United e a American experimentaram dificuldades monumentais, enquanto companhias mais novas como a Southwest e a Jet Blue têm trilhado um caminho de prosperidade. Por que razão a Jet Blue tem se saído tão melhor que a United? Como poderíamos explicar esses resultados comerciais? Entendemos que não sejam arbitrários – que não tenham sido produzidos simplesmente por uma questão de sorte ou circunstância. Ora, se assim fosse, não haveria escolas de administração. A verdade é que em tais resultados está implícito certo tipo de lógica. Mas que lógica é essa?

Quem propõe essa pergunta é toda uma categoria de situações de caso. Problemas constituem o efeito ou o resultado de ações, processos, atividades ou forças que escapam à nossa plena compreensão. Muitos deles estão ligados a uma espécie de patologia empresarial: gestores com desempenho medíocre, tentativas de mudança que não atingem as metas visadas e empresas que não percebem os resultados financeiros esperados. Compreender o sucesso dos negócios é de igual importância. Ademais, as situações problemáticas situam-se entre os pólos opostos do sucesso vigoroso e do fracasso abjeto.

Para o leitor, os casos sobre problemas podem ser difíceis porque se limitam a descrever uma situação a respeito da qual nos informam seus protagonistas e outros personagens relevantes. Se às vezes eles mostram uma consciência aguda do problema, outras vezes não revelam consciência alguma. Ainda que uma dada empresa farmacêutica tenha tido um ano sensacional, seu presidente sabe que terá de adaptar sua estratégia rapidamente a fim de desfrutar de mais anos prósperos. Num caso situado no México, o personagem principal, um alto executivo, está absolutamente confiante quanto ao futuro de um negócio no qual sua empresa fez uma aposta vultosa; contudo, ao olharmos o caso mais detidamente, percebemos uma série de questões passíveis de preocupação. Nos casos que envolvem sucesso, os personagens costumam não compreender os fatores relevantes para esse mesmo sucesso, não os revelar ou discordar sobre eles.

Seja qual for a proporção dos resultados positivos para os resultados negativos em um caso, você precisa separá-los e investigar suas causas. O diagnóstico do problema, especialmente em se tratando de uma patologia empresarial, leva a uma segunda fase decisiva: descobrir de que modo consertar o problema. Pouco adianta compreender os problemas se não há nada a fazer para solucioná-los.

A análise de problemas contém cinco elementos, a saber:

- Definição do problema
- Diagnóstico
- Análise de causa-efeito
- Conceitos e modelos
- Ações

DEFINIÇÃO DO PROBLEMA

Identificar problemas pode levar a equívocos, na medida em que raramente eles são definidos em um caso. Não podemos iniciar uma explicação causal até conhecermos o problema que precisa ser explicado. A definição do problema organiza, centraliza e descreve os efeitos críticos com os quais o personagem principal do caso deve se preocupar mais. Ao preparar um caso para discussão, é provável que você não vá escrever uma definição formal, mas mencionar seus principais atributos é uma iniciativa conveniente. Eis um exemplo:

Tentativa de mudança malsucedida:

- Segunda tentativa malsucedida
- A mudança é importante para a empresa
- O gerente pode perder o emprego se a terceira tentativa fracassar
- O gerente não conhece as razões do insucesso

Um *problema*, conforme definido neste livro, requer um diagnóstico baseado numa *análise de causa-efeito*. Um *diagnóstico* é uma afirmação concisa das causas importantes. A situação problemática de um caso apresenta tanto efeitos como informações e dados que possibilitam o diagnóstico e uma explanação causal: por exemplo, tais causas agiram de certa forma para produzir tais efeitos.

A análise do problema possui uma estabilidade fundamental. As ações ou atividades que causaram os efeitos de interesse foram completadas. Esses efeitos não são alvos em movimento, e o caso fornece uma relação deles. Como veremos, isso é importante porque a análise de causa-efeito consiste em raciocinar de trás para frente. Confronte isso com casos envolvendo decisões. As decisões dizem respeito ao futuro e, portanto, não podem ter o mesmo nível de certeza que os casos estabelecidos no passado. A análise do problema normalmente se caracteriza pela complexidade. Em primeiro lugar, os efeitos precisam ser separados das causas. Em segundo, efeitos complexos implicam múltiplas causas.

CONCEITOS E MODELOS

A análise de causa-efeito depende de modelos causais adequados ao problema. Tais modelos nos permitem fazer afirmações, como "Aliados e alianças ajudam líderes a promover mudanças" ou "A consistência externa e interna são cruciais para uma estratégia efetiva", e usar esses *insights* para investigar situações às quais eles se aplicam. Métodos especializados – modelos, teorias e fórmulas de negócios – preenchem esse papel. Uma das primeiras considerações que você deve fazer, ao reconhecer um problema, é que os modelos causais são relevantes para ele. Em um curso, é possível que o professor designe um modelo a empregar ou que você tenha de escolher um ou mais dentre os que aprendeu.

AÇÕES

A análise do problema produz um conteúdo concreto – não raro em grande quantidade. A definição do problema relativo à malsucedida tentativa de mudança supracitada levará a uma análise com muitos aspectos concretos, como se pode verificar neste exemplo:

> *O gerente precisa construir aliados e redes no campo para que as pessoas o conheçam e confiem nele. Precisa utilizar essas redes para obter um feedback de sua proposta, de modo que reflita as condições e necessidades dos centros de distribuição.*

Você precisa refletir sobre sua análise e formular ações que melhorem o estado atual conforme descrito na definição do problema. De um modo geral, as discussões de caso demandam planos de ação, freqüentemente exigidos pelos exames de caso.

RECONHECENDO UMA SITUAÇÃO PROBLEMÁTICA

Consideremos algumas maneiras de identificar situações problemáticas. O caso "Allentown Materials Corporation: Divisão de Produtos Eletrônicos (Resumido)" inicia com os dois seguintes parágrafos:

> *Em julho de 1992, Don Rogers dedicou um momento para refletir sobre o estado de sua organização. Ele assumira o posto de vice-presidente e de gerente-geral da Divisão de Produtos Eletrônicos (EPD, Electronic Products Division) da Allentown Materials Corporation em substituição a seu predecessor, morto prematuramente dois anos antes. A EPD vinha enfrentando uma séria de problemas, e Rogers não estava seguro sobre o que deveria fazer. Enquanto isso, a pressão vinda da matriz era cada vez maior: apesar da crescente concorrência verificada no setor de componentes eletrônicos, esperava-se que a EPD continuasse atingindo a taxa média anual de crescimento da organização, 10%, bem como suas agressivas metas de lucro. O desempenho da divisão sofrera uma queda nos anos 1991 e 1992 (ver Ilustração 1 para os dados operacionais da EPD), e muitos fabricantes de componentes anteciparam que estavam competindo por um mercado em processo de encolhimento total. Além disso, a reputação da EPD em entrega e serviços sofrera um abalo, sendo altíssimo o número de compromissos perdidos. Rogers comentou:*

> *Tenho passado por tempos difíceis em minha divisão nos últimos dois anos. Nosso ramo de negócios está ficando intensamente competitivo, e isso tem ocasionado a queda das vendas. Para enfrentar esse declínio, reduzimos de forma acentuada o número de pessoal e as despesas. Por mais dolorosas*

que sejam, acredito que essas ações têm remado contra a maré. Recuperamos o controle da situação, mas os negócios continuam muito competitivos. Além disso, o moral está baixo; há entre os grupos muitos conflitos que aparentemente não podemos resolver. Há falta de fé e de confiança mútuas. Os membros da organização simplesmente não cooperam entre si, e essa ausência de coordenação está afetando nossa capacidade de desenvolver novos produtos. Meu pessoal mais importante acredita, em sua maioria, que os conflitos se devem à situação ruim dos negócios. Dizem que, tão logo eles melhorem, deixaremos de reclamar uns dos outros. Francamente, não sei se eles estão certos. Talvez esses conflitos ocorram por causa das pressões a que estamos submetidos, mas é bem provável que indiquem um problema mais fundamental. Preciso primeiro determinar se o conflito entre os grupos é grave, para então decidir que providências tomar.

A EPD é obviamente uma organização problemática; basta observar sua longa caracterização no segundo parágrafo, em que se apresentam mais alguns *insights*, incluindo a presença de conflitos e de opiniões divergentes sobre sua causa primordial. Gerentes importantes os atribuem às precárias condições dos negócios da empresa, enquanto Rogers acredita que o responsável possa ser "um problema mais fundamental". Contudo, como não sugere que problema seria esse, talvez você não perceba que o segundo parágrafo consiste precisamente das opiniões de Rogers. Como chefe da divisão, talvez seja de seu interesse retratar a situação da maneira mais favorável. No entanto, culpar fatores externos é uma maneira de eximir-se da responsabilidade. Rogers parece estar fazendo isso?

Nada na abertura do caso sugere uma decisão ou avaliação. Rogers precisa tomar certas decisões, mas não está preparado para elas: "Rogers não estava seguro sobre o deveria fazer". Esse tipo de incerteza é característico de situações problemáticas. O protagonista está ciente de uma dada condição e possui algo importante em jogo, mas não dispõe de uma explicação para essa condição que lhe dê uma base para agir.

Eis um excerto adaptado da abertura de um caso:

No começo de 2000, Karl Biddleman, analista de crédito assistente de uma fabricante de móveis européia, a StyleHouse, estava examinando a relação de contas a receber da empresa. Foi quando deparou com as contas da Softline e da Stella, duas varejistas bem-estabelecidas do setor moveleiro. Ambas apresentavam vultosos saldos em atraso. Biddleman decidiu mostrar essas contas ao gerente de crédito.

O trecho sugere uma situação de negócios rotineira: um fornecedor com dois clientes inadimplentes. Todavia, nenhuma decisão poderá ser tomada até que Biddleman conheça melhor esses dois clientes. Aí então ele poderá começar respondendo às seguintes questões:

- O que deveria dizer a seu chefe a respeito dos dois clientes?
- O que ela deveria concluir das demonstrações financeiras dos dois varejistas?
- Existem situações semelhantes ou diferentes? A StyleHouse deveria tratá-las de maneira igual ou diferente?

Esse caso assemelha-se a uma história de detetive que requer uma análise financeira para ser solucionada. Quando bem-aplicada, essa análise revela as histórias de dois varejistas trilhando caminhos muito diferentes e oferecendo riscos muito diferentes ao fornecedor, que, por sua vez, pode ser levado a diferentes decisões sobre como lidar com esses varejistas. Saber precisamente que decisões são as mais convenientes pode ser objeto de um interessante debate.

Leia os seguintes trechos adaptados de dois casos. O primeiro deles foi retirado da seção final de um caso de cinco páginas.

Com novos gerentes, uma recente reestruturação e a venda da Finesse Products, Cristine acreditava que a empresa recuperaria sua lucratividade. Estava convencida de que os auditores conferiram à companhia um atestado de boa saúde. No entanto, em seu relatório, eles conjeturaram que a Finesse estivesse com o "problema equacionado". Aquela qualificação poderia significar o beijo da morte para as relações da empresa com seus credores e fornecedores, sem falar dos clientes.

O segundo excerto é o terceiro parágrafo de um caso de sete páginas.

A Trout School estava em dificuldades quando Hart assumiu como seu diretor. O ano anterior havia registrado vários incidentes violentos, sendo que a escola teve de fechar as portas uma vez por causa de uma manifestação estudantil, e outra, por causa de uma questão contratual com os professores. Do ponto de vista acadêmico, o desempenho das séries iniciais estava marginalmente melhor, mas o das séries finais revelava declínio. Não havia dúvida de que a escola não estava alcançando seus objetivos.

O primeiro trecho suscita um problema que gira em torno de uma diferença de opinião. De um lado está uma empresa que, aparentemente, implementou mudanças a fim de colocar suas finanças em ordem. De outro, estão auditores que tomaram a séria atitude de pôr em dúvida a capacidade de sobrevivência da empresa. Cabe ao leitor aplicar métodos financeiros de análise para obter uma leitura acurada da situação financeira atual da Finesse e de suas perspectivas para o futuro. Os auditores podem estar certos, e talvez a empresa precise ser liquidada. Mas, se ela estiver certa, terá de fornecer um argumento convincente de que os auditores se equivocaram em sua leitura dos dados. Por outro lado, a interpretação pode recair entre as duas posições, indicando sérias dificuldades financeiras, mas não a situação potencialmente terminal apontada pelos auditores.

O segundo trecho, sobre a Trout School, é um exemplo de caso em que o problema está definido: "Não havia dúvida de que a escola não estava alcançando os seus objetivos". Ainda assim, precisamos ser claros quanto à natureza específica desse fracasso. A missão primeira de uma escola é ensinar e, se considerarmos os resultados dos exames uma medida adequada da efetividade educativa, a instituição realmente está falhando junto a seus estudantes. No entanto, devemos ir mais fundo na definição do problema. O grau do presente fracasso é sério porque a escola não é capaz de garantir a integridade física das pessoas, razão pela qual as aulas foram suspensas ao menos nos uma vez. No caso em questão, a tarefa dos leitores consiste em detectar as causas primordiais dos problemas e sugerir meios de solucioná-los o quanto antes.

Como já mencionado, raramente você encontrará uma definição nítida e abrangente do problema contido num caso. O exemplo da Trout School é uma das exceções. Para localizar causas, naturalmente você precisa saber os efeitos que elas produzem. Sua primeira tarefa num caso com problema é, portanto, descrever ou definir o problema. A definição geral de uma situação problemática é algo como o que segue: quais as características da situação enfrentada pela personagem principal com que ela deve se preocupar *mais*?

MUITAS OU POUCAS CAUSAS?

São complexos os problemas contidos num caso. A EPD, por exemplo, emprega quase mil pessoas em diferentes funções. Cada um desses empregados traz consigo seu próprio conjunto de experiências e habilidades, com as quais contribui, para o bem ou para o mal, para a presença da empresa no mercado, constituído por clientes e organizações concorrentes. O problema da EPD terá, portanto, múltiplas causas, o mesmo valendo para outros casos com problemas.

Uma questão essencial para o diagnóstico é a seguinte: quantas causas são suficientes? O primeiro limite ao número de causas é o próprio caso. Veremos com algum detalhe como as evidências em "Allentown" se traduzem num relato causal. Um dos limites é a pequena quantidade de informações disponíveis sobre as mudanças no mercado e as tecnologias envolvidas nos produtos da EPD. Outro, é a escassez de dados financeiros.

Apesar desses limites, as evidências presentes em um caso podem servir de base para muitas causas. Numa disciplina de administração, é provável que você aprenda uma série de teorias e se sinta tentado a aplicá-las, todas, em um único caso. Talvez você pense que mais causas propiciam uma análise mais abrangente. No entanto, essa proliferação rapidamente gera confusões. Uma longa lista de causas obscurece aquelas que realmente importam.

Um outro limite ao número de causas é traduzir a análise em ação. Um relato causal precisa ser convincente, mas também deve permitir que se aja em relação a ele. Uma análise que contenha muitas causas não será útil àqueles responsáveis por tomar alguma providência quanto ao problema, na medida em que cria tarefas demasiadamente extensas e complexas.

A análise deve focar as causas que exercem maior influência ou impacto sobre o problema. Diagnosticar e solucionar 85% do problema é melhor que diagnosticar 99% e nada resolver. Talvez haja instrutores do método do caso que avaliem seus alunos de acordo com o número de causas apresentado, mas recomendo seguir o conselho de um pensador medieval, William de Ockham, de quem legamos o seguinte princípio, hoje conhecido como "navalha de Ockham": não multiplique as entidades (causas) desnecessariamente.[1] Em outras palavras, atenha-se ao menor número de causas, o suficiente para dar conta dos efeitos principais.

---

[1] Paul Vincent Spade, "William of Ockham", em *The Stanford Encyclopedia of Philosophy (Fall 2006 Edition)*, ed. Edward N. Zalta, http://plato.stanford.edu/archives/fall2006/entries/ockham.

TEMPOS DIFÍCEIS NA EDP

O presente capítulo inicia com dois parágrafos retirados de "Allentown Materials Corporation: Divisão de Produtos Eletrônicos (Resumido)". Utilizaremos o caso na íntegra para investigar de que modo você pode analisar uma situação problemática. Por favor, leia-o agora; do contrário, pouco aprenderá com a discussão a seguir.

1. Situação

A primeira seção de "Allentown" expõe a maioria das questões principais concernentes ao caso. Roger é o gerente-geral de uma divisão em apuros. O setor em que atua apresenta-se muito mais competitivo do que costumava ser, e o desempenho financeiro da divisão sofreu uma queda brusca nos últimos dois anos. Além disso, a sede corporativa da empresa estabeleceu "metas de lucro agressivas". Dentro da divisão, vêem-se conflitos por toda parte e falta coordenação aos grupos funcionais. A última seção do caso nos informa que a reunião anual da empresa, voltada para as mais importantes questões organizacionais, está se aproximando. Podemos inferir que até lá Rogers precisará encontrar algumas respostas.

Há outro elemento do caso que pode passar despercebido por estar apenas implícito: o próprio Rogers. Ora, o caso é redigido a partir de seu ponto de vista, e tudo que sabemos a seu respeito aprendemos com ele. Ainda assim, não devemos nos ater apenas àquilo que o preocupa; devemos ir um pouco além de seu ponto de vista e mirar o próprio Rogers. Embora já esteja no cargo há dois anos, Rogers ainda não encontrou nenhuma resposta. Sua falta de percepção representa, portanto, um ponto de discussão. À medida que investigarmos o caso, examinaremos sua contribuição para a crise da divisão.

Considerando apenas a primeira seção, sabemos que Rogers está preocupado com os recentes números financeiros, mas que só pode influenciá-los indiretamente, por meio de uma mudança interna. Das questões mencionadas no início do caso, as seguintes certamente devem preocupá-lo:

- Estratégia competitiva antiquada
- Problema financeiro
- Conflitos violentos e moral baixo
- Falta de coordenação
- Função de desenvolvimento de produto paralisado
- Pressão da empresa

Essa parece ser uma definição de problema adequada para começarmos; mas podemos modificá-la, naturalmente, à medida que nosso trabalho evoluir.

2. Questões

A investigação de um caso envolvendo um problema procura informações relevantes para a definição do mesmo. Uma investigação de "Allentown" não revela seções específicas que pareçam ser potencialmente mais valiosas para a análise do que outras. Além disso, o caso não é particularmente extenso, apesar de conter uma grande quantidade de informações detalhadas. Ao que parece, a abordagem mais sensata consiste em ler o caso do início ao fim, fazendo anotações que nos ajudem a identificar causas.

A definição do problema implica essencialmente as mesmas duas questões sobre cada uma das características:

O caso contém informações suficientes para fornecer uma explicação causal da característica?

Se sim, qual é a causa?

Depois de lermos o caso, podemos excluir duas áreas de investigação. Ainda que a paisagem competitiva tenha mudado e a estratégia competitiva da EDP possivelmente esteja defasada, não encontramos informações que sustentem uma investigação de estratégia. Do mesmo modo, não há informações para analisar causas financeiras. O caso fornece apenas alguns números relativos ao desempenho financeiro da divisão. Por outro lado, parece haver informações relevantes a outras facetas do problema.

Um curso acadêmico sem dúvida incluiria conceitos e métodos de negócios úteis para diagnosticar essa situação. Como exemplo, as teorias de liderança definem as características de um líder efetivo, pelo que poderiam ser nosso ponto de referência para estudar a liderança de Rogers. Um dos grandes benefícios proporcionados pelos conceitos e métodos especializados é nos mostrar o que procurar em um caso. O exemplo de análise a seguir emprega alguns dos princípios comuns de liderança e comportamento organizacional para diagnosticar o problema. A análise seria mais rica quanto mais se usassem conceitos e métodos especializados. Contudo, isso exigira que você se familiarizasse com eles, o que não constitui o propósito dessa demonstração.

3. Hipótese

Formular uma hipótese para uma situação problemática significa desenvolver um diagnóstico. O diagnóstico expressa o problema e suas causas mais relevantes. Em termos práticos, desenvolvemos uma hipótese para determinado problema por acumulação: identificamos uma causa possível, a testamos para encontrar evidências substanciais que a respaldem e, se as encontramos, incluímos a causa na hipótese.

A triagem inicial de causas, efeitos e informações exteriores pode dificultar o estabelecimento da primeira causa. Uma distinção proveitosa é contrastar as causas externas com as internas – respectivamente, as que operam fora (como a EPD) e as que operam dentro da unidade de análise. A localização das causas varia de caso a caso. Você deve estar ciente disso e certificar-se de considerar o caso em termos de onde procurar causas. Num caso que envolva estratégia, haverá causas internas (por exemplo, a estratégia propriamente dita e quão alinhada a empresa está com a estratégia) e algumas externas (por exemplo, o setor, o mercado e a concorrência).

Em "Allentown", as mudanças competitivas verificadas no mercado constituem uma causa externa – e um bom ponto de partida para a análise, já que você não precisa inferi-las: elas estão expostas no caso. A mudança em termos de competição e a nova ênfase no desenvolvimento de produto – uma função em que a EPD é deficiente – submetem a organização a um estresse competitivo e econômico. A insistência da sede corporativa em estabelecer uma meta de lucro agressiva, justamente num momento em que a divisão move-se com grande esforço, é outra influência negativa.

Nesse caso, porém, o maior conjunto de causas parece ser interno. A análise de causa-efeito consiste em raciocinar de trás para frente, do efeito à causa. Em "Allentown", acreditamos que Rogers seja uma das causas do desempenho da divisão, de modo que o consideramos como algo em que podemos basear uma hipótese e um ponto de partida para explorar as causas internas. Mesmo se chegarmos à conclusão de que Rogers não representa uma causa significativa, trabalhar no sentido contrário, a partir dele, nos ensinará muito sobre a situação.

4. PROVA E AÇÃO

A prova de um diagnóstico começa quando conseguimos identificar uma causa possível. Nossa hipótese é de que Rogers seja uma causa. Vejamos se há evidências que a sustentem. Rogers é dotado de forças pessoais definidas. É tecnicamente instruído, inteligentíssimo, bem-apessoado e, ao que parece, sem agendas ocultas. No entanto, como gerente e líder, ele apresenta fraquezas que estão frustrando suas boas intenções. Aparentemente, não foi capaz de prever as mudanças que se anunciavam em termos de concorrência, o que sugere que não estava particularmente próximo à força de vendas. Mesmo agora que essas mudanças são óbvias, ele não arregimentou a divisão para enfrentar a enorme alteração do cenário, qual seja, da previsibilidade de um monopólio próximo às exigências de uma concorrência real. Ninguém na divisão, incluindo o próprio Rogers, parece perceber a urgência de responder à situação.

Além disso, ele não dá ouvidos ao que é dito nas reuniões nem mostra curiosidade pelas opiniões do pessoal da divisão, o que o priva de informações valiosas que poderiam ajudá-lo a guiá-la. Rogers não está responsabilizando seus gerentes por suas metas. Dada a sua formação, não é de admirar que permaneça envolvido com questões técnicas, mas o problema é que ele não parece mostrar o mesmo interesse pelas demais funções da divisão. Na maioria das vezes ele se abstém de trabalhar nos projetos corporativos – apesar de sua divisão encontrar-se em sérias dificuldades. O processo de desenvolvimento de produto, que é fundamental para o futuro do negócio, está quebrado, e Rogers não está empenhado ativamente em consertá-lo. Ele nem sequer comparecia às reuniões mensais dedicadas ao desenvolvimento de produto, as quais eram emperradas por pontos de vista conflitantes, até que seu gerente de *marketing*, tomado de desespero, solicitou sua presença.

Rogers transferiu o centro de operações da divisão de volta para a sede corporativa, privando a si próprio e ao pessoal de *marketing* do contato direto com os demais grupos da EPD. Além disso, separou o setor de *marketing* dos setores de vendas e desenvolvimento de produto. Todas essas alterações organizacionais redundaram num tiro pela culatra. Agora, Rogers precisa estar fisicamente presente para inteirar-se e conduzir uma organização rebelada. As condições do mercado exigem estreita coordenação entre o pessoal de *marketing* e as equipes de vendas e produção – numa palavra, todos precisam estar em estreito contato.

Rogers parece estar desconfiado das pessoas e dos programas ligados ao seu predecessor. Ele substituiu uma série de altos gerentes por pessoas de fora da divisão, perdendo, assim, a experiência e o conhecimento dos antigos gerentes e, ao mesmo tempo, mandando uma mensagem aos que permaneceram em seus cargos: a de que não tem grande consideração por aqueles promovidos por Bennett. Essas ações são uma prescrição para o moral baixo. Para arrematar, ele pôs termo a um projeto de desenvolvimento organizacional que tratava de uma série de dificuldades que a EPD está enfrentando.

Ainda podemos fazer duas interferências a respeito de Rogers. É provável que sua maior fraqueza esteja na escassa percepção das muitas questões que estão prejudicando o desempenho da EPD. Poucas chances ele terá de atacar o problema se não estiver motivado a examinar mais detidamente a organização que deveria estar conduzindo. Outra conclusão que tiramos do caso diz respeito à sua experiência. Rogers foi promovido a vice-presidente e a gerente-geral por sua perícia técnica, não pela experiência gerencial ou por suas habilidades de liderança. Nesse caso, ele não se encaixa como solução para as carências da divisão.

Com as evidências que encontramos, podemos afirmar que Rogers é uma das causas do problema. Precisamos agora procurar as demais.

Erros corporativos. O fato de que Rogers não era a pessoa mais qualificada para ocupar o cargo suscita a seguinte pergunta: por que razão ele foi promovido? Tal questão nos faz refletir sobre o papel da sede corporativa da empresa em Allentown.

Ora, Rogers não é culpado por sua falta de experiência administrativa. Podemos inferir que a sede corporativa não lhe tenha oferecido nenhuma espécie de treinamento ou suporte especial para o novo cargo e que nenhuma medida tenha sido tomada no sentido de ajudar a organização a lidar com a perda repentina de seu ex-líder, Joe Bennett, dotado de personalidade agressiva. A empresa endossou a nova equipe gerencial de Rogers, consideravelmente carente de experiência, e fixou metas financeiras demasiado irrealistas, as quais a divisão não tem a menor condição de atingir. À medida que olhamos mais de perto as ações da corporação, elas nos afiguram uma causa significativa. Note que o caso fornece informações relativamente escassas sobre tais ações, sendo que as referências estão dispersas.

Agora, dispomos de duas causas apoiadas em evidências: Rogers e a corporação.

Cultura e conflito. As informações disponíveis sobre Joe Bennett nos permitem estabelecer uma comparação entre a EPD sob sua administração e sob a de Rogers. Bennett, fundador da divisão, foi um homem de negócios inteligente e criativo. Uma de suas importantes medidas foi transferir o centro de operações, sob sua gerência, de Allentown – quanto a isso, podemos especular que seu objetivo era assegurar que assim a divisão estaria sob sua total responsabilidade. Bennett tomava todas as decisões importantes e envolvia a todos em sua execução. Em outras palavras, a EPD era uma organização estritamente hierárquica (*top-down*), com um líder autoritário no topo e gerentes "políticos e manipuladores" abaixo dele.

Rogers trabalhou na Allentown, para onde restituiu o centro de operações da EPD, depois de nomeado gerente-geral. A Allentown, em suas relações internas, patrocinava uma cultura de "família unida". A hierarquia não era vista como um fator importante, e todas as pessoas, de todos os níveis se comunicavam livre e informalmente. A diferença entre ambas as culturas, a da empresa e a da divisão, não poderia ser maior. Na EPD, Rogers parece acreditar que a divisão deve operar segundo o mesmo modelo colaborativo da corporação. No entanto, a divisão ainda preserva o formato moldado por Bennett. Além da ênfase na hierarquia e nos maus hábitos, como comportamentos de cunho político e manipulador, os departamentos da EPD não manifestam o menor interesse em trabalhar em conjunto. Não são, com efeito, uma família unida – isso é certo. Assim, o choque de culturas é uma causa que talvez esteja associada às deficiências gerenciais de Rogers.

Até agora, não fizemos muito uso das informações contidas na visão geral de cada um dos principais departamentos da EPD apresentados na seção "Revisão dos Departamentos Funcionais em 1992". Por ocuparem quase a metade do caso, as descrições precisam ter alguma significância para a análise, a menos que seu propósito principal seja desviar nosso foco. Ao que parece, detalhes em demasia não são fundamentais; aliás, eles podem acabar nos engessando se adicionamos todos à análise. Depois de lermos essas descrições, precisamos voltar atrás e verificar se há questões que aparentemente se aplicam a todos os departamentos – ou se há questões específicas dos departamentos que sejam significativas.

Mau alinhamento. Há algumas questões em comum que podemos não perceber em meio à confusão de pormenores. Cada departamento ou função está em conflito com os demais. Na verdade, a EPD parece menos uma organização que um amontoado de tribos rivais. Parte disso pode ser explicada pelo colapso cultural que reina na empresa: a organização, de perfil hierárquico, perdeu a peça-chave que mantinha coesa sua estrutura – o autoritário líder Bennett. Contudo, há um outro fator: as funções organizacionais estão todas mal-alinhadas, em várias dimensões. Primeiro, seus incentivos são diferentes. Segundo, não há definições claras quanto à responsabilidade primária e à responsabilidade final. Terceiro, há discrepância e desigualdade, entre a divisão e a corporação, quanto à importância atribuída a essas funções, além de grandes diferenças em experiência e tempo de serviço do pessoal-chave. Por fim, as funções estão de tal forma dispersas que não fazem sentido para o trabalho que precisa ser executado.

Encerraremos a análise aqui, embora não tenhamos averiguado todas as possibilidades. Nosso argumento para as causas primárias apresenta-se da seguinte forma:

PROBLEMA
- Desempenho declinante
- Conflitos violentos
- Falta de coordenação
- Desenvolvimento de produto paralisado
- Fraca liderança

CAUSAS EXTERNAS
- Novas condições competitivas
- Erros corporativos

CAUSAS INTERNAS
- Erros e limitações de Rogers
- Diferenças culturais
- Conflitos
- Mau alinhamento

Podemos admitir com segurança que ainda restam mais causas a identificar em "Allentown". Ao passo que um dado paradigma de liderança poderia utilizar um conjunto de termos inteiramente diferente para diagnosticar as ações de Rogers e o legado de Bennett, é possível que outro viesse a destacar os aspectos da estrutura organizacional que estão na origem do problema. Seja como for, essas diferentes perspectivas são complementares, e não concorrentes.

Ações. O diagnóstico do problema da EPD representa um plano de ação. Toda causa é alvo de mudança. Um plano de ação deveria incluir medidas para todas as causas, exceto as novas condições competitivas; não dispomos de informações suficientes que nos permitam sugerir alterações à estratégia da divisão. Por ser o líder da divisão, grande parte do plano de ação está focado em Rogers. Ele é uma peça importante para a solução dos conflitos internos e do mau alinhamento da estrutura. Para melhorar esse último aspecto, ele poderia começar a mudar os incentivos, a fim de motivar as pessoas a trabalhar com o mesmo objetivo bem como a transferir o pessoal – inclusive ele mesmo – da sede corporativa de volta para as instalações da divisão. Ademais, ele poderia trabalhar no sentido de mudar a cultura organizacional, mas isso exigirá tempo.

Contudo as primeiras medidas de Rogers provavelmente deveriam centrar-se em si mesmo. Por aparentemente não ter uma percepção clara de seus pontos fortes e fracos, é preciso que ele avalie ambos. Contratar um mentor lhe proporcionaria uma perspectiva externa imparcial. De início, ele poderia reunir todos os funcionários da EPD solicitando – talvez exigindo – urgentemente uma ação compartilhada. A divisão é conduzida na direção errada, as condições de mercado não são favoráveis e o emprego de todos pode estar em jogo. Mas, como ninguém parece estar atento à situação, é dever de Rogers garantir que tal ação seja encarada como primeira e central. Ele precisa quebrar o isolamento que se auto-impôs, a fim de cultivar aliados e de engajar a divisão na formação de uma visão. Ele poderia aproveitar suas relações na corporação para mitigar a pressão e tentar obter apoio para as mudanças que precisa promover.

Essas são apenas algumas das medidas de Rogers que você precisaria considerar. A parte mais difícil ao articular um plano para Rogers e para a divisão é evitar que ele se torne volumoso.

ALTERNATIVAS E QUESTÕES EM ABERTO

Além das causas, a análise de "Allentown" poderia aprofundar a influência comparativa dessas causas. Em outras palavras, quais são as causas que mais contribuem para o problema? Nessa área, é provável que haja diferenças de opinião acentuadas.

Quanto mais leio o caso, tanto mais me convenço de que a corporação é a maior responsável pelos problemas da EPD. É claro que os erros de Rogers não são atribuíveis a mais ninguém, mas ele jamais teria oportunidade de cometê-los se os executivos da corporação tivessem compreendido melhor a divisão e suas carências. Eles toleravam o fato de as operações estarem concentradas em Bennett, provavelmente porque ele apresentava números consistentes. Ao que parece, não havia um plano de sucessão para Bennett para o caso de seu eventual afastamento, e há ainda evidências de que a alta gerência estava separada dessa unidade de negócios.

Por outro lado, a partir das informações a respeito dos departamentos da EPD, podemos identificar pontos fracos em cada um deles. O quadro geral nos leva a indagar se um líder experiente, dotado de uma visão realista da organização, seria capaz de em apenas dois anos, ser melhor do que Rogers. Bennett chegou ao extremo de criar uma organização regida pelo poder de um homem só. Era sua atribuição controlar as contratações e promoções, assim como as demais atividades da EPD. Ora, pessoas que se mostram dispostas a trabalhar numa organização que não lhes confere nenhuma autoridade nem lhes exige pensamento criativo possivelmente não são aquelas que desejariam enfrentar as novas condições do mercado. Sob qualquer circunstância, a transição para um novo líder não teria sido fácil.

A grande questão é que, apesar de toda a clareza que podemos obter ao estudar cuidadosamente esse caso, ainda assim persistem pontos obscuros, exigindo mais estudo, reflexão e debate.

Capítulo 6

DECISÕES

Casos envolvendo uma decisão explícita constituem a base do ensino de administração. Por *decisão explícita* me refiro a um caso construído em torno de uma decisão declarada – isto é, uma decisão que não está implícita ou subordinada a uma outra questão, como o diagnóstico de um problema. Essa é uma importante distinção para se ter em mente, já que quase todos os casos de negócios podem ser tratados em termos de uma decisão.

> O comitê de Produto, Processo e Confiabilidade, que tinha a responsabilidade final pelo processo de desenvolvimento do novo produto, recorreu à análise e ao conselho de [David] Schramm para definir se a Packard Electric deveria ou não adotar o anel isolante RIM em um modelo automotivo de 1992.[1]

David Schramm precisa decidir que conselho dará ao comitê da empresa, e o restante do texto diz respeito à sua escolha – eis o que significa uma situação de decisão. Casos desse tipo têm a ver tanto com a maneira de tomar uma decisão quanto com uma decisão em particular. Eles podem lhe ensinar sobre vendas ou fundos de cobertura (*hedge funds*), mas também sobre o processo de decidir.

A análise de decisão contém cinco elementos:

- Opções
- Critérios
- Análise de opções
- Recomendações
- Ações

OPÇÕES

Uma decisão requer opções concretas; do contrário, não há decisão a tomar. Nem todos os casos definem opções de decisão, mas muitos o fazem. Se sua primeira leitura de um caso for inflexível e linear – da primeira à última página –, talvez você só descubra as opções disponíveis ao chegar no final do caso. Isso diminui a utilidade dessa primeira leitura. Não é possível considerar que decisão pode ser apropriada e o que é preciso saber para fazer uma boa escolha, a menos que se saiba quais são as opções.

---

[1] Steven C. Wheelwright e Geoffrey K. Gill, "General Motors: Packard Electric Division", Caso 9-691-030 (Boston: Harvard Business School Publishing, 1999), 1.

Em geral, os casos não fornecem as opções nas seções iniciais ou parecem fazê-lo, mas omitem informações adicionais relevantes. A seguir, apresentamos as sentenças cruciais contidas na abertura de um caso de *marketing*:

> *Em 1990, a Nestlé Refrigerated Food Company (NRFC) contemplou a possibilidade de introduzir uma pizza congelada no mercado dos EUA ... Cunliffe [o tomador de decisão] procurava mais oportunidades para o crescimento da Nestlé no seguimento de massas refrigeradas. Antes do lançamento da pizza, porém, ele sabia que teria de analisar bem os números para se certificar da viabilidade do negócio.[2]*

A abertura parece propor uma simples decisão do tipo "sim ou não": lançar uma pizza congelada ou não. Mais tarde, porém, o caso acrescenta uma reviravolta. A decisão possui um segundo nível: deveria a empresa lançar uma pizza congelada com cobertura ou fornecer um *kit* com múltiplas coberturas? Se não passarmos os olhos pelo caso antes de o analisarmos seriamente, não tomaremos conhecimento dessa complicação e sob sua ótica teremos de relê-lo. Ao mesmo tempo, precisamos averiguar se essa complicação não se destina a desviar nossa atenção desta questão básica: deveria a empresa lançar uma pizza congelada sob qualquer condição?

A frase extraída de "General Motors: Electric Packard Division" refere-se a uma nova e inovadora peça que viria substituir a que então se utilizava nos automóveis. O leitor que se debruçar diretamente sobre o caso não descobrirá, até chegar à última seção do texto, as três opções específicas que Schramm está ponderando.

Quando perceber que o caso que está lendo é uma situação de decisão, você irá procurar alternativas de decisão. No exemplo da pizza, seria sensato considerar por um momento a prioridade das decisões sugeridas no caso. Lançar um novo tipo de pizza poderia ser o mais inteligente a fazer para a NRFC duplicar o seu sucesso como inovadora na categoria de massas congeladas. Poderia também ser um erro. No entanto, se nos enredamos na decisão quanto a produtos de pizza alternativos sem primeiro fazermos a escolha fundamental, talvez estejamos perdendo uma grande parte do caso. No caso do anel isolante RIM precisamos saber, o quanto antes, as opções específicas que a empresa está considerando. A abertura do caso sugere uma decisão do tipo "sim ou não", mas no final descobrimos que há uma opção intermediária. Por mais que se trate de uma opção terrível, você precisa saber que ela existe e verificar se condiz com seus critérios mais do que as outras opções.

CRITÉRIOS

Uma decisão racional não pode ser tomada sem que haja critérios para isso. Por exemplo, para decidir se deve ou não conceder mais crédito a determinado varejista, um fornecedor poderia valer-se das seguintes considerações:

- O varejista precisa estar com as finanças em ordem.
- Precisa ser bem-gerido.

---

[2] Marie Bell e V. Kasturi Rangan, "Nestlé Refrigerated Foods (A): Contadina Pasta & Pizza", Caso 9-595-035 (Boston: Harvard Business School Publishing, 1994), 1.

- Precisa ter um bom histórico de crédito.
- Precisa ter valor de longo prazo para o fornecedor.

Os critérios que utilizamos para solucionar situações de decisão dependem tanto de ferramentas especializadas como das circunstâncias do caso. "Finanças em ordem" não é expressão que tenha muito significado até medidas financeiras, como fluxo de caixa e estrutura de capital, lhe conferirem um sentido concreto. "Valor de longo prazo para o fornecedor" é igualmente abstrato, mas elementos como histórico de vendas, assim como informações sobre as perspectivas futuras do varejista e o mercado como um todo, dão a tais palavras um significado tangível.

Os critérios influenciam profundamente a tomada de decisões. Por isso, devem ser relevantes, reduzidos ao mínimo necessário para produzir uma decisão sensata, bem como capazes de relacionar uma quantidade expressiva das evidências disponíveis às opções. Em primeiro lugar, eles precisam ser relevantes para a decisão e a situação. Relevância, aqui, é definida pelas circunstâncias do caso. Alguns critérios aparecerão com freqüência – custo e rentabilidade são dois deles. Outros serão bastante específicos de um caso ou de uma categoria de casos. Um dos casos que analisaremos adiante neste capítulo tem como critério a confiabilidade de um novo processo fabril. Em segundo lugar, a análise de decisão deve utilizar o número mínimo de critérios necessários para uma recomendação digna de crédito. Critérios a mais são tão desvantajosos quanto critérios a menos. Critérios a menos levam a uma recomendação inadequada e a uma base de evidências frágil. Critérios a mais geram tanta fragmentação e confusão que uma recomendação nítida e clara se torna impossível. Finalmente, só porque dado critério é relevante para a situação não significa que seja útil. Ele precisa, além disso, ser capaz de estabelecer conexão entre evidências substanciais e a decisão que se está considerando.

Escolher critérios implica fazer certas conjecturas. É preciso estar alerta para as pistas que o caso nos oferece sobre que critério renderia os resultados mais informativos. Digamos que o caso sobre a decisão referente à concessão de crédito pelo fabricante tenha pouco texto, uma ilustração sobre o mercado e várias outras, de caráter financeiro. Ora, o caso está lhe dizendo que o critério mais produtivo possivelmente seja aquele que envolve a análise de dados financeiros. Ainda assim, não devemos deixar de aplicar outros critérios que julgamos relevantes, mesmo que inicialmente não pareça haver neles muitas informações com as quais trabalhar. Às vezes, um critério o ajudará a reunir partes relacionadas de evidências que, por ocorrerem em diferentes seções do caso e ilustrações, acabam sendo difíceis de identificar.

ANÁLISE DE OPÇÕES

Uma vez estando a par das opções de decisão e tendo selecionado alguns dos critérios (você não precisa de todos eles para iniciar o trabalho), você começa a examinar as informações do caso em relação aos critérios. Gradualmente, você passará a enfocar a opção de decisão que parece criar o melhor encaixe entre os critérios e os fatos.

Digamos que você esteja tentando decidir se concede ou não mais crédito a um dado varejista. "Finanças em ordem" é uma das normas. Utilizando dados do caso, ferramentas financeiras relevantes fornecem informações sobre a saúde financeira da empresa. Digamos que os números indiquem que o varejista está diante de uma séria quebra de caixa no curto prazo. Então você descobre que a empresa registra um prejuízo operacional relativo ao ano anterior, aparentemente porque reduziu os preços de seus produtos para limpar o estoque. Nenhuma dessas parece ser uma boa notícia, mas o caso faz referência a uma suave recessão ocorrida nos últimos anos, e os números contidos em uma ilustração revelam queda nas vendas do setor como um todo. Agora, examinando os dados relativos à estrutura de capital da empresa, verificamos que ela manteve seu balanço em grande parte livre de dívida. Com prudência ela preservou sua capacidade de empréstimo, a fim de cobrir os prejuízos operacionais em circunstâncias como as que hoje vigoram. Além disso, a recessão está no fim. O peso das evidências de natureza financeira parece indicar que, diante de circunstâncias complicadas, os gerentes da empresa estão agindo com sabedoria.

Assim, o critério "finanças em ordem" alinha a evidência à decisão de conceder mais crédito. Todavia, ele contém descobertas negativas (ver a Ilustração 6-1 para um resumo de seus fatores positivos e negativos). A mera aplicação de critérios e métodos de negócios não constrói uma decisão. É preciso, além disso, interpretar os resultados. Não raro você se deparará com resultados mistos dentro de cada critério, como no padrão financeiro que acabamos de aplicar. E os resultados de diferentes critérios podem colidir. Digamos que os critérios relativos à situação e à administração financeira do varejista confirmem a decisão de estender-lhe a concessão de crédito, mas no quesito histórico de crédito ele não parece bem e seu valor de longo prazo para o fornecedor seja incerto. Você terá sua própria decisão: quais dos critérios são os mais importantes? São consistentes as evidências associadas a eles?

Numa situação em que há pressão de tempo, como num teste escrito, você deve basear-se em uma hipótese o quanto antes. Em tais circunstâncias, é necessário reservar o máximo de tempo possível para a redação. Você precisa estar alerta para o fato limiar que lhe permite entregar-se a uma hipótese acerca da decisão. *Fato limiar* significa simplesmente que você dispõe de muitas evidências adequadas a uma opção de decisão, dando-lhe confiança para escolhê-la. Sua tarefa então passa a ser outra – a de testar a adequação de critérios e evidências a uma decisão, alinhando o máximo de evidências possível à sua opção preferida.

RECOMENDAÇÃO

O propósito da análise de decisão é recomendar a melhor escolha entre as opções disponíveis. A exemplo de uma hipótese, uma recomendação específica lhe propicia um meio de pensar sobre os fatos relativos ao caso que não está disponível quando você não se compromete com ela. Ela aguça seu foco e o desafia a prová-la. Quando você conseguir alinhar o que julga ser uma evidência persuasiva a uma opção de decisão, então a hipótese se torna sua recomendação.

ILUSTRAÇÃO 6-1

Critério: finanças em ordem

Fatores negativos	Fatores positivos
• Fluxo de caixa reduzido	• Estoque reduzido durante período de vendas lentas
• Prejuízos operacionais em curso	• Pouca dívida; elevado grau de flexibilidade financeira
	• Fim da recessão; vendas devem crescer

Defender uma decisão não significa encobrir seus aspectos negativos. Na verdade, admiti-los fortalece sua recomendação na medida em que ajuda o tomador de decisão a antecipar-se e a preparar-se para eles.

AÇÕES

O propósito de um plano de ação relativo a uma decisão é implementá-la tão efetivamente quanto possível. Essa finalidade única é o que distingue planos de ação envolvendo decisão daqueles relacionados a um problema ou a uma avaliação, os quais geralmente apresentam múltiplos objetivos.

Desenvolver medidas de implementação pode ser algo frustrante, porque é possível que o caso forneça poucas informações explícitas diretamente relacionadas a essas medidas. Alguma criatividade pode ser útil para preencher esse vácuo. Pode-se, também, identificar no caso condições relevantes para essa implementação. No caso "General Motors", o produto inovador objeto da uma decisão certamente causará problemas para a operação fabril da empresa. Quer o produto tenha seu lançamento feito imediatamente ou adiado por um ano, permanecem os mesmos problemas. Portanto, o plano de ação para quaisquer que sejam as escolhas de decisão precisa incluir medidas para solucioná-los.

A CONTROVÉRSIA RIM

O caso "General Motors: Divisão Packard Electric" diz respeito a um fornecedor, (de propriedade totalmente privada) da gigante automotiva General Motors e a um novo e inovador componente, estranhamente chamado "anel isolante RIM". Por favor, leia-o agora; do contrário, pouco aprenderá com a discussão a seguir.

1. Situação

O parágrafo de abertura do caso é um campo minado para um inexperiente estudante do método do caso. Já na primeira frase faz-se referência a um glossário contido no apêndice. Um leitor diligente pode facilmente mergulhar nesse glossário, estudando seus termos a fim de compreendê-los quando empregados no texto. O parágrafo seguinte contém uma referência à Ilustração 1, um diagrama de GANTT. Ler a ilustração, tanto quanto o glossário, é tarefa que demanda certo tempo, sendo que ambos têm algo em comum: sua insignificância neste ponto da leitura. Na verdade, eles podem duplicar ou triplicar o tempo que levaríamos para percorrer a seção introdutória. A abertura do caso constitui um dos exemplos que mais bem ilustram por que se preocupar com o quadro geral da situação antes de mergulhar nos detalhes pode tornar a análise mais clara e ágil.

Passando diretamente ao final do caso, logo o leitor poderá confirmar que a situação envolve uma decisão. A seção final, "Opções de Schramm", lista suas três alternativas. Que diferença faz, então, se lemos as seções de abertura e encerramento do caso primeiro, ou lemos o caso, na íntegra, do começo ao fim? Se começamos pelo início, lemos todo o caso sabendo tão-somente que Schramm precisa tomar uma decisão. Estaremos à procura de opções de decisão enquanto absorvemos informações pertinentes a tal decisão. No final do caso, descobriremos que todo o trabalho que tivemos ao analisar as escolhas foi perda de tempo. No entanto, quando lemos as seções de abertura e conclusão juntas, podemos organizar nossa leitura do caso em torno das opções. Nem sempre encontraremos alternativas de decisão nitidamente agrupadas no final do caso, embora na maioria das vezes elas estejam postas em algum lugar dessa seção.

Uma estratégia para tornar mais fácil a análise de uma decisão é verificar se podemos protelar ou eliminar uma das escolhas. O número *três* é dotado de uma estranha magia. Nos casos, não raro descobriremos que as decisões comportam exatamente três escolhas. Eliminando uma delas, podemos simplificar nosso trabalho; afinal, comparar duas alternativas é muito mais fácil que comparar três.

2. *Questões*

Vamos verificar o que sabemos e o que podemos inferir das seções inicial e final do caso. Sabemos que dois grupos manifestam opiniões conflitantes. As opções de decisão disponíveis a Schramm estão correlacionadas com o conflito. Uma delas representa as opiniões de cada parte, e uma é um consolidado. Quando lemos a descrição desse consolidado, "desenvolvimento paralelo", ela nos parece complexa. Criaria ainda mais unidades mantidas em estoque (SKUs) e, portanto, aumentaria o tempo e os custos de engenharia, dois problemas que as partes estão tentando resolver. Ademais, obrigaria a Packard Electric a acomodar duas operações de montagem separadas, pressionando ainda mais a produção, não esquecendo que poderia ser difícil para a GM, sua cliente, lidar com duas versões diferentes da mesma peça. Schramm, o tomador de decisão, certamente terá de verificar se o novo processo receberia o compromisso de que precisa por parte da produção se o velho processo ainda estiver operando. A opção de meio-termo parece, afinal, comprometida.

Claro que há uma maneira inteiramente diferente de avaliar as opções. O compromisso exclusivo com um novo componente poderia ser por demais arriscado, com a Packard Electric e sua cliente pagando um alto preço por um processo de manufatura defeituoso. Em vista disso, adiar a adoção da peça por um ano talvez seja a opção menos arriscada, dando tempo para aperfeiçoar o processo e elevar os lucros. Ou o caminho intermediário poderia ser reposicionado, com o RIM como o produto de primeira linha e o antigo componente como substituto, para o caso de haver problemas com o RIM.

Esses dois distintos cenários podem confundir a análise. Em vez de investigarmos todas as três opções ao mesmo tempo, podemos começar nos concentrando nas duas opções "puras": abandonar o anel isolante RIM para o ano de produção vindouro ou comprometer-se com ele completamente. Para a investigação dessas duas alternativas, duas questões parecem cruciais:

- Qual é a vantagem do anel isolante RIM para a Packard e seus clientes?
- Quais são suas desvantagens?

Essas parecem ser questões a que precisamos responder. Mas seria útil que "vantagens" e "desvantagens" tivessem um sentido mais específico. As seções de abertura e de encerramento contêm informações suficientes para alcançarmos essa especificidade:

- O novo componente deve oferecer um valor significativo ao cliente. Ele parece ter algum valor porque o cliente deseja adquiri-lo.
- O componente deve causar um impacto positivo nos custos da Packard, ao menos de médio a longo prazo. As seções inicial e final não mencionam o fator custo, mas sempre convém considerá-lo.

- O problema que o componente causa à Packard Electric e os processos de produção do cliente devem ser administráveis.

Para serem mais úteis à análise de caso, os possíveis critérios podem ser convertidos em perguntas:

- Quanto valor o componente RIM oferece ao cliente?
- Até que ponto ele pode reduzir os custos da Packard Electric?
- Quão ruins são os problemas de produção ligados ao RIM? Eles podem ser solucionados antes do ano de lançamento do novo modelo?

3. *Hipótese*

Examinando o caso, encontramos várias seções que parecem oferecer informações de que precisaremos:

- "Produtos da Packard Electric"
- "O anel isolante RIM"
- "Opiniões sobre o anel isolante RIM"

Estamos tentando responder a perguntas específicas sobre o novo produto. Temos uma meta e queremos alcançá-la o quanto antes. Você pode ler apenas as seções supracitadas ou o texto inteiro, mas não se detenha em aspectos e detalhes irrelevantes. Se mantiver o foco disciplinado, você poderá ler o caso da forma que quiser escolher. A abordagem ideal é experimentar e ver o que funciona melhor para você.

Ao lermos as três seções listadas anteriormente, tomamos conhecimento dos seguintes pontos, que por sua vez suscitam novas questões:

VALOR

- O anel isolante RIM ajusta-se melhor ao crescente conteúdo elétrico dos veículos.
- Ele proporciona uma melhor vedação contra água (reduz os custos do revendedor/aumenta a satisfação do usuário final).
- O crescente conteúdo elétrico e uma melhor qualidade têm para a GM um valor além do óbvio?

CUSTO

- Economias de custo referentes a reparos em vedação contra água (isso pode ser quantificado?)
- Grande redução nas unidades mantidas em estoque (SKUs)
- Grande redução no tempo de engenharia
- Podem as economias totais ser quantificadas?

MANUFATURA

- Exige investimento adicional, nova tecnologia e treinamento de mão-de-obra
- Reduz drasticamente as unidades mantidas em estoque (SKUs)
- Quão severos são os problemas relacionados à manufatura?

Pode parecer prematuro, mas já temos informações suficientes para lançar uma hipótese: *siga com o anel isolante RIM para o modelo do próximo ano*. Agora, a análise do caso pode focar as evidências para essa hipótese.

4. Prova e ação

Construir uma prova a partir desse caso não é tarefa fácil. As ilustrações são difíceis de interpretar. Além disso, estão voltadas para duas questões diferentes, uma das quais nunca é diretamente mencionada ou tratada. As ilustrações que se aplicam a essa questão implícita servem como "ruído" para a análise da primeira questão, o anel isolante RIM. Por fim, o caso contém várias armadilhas destinadas a atrair o estudante consciencioso, criando mais ruído e, assim, distraindo o leitor e obscurecendo os dados e informações de real importância. É muito mais fácil trabalhar com as ilustrações quando sabemos o que procuramos. Com base nas três seções de alto valor, podemos concluir que o anel isolante RIM tem muitas vantagens, algumas bastante óbvias; outras, não.

- O RIM comporta o dobro da capacidade de fios do antigo componente, e esse fator é crucial na medida em que o conteúdo elétrico dos automóveis está crescendo em ritmo acelerado.
- O componente apresenta melhor vedação contra água que o antigo. Com efeito, o vazamento de água tem sido objeto de reclamações por parte dos clientes e seu conserto custa caro para os revendedores. Além disso, pode reduzir a satisfação do usuário final e a lealdade à marca.
- É menos propenso a rompimentos.
- Simplifica o processo de manufatura do cliente e proporciona mais flexibilidade ao *design*, permitindo incluir características automotivas desejadas.
- A melhor estimativa do valor para o cliente é o fato de que a GM está disposta a pagar um prêmio pelo RIM.
- A peça RIM abaterá os custos totais da Packard ao reduzir os custos iniciais com *design*, o número de pedidos de alteração de engenharia (ECOs, *Engineering Change Orders*) e de unidades mantidas em estoque (SKUs).

Apesar de estarem claras, essas vantagens seriam mais persuasivas se respaldadas por estimativas de possíveis economias. Afinal, um argumento financeiro desprovido de números que o atestem *não* é convincente. Do início ao fim, o caso refere custos e provê alguns números que podem ser usados na preparação de estimativas. O trabalho analítico consiste em extrair os números, agrupá-los em uma categoria apropriada e calcular as economias. Existem, ao que parece, quatro categorias de economias de custos, a saber:

REPROJETO

O IHG, a antiga peça, tinha de ser redesenhada a cada dois ou três anos, com custos de engenharia de US$ 30 mil, totalizando US$ 43 mil em readaptações. O desenvolvimento do RIM demanda US$ 5 mil em custos de engenharia, para um total de US$ 12 mil com readaptações. Além disso, o RIM precisa ser redesenhado com menos freqüência. Sua flexibilidade o torna adequado a diferentes modelos automotivos. Se o RIM for redesenhado com a metade da freqüência do IHG, ou a cada seis anos, as economias de custo serão de US$ 74 mil (US$ 43 mil × 2 – US$ 12 mil).

PEDIDOS DE ALTERAÇÃO DE ENGENHARIA (ECOs)

Devido à sua flexibilidade, o RIM reduzirá os pedidos de alteração de engenharia num porcentual desconhecido. Os custos atuais com ECOs são imensos: US$ 24 milhões por ano (US$ 50 por hora × 500 engenheiros × 50% do tempo ou 960 horas por ano). Uma mera redução de 25% equivalerá a uma economia anual de US$ 6 milhões!

UNIDADES MANTIDAS EM ESTOQUE (SKUs)

O número de unidades mantidas em estoque cairá em 45 mil. Fixemos um custo arbitrário por ano para manter uma SKU de US$ 5 e assumamos uma redução em SKU de 50%: a economia anual será de US$ 112.500.

CUSTOS DE CONSERTO DO IHG *VERSUS* DO RIM

- IHG
  - O índice de defeito do IHG é de 12% na fábrica mexicana na 53ª semana de produção. Com um custo de produção de US$ 4,40 e volume de 70 mil unidades, o prejuízo é de US$ 36.960.
  - O índice de defeito na montagem é de 1% na 48ª semana, após o início das atividades. Com duas horas de trabalho a US$ 45 por hora e volume de 70 mil unidades, o prejuízo é de US$ 63 mil.
  - Os registros do revendedor listam, em 1989, 250 reparos relacionados ao IHG. Os prejuízos são de US$ 35 mil (4 horas de trabalho × US$ 35 por hora × 250).
  - No total, os custos anuais com reparos de IHG somam US$ 134.960.
- RIM
  - O custo de reparo do RIM é de US$ 180. O RIM é mais confiável. Com o índice de defeitos reduzido à metade do índice do IHG, os custos de conserto totalizarão US$ 63 mil.
  - A economia de despesas com conserto do RIM será de US$ 71.960.

ECONOMIA TOTAL ESTIMADA COM O RIM

- US$ 6.296.000 ao ano.

A categoria *pedidos de alteração de engenharia* vem a ser a "mina de ouro" para os defensores do anel isolante RIM. Mesmo que as economias resultem muito aquém do estimado, a economia total anual atribuível ao RIM ainda é considerável.

Quando expandimos a análise para outras seções e ilustrações, encontramos evidências adicionais para apoiar nossa hipótese. Por exemplo, a segunda seção, "Histórico da Packard Electric", revela que a GM vinha perdendo participação de mercado para fabricantes japoneses. Logo, ainda que pequeno, a inovação do anel isolante

RIM pode ter um papel significativo no fortalecimento da competitividade da GM. Pode aumentar a qualidade da estrutura dos veículos (menos vazamento e rupturas) e comportar um maior conteúdo elétrico. A combinação de qualidade superior e maior funcionalidade do produto contribui para a competitividade da GM num mercado cada vez mais global.

O significado emocional ou atitudinal da situação do RIM pode ser maior que suas virtudes técnicas e financeiras. A GM, mantenedora da Packard Electric, vem demonstrando sinais de estresse competitivo, perdendo 11% de participação de mercado em nove anos. Enquanto isso, a Packard Electric tem apresentado um saudável índice de crescimento. A Packard está satisfeita com a importância da inovação para o prosseguimento de seu sucesso e de sua mantenedora? Você certamente não tem a impressão de que há um senso de urgência quanto a isso.

Um plano de ação visando à adoção imediata do RIM tornaria os problemas de produção uma prioridade urgente. Os engenheiros de desenvolvimento de produto deveriam auxiliar a manufatura a fim de tornar o processo do RIM escalonável e confiável, os dois principais problemas de produção. Schramm deveria servir de exemplo, passando a integrar uma equipe interfuncional responsável pela manufatura do RIM, e todos os engenheiros de desenvolvimento de produto envolvidos deveriam sair de seus nichos e cooperar com a equipe de manufatura.

A potencial economia de custo proporcionada pelo RIM justifica a contratação de mais engenheiros. A Packard Electric poderia inclusive considerar a compra do pequeno fornecedor que fabrica as máquinas RIM e fazer com que seu pessoal se concentrasse exclusivamente na preparação do processo e no aumento da confiabilidade. O plano de ação fixaria um programa com marcos principais. Dadas as circunstâncias, a equipe encarregada deve identificar os riscos mais graves do plano e desenvolver um plano de contingência para lidar com eles. As economias de custos também podem justificar reservas orçamentárias para financiar medidas contingenciais.

Não há dúvida de que, seja qual for a decisão relativa ao RIM, a Packard Electric deve fazer algo com respeito ao desenvolvimento de produto, começando pela atitude despreocupada, ou mesmo indiferente, à inovação. Parte importante do plano de ação deveria propor uma nova estrutura para o desenvolvimento de produto e um esforço por parte da Packard como um todo no sentido de educar seus empregados quanto à importância da inovação.

5. *Alternativas e questões em aberto*

Os fatores custo e valor para o cliente sustentam consistentemente a primeira opção de Schramm. Estaria aí, portanto, a resposta certa para este caso? Estritamente falando, a decisão não consiste em comprometer-se ou não com o RIM, embora Schramm tema que o produto não vingue se a empresa não lançá-lo em 1992. A decisão está em *quando* comprometer-se, questão ainda controversa, a qual pode ser debatida a partir de diferentes pontos de vista.

No presente caso, o critério relativo à manufatura identifica problemas em passar imediatamente à tecnologia RIM: o novo processo fabril ainda não está pronto para uso em escala total e há questões sérias sobre confiabilidade. A operação de manufatura não tem experiência com essa tecnologia, e a fábrica precisa ser reequipada. Apenas um único fornecedor produz o tipo de máquina RIM de que a PE necessita, mas é tão pequeno que provavelmente não tem muito a contribuir para a solução dos problemas de processo por ela enfrentados.

Por mais que o caso sugira que esses problemas não sejam insuperáveis, nada nos leva a crer que eles serão resolvidos a tempo para o lançamento do novo modelo do ano. Devido à fria relação entre o pessoal de desenvolvimento de produto e os engenheiros de produção, é possível que eles não venham a cooperar. O setor de produção de fato tem legítimas razões para estar descontente: apesar de nada ter prometido aos clientes, é ele o principal responsável por honrar as promessas feitas pelo pessoal do desenvolvimento de produto. Por fim, falhas e interrupções na produção do RIM poderiam acarretar à GM sérias dificuldades, as quais ela mal pode enfrentar. A opção intermediária por processos de manufatura paralelos pode ser defendida como uma abordagem mais segura que o completo comprometimento com o RIM para o modelo do ano seguinte. No entanto, de todas as opções, permanecer com a peça antiga por mais um ano talvez seja a mais segura. Nesse sentido, alguém que fosse favorável a essa opção poderia indagar: "será que o adiamento de um ano representa realmente um problema sério, considerando em conta os riscos implicados em uma adoção imediata?"

No caso "Allentown", estudado no capítulo anterior, não há dúvida de que a malsucedida liderança exercida por seu principal personagem seja a causa do problema. Apesar disso, as pessoas podem divergir quanto à extensão da responsabilidade do protagonista em relação a outras causas, tais como a presença de executivos na sede corporativa e a súbita mudança nos termos da competição. Portanto, não pense que por ter chegado a uma conclusão apoiada em fatos – mesmo que tão contundente quanto o argumento relativo ao anel isolante RIM – tudo está resolvido e todas as arestas foram aparadas. Ora, incertezas existem em todas as situações de caso, e sempre haverá maneiras diferentes de abordá-las, bem como idéias diferentes sobre como lidar com elas.

Capítulo 7

AVALIAÇÕES

As avaliações são julgamentos sobre o valor, a importância ou a efetividade de determinado tipo de desempenho, ação ou resultado. Nos casos, elas podem ser apresentadas explicitamente. "Rob Parson na Morgan Stanley (A)" versa sobre o dilema enfrentado por Paul Nasr ao avaliar Parson, executivo de performance brilhante que, apesar disso, obteve de seus pares, subordinados e superiores "uma das mais negativas" avaliações já registradas.[1] Contudo, as avaliações também podem estar implícitas, como acontece em "Empresas ICA e the Mexican Road Privatization Program". Aqui, os membros do conselho de administração da ICA demonstram leviandade com as perspectivas referentes ao negócio de concessão de rodovias no México, acreditando que "a continuidade do sucesso da empresa para os anos vindouros parecia assegurada".[2] O caso impõe a seguinte pergunta: construir e administrar estradas pedagiadas de propriedade privada constitui uma oportunidade tão incontestável quanto o julgam os diretores da empresa? Cabe aos leitores examinar quão satisfatórios estão os negócios e quanto estarão no futuro, valendo-se, para tanto, dos fatos presentes no caso.

Uma avaliação não se resume a uma compilação de prós e contras ou de pontos fortes e fracos. Para ser aplicável, ela necessita de uma conclusão final expressa de maneira concisa, tais como:

- A estratégia da empresa mostrou-se eficiente até que novos concorrentes passaram a oferecer o mesmo serviço a preços mais baixos.

- Apesar de alguns contratempos e equívocos iniciais, Carrie Liu vem exercendo uma excelente liderança desde que foi promovida.

- De um modo geral, a decisão do ministro das Finanças era a melhor dentre as disponíveis, mesmo apresentando riscos significativos.

ELEMENTOS DE UMA ANÁLISE AVALIATIVA

A exemplo de qualquer conclusão sobre um caso, as avaliações precisam estar ancoradas em uma análise. Esta deve incluir tanto os fatores que a sustentam como os

---

[1] M. Diane Burton, "Rob Parson at Morgan Stanley (A)", Caso 9-498-054 (Boston: Harvard Business School Publishing, 1998), 1.
[2] Willis Emmons e Monica Brand, "Empresas ICA and the Mexican Road Privatization Program", Case 9-793-028 (Boston: Harvard Business School Publishing, 1992), 13.

que não a sustentam. Essa última condição é a que tende a ocorrer em cada caso e análise avaliativa. No mundo real, desempenhos perfeitos e ações impecáveis não são freqüentes. Na verdade, o lado negativo de uma avaliação pode ser o mais valioso. A apreciação do desempenho de um indivíduo é um exemplo familiar. Se tivéssemos de responder ao caso "Rob Parson na Morgan Stanley (A)" com uma avaliação positiva de Parson, teríamos de considerar as críticas negativas que ele recebeu. Se escolhêssemos a posição oposta, precisaríamos reconhecer seus pontos fortes. Um dos motivos para incluir os pontos fracos na avaliação de um desempenho é contribuir para que o sujeito progrida, seja ele um indivíduo, uma equipe de trabalho ou uma organização.

Uma avaliação contém seis elementos:

- Critérios
- Classificações
- Análise avaliativa
- Parecer final
- Justificativas
- Ações

Critérios

Critérios claros e adequados são cruciais e exercem forte impacto sobre uma avaliação, assim como numa análise de decisão. Tudo o que dissemos no Capítulo 6 sobre os critérios de decisão se aplicam aos critérios utilizados nas avaliações, os quais devem

- Ser relevantes para o desempenho e a situação
- Constituir o número mínimo necessário para um resultado digno de crédito
- Ser produtivos quando aplicados ao caso

As duas fontes de critérios são a situação verificada no caso e os métodos especializados. É interessante observar que o exame dos vários tipos de desempenho em negócios tem atraído muitos estudos e pesquisas. Ao escolhermos critérios para uma avaliação envolvendo negócios, geralmente podemos dispor de teorias e conceitos específicos a um desempenho ou ação. Na verdade, decidir qual deles escolher pode ser um tanto estimulante. Num curso acadêmico, uma teoria consolidada pode nos privar dessa escolha. A relevância para a situação do caso fará com que você exclua certos modelos ou partes deles, mas procure não usá-los em demasia supondo que mais significa melhor. Tenha em mente que, na maioria das vezes, a aplicação de muitos critérios leva a uma análise incoerente; via de regra, você deve utilizar o mínimo necessário para captar as questões essenciais.

Critérios que podem ser avaliados quantitativamente constituem um bom ponto de partida para sua avaliação, pois oferecem uma proveitosa leitura preliminar da situação e uma base concreta onde apoiar-se. No caso "Empresas ICA e the Mexican Road Privatization Program", o ponto de partida para seu trabalho seria efetuar a análise financeira do negócio de concessão de rodovias a fim de avaliar sua lucratividade.

Classificações

Para expressar uma avaliação são necessárias classificações adequadas. Nas apreciações de desempenho não raro encontramos escalas com múltiplos pontos para expressar a efetividade de um indivíduo, mas nos casos é mais provável que empreguemos classificações como "bom" e "ruim" ou "eficiente" e "ineficiente". Muitas vezes, precisaremos de classificações adicionais que se encaixem entre essas duas classificações primárias. A título de exemplo, um elemento da estratégia de mercado de uma dada companhia pode causar tanto efeitos positivos como negativos. Você também pode precisar de uma classificação que lhe permita descrever aspectos ambíguos de um desempenho ou ação. Nem sempre é possível classificar as coisas como positivas, negativas ou algo entre elas. Um gerente pode realizar ações que não se traduzem em liderança efetiva nem inefetiva, porque os resultados também não são assim, por exemplo.

Análise avaliativa

As avaliações são organizadas de acordo com critérios como "conseqüências econômicas" ou "impacto sobre os colaboradores". A discussão de cada critério é dividida pelas classificações empregadas, tais como "vantagens" ou "desvantagens". A análise progride através dos critérios, construindo evidências para os lados positivos e negativos de cada um deles. Uma análise unilateral, ou que desconsidere quaisquer fatores contrários à avaliação geral, não basta para preencher a tarefa. A comparação da *quantidade* de evidências positivas e negativas não gera o parecer final – ele resulta da comparação da *importância* dos critérios e evidências.

Parecer final

Uma avaliação desprovida de um parecer geral ou final é como uma análise de decisão que não inclui uma recomendação. A exemplo das análises de decisão e de problema, a análise avaliativa também comporta uma conclusão; do contrário, nada mais seria que um conjunto de declarações sobre o sujeito. Tanto nos casos como na vida real, os pareceres finais são essenciais por tornarem a avaliação aplicável. Um exame de Rob Parson pode apontar caminhos pelos quais ele seria mais efetivo dentro da empresa e, assim, aumentaria seu valor para ela (e, detalhe nada desprezível, reduziria sobre si e os demais a pressão decorrente da agitação da qual parece ser o causador). É possível que o otimismo do conselho de administração da ICA quanto às concessões de rodovias seja justificável; contudo, uma avaliação apoiada em fatos poderia destacar certas vulnerabilidades que esses gestores devem conhecer e estar preparados para enfrentar.

Justificativas

As justificativas estabelecem fatos que não fazem parte da avaliação, mas que causam um efeito significativo sobre ela. Uma justificativa poderia ser uma condição que precisa existir para tornar a avaliação geral válida. Um programa de *marketing* avaliado como efetivo poderia ser submetido à seguinte justificativa: "Contanto que a empresa esteja disposta a manter uma força de vendas separada para ele, o programa será um ativo". Já uma justificativa referente a uma política nacional poderia assim declarar: "Para que esta política tenha o efeito pretendido, é necessário que o governo federal mantenha um controle rigoroso sobre a inflação".

Ações

Tanto no mundo real como no universo dos casos, o resultado de uma avaliação pode conduzir a uma ação significativa: um gerente pode ser promovido ou não; uma empresa pode mudar determinada estratégia ou manter o *status quo*; o líder de um país pode levar adiante uma decisão com uma série de medidas seguras ou recuar rapidamente.

EXAMINANDO OS DOIS LADOS

Uma avaliação baseada em fatos exige exatidão, uma confrontação cuidadosa dos critérios, que indique onde o objeto da avaliação está à altura dos padrões escolhidos e onde não está. A avaliação em muito difere dos outros tipos de análise. Ao diagnosticar um problema, estamos preocupados em localizá-lo e em fornecer suas causas primárias; não empreendemos (nem deveríamos), uma discussão sobre os motivos por que uma dada causa pode não responder pelo efeito. No entanto, a avaliação precisa abarcar tudo o que seja relevante para um desempenho, ação ou resultado – seja ele bom, ruim, meio-termo ou ambíguo.

A avaliação baseada em caso estimula dois hábitos de pensar cujo valor é inestimável para os estudantes de administração:

- Impõe honestidade analítica, fazendo-nos buscar uma tarefa persuasiva mais complexa do que simplesmente defender um único ponto de vista com nenhuma ou pouquíssimas qualificações.

- Exige que consideremos a importância das evidências contrárias à nossa avaliação geral.

RESISTORES E RESISTÊNCIA

"Allentown Materials Corporation: Divisão de Produtos Eletrônicos (Resumido)" (ver o caso reimpresso neste livro) versa sobre uma organização em dificuldades do ponto de vista de seu diretor, Don Rogers. Utilizamos o caso no Capítulo 5 para explorar uma situação problemática. Se não tiver lido o caso, por favor, faça-o agora, pois a discussão que segue requer que você esteja familiarizado com ele.

1. Situação

"Allentown" envolve uma situação problemática. Rogers, o protagonista, descreve as muitas adversidades que a divisão sob sua chefia enfrenta. Boa parte do caso diz respeito às ações (e à falta delas) de Rogers nos dois anos em que esteve encarregado da Divisão de Produtos Eletrônicos (EPD) da empresa. Como o caso contém uma grande quantidade de informações sobre o desempenho de seu líder, podemos examinar tal desempenho a título de avaliação: quão eficiente é Rogers como líder? Casos sobre desempenhos, ações que já foram tomadas e resultados podem ter caráter de avaliação quando uma pergunta solicita esse tipo de análise.

2. Questões

Para julgar a liderança exercida por Rogers, podemos escolher classificações simples: "efetivo", "não-efetivo" e "incerto" ou "ambíguo". Classificações simples, e em pequena quantidade, conferem clareza às avaliações.

Dissemos anteriormente que para as avaliações em negócios há disponíveis muitas teorias e modelos. Poucas facetas da área de negócios têm sido tão intensamente estudadas quanto a liderança. Em vez de introduzirmos aqui uma teoria da liderança, designaremos alguns padrões de liderança convencionais e tomaremos de empréstimo parte de uma conhecida estrutura conceitual.

O líder de uma divisão corporativa deveria ser responsável por seus resultados comerciais, sobre os quais o caso fornece algumas informações. No entanto, pelo fato de que muitas variáveis, além da liderança, afetam os resultados financeiros, não podemos qualificá-las como critério. Em vez disso, podemos utilizá-las como evidência parcial e indireta da qualidade da liderança.

Não há dúvida de que um líder necessita de certas habilidades especiais: precisa saber se comunicar e motivar, bem como traduzir seu conhecimento em negócios, seu conhecimento técnico e a compreensão do ambiente em decisões que favoreçam a competitividade da empresa. Enfrentar obstáculos faz parte da rotina de qualquer organização, por isso seus líderes devem ser capazes de detectá-los e de mobilizar pessoas e recursos para encontrar um meio de contorná-los. Além disso, pelo que podemos constatar na primeira página do caso, a EPD, ao que parece, necessita de uma mudança. O processo de oito etapas desenvolvido por John Kotter constitui uma ferramenta conveniente e acessível para avaliar o quão bem Rogers conduz essa mudança. São elas:

1. Estabelecer um senso de urgência.
2. Formar uma poderosa coalizão de liderança.
3. Criar uma visão.
4. Comunicar essa visão.
5. Dar autonomia para as pessoas agirem de acordo com a visão.
6. Conceber e gerar vitórias de curto prazo.
7. Consolidar avanços e manter o ímpeto para novas mudanças.
8. Institucionalizar as novas abordagens.[3]

Agruparemos as oito etapas sob a denominação "Habilidades de mudança" e empregaremos tão-somente aquelas que se ajustarem às circunstâncias.

Precisamos verificar se há qualificações que devem ser incluídas na avaliação. Fazemos isso não apenas por fidelidade aos fatos, mas para garantir que as ações tomadas com base na avaliação atinjam a meta pretendida. Não faz sentido procurar aprimorar o desempenho do líder numa área que não seja de sua responsabilidade.

---

[3] John Kotter, *Leading Change* (Boston: Harvard Business School Press, 1996), 33-34.

Digamos que certos funcionários tenham criado um conflito e que o líder não possa controlá-lo. Mas digamos também que aqueles sejam os favoritos da alta gerência e que ignorem os esforços conscienciosos deste para resolver os conflitos. Se a intromissão da alta gerência não for considerada, a avaliação do líder será deturpada, podendo levar a ações que não afetarão minimamente a situação ou que possam ainda agravá-la.

Para avaliar o desempenho de Rogers, utilizaremos inicialmente três critérios, apresentados na forma de questões:

- Quão satisfatórias são as suas habilidades de liderança?
- Quão bem ele supera os obstáculos?
- São efetivas as suas habilidades para a mudança?

Além disso, a análise estará aberta a justificativas.

3. Hipótese

Cada um dos critérios de avaliação funciona como uma espécie de filtro analítico para a situação do caso. Quando olhamos os fatos nele contidos pelas lentes de padrões relevantes de desempenho, as informações surgem repentinamente.

O desempenho da divisão não é nada bom. Sob a chefia de Rogers, as vendas caíram 10% nos últimos dois anos e os lucros operacionais sofreram uma queda de 160%. Contudo, há uma série de fatores por trás desses números: o mercado apenas recentemente se tornou mais competitivo; Joe Bennett, o antigo líder, criou e manteve um semimonopólio e, ao que parece, não teve de lidar com muitas alterações no cenário competitivo; o advento da Guerra Fria, responsável por desencadear uma série de conseqüências, surpreendeu até mesmo os especialistas, assim como o crescimento do mercado de computadores pessoais. Não há evidências de que os executivos da empresa tenham percebido a chegada dessas mudanças e preparado Rogers para elas. Se está claro que a liderança de Rogers é uma das causas da queda dos resultados financeiros da empresa, também está claro que ela não é a única. Seja como for, a combinação desses resultados com as questões do caso citadas anteriormente sugerem a hipótese de que Rogers não cumpriu bem a sua função.

4. Prova

Nossa tarefa nesta fase é avançar através do caso reunindo evidências em cada um dos critérios. Dada a hipótese supracitada, esperamos encontrar evidências, sobretudo negativas.

Habilidades de liderança. Rogers apresenta pontos fortes nessa categoria. Dotado de uma personalidade cativante, é benquisto e digno de confiança. É astuto, é efetivo na comunicação oral e tem um amplo e profundo conhecimento da área de negócios. É transparente nas informações e consegue estimular a mesma postura naqueles com quem trabalha. Essa combinação de conhecimento, habilidades e características pessoais deveria constituir uma base sólida para trabalhar com as pessoas e estimular o fluxo livre de informações e a tomada de decisões tecnicamente sensatas.

Por outro lado, suas deficiências são graves. Ele não costuma prestar atenção ao que é dito nas reuniões, o que pode ser um indicativo de sua postura para com a organização como um todo: ela não desperta sua curiosidade. Se, depois de dois anos, somente agora ele começa a perceber que pode haver um conflito, seus olhos só podiam estar vendados. Pelas descrições das reuniões concernentes ao desenvolvimento de produto, tomamos conhecimento de que a administração de Rogers acumulara doses de conflitos entre funções cruciais e uma desmedida falta de comprometimento com os resultados finais. O caso fornece evidências de que ele não se sente confortável lidando com conflitos, reais ou potenciais.[4] Para um líder, esse é um sinal claro de incapacidade. Diz-se que Rogers é dotado de uma boa percepção intelectual quanto a questões gerenciais, mas sua prática administrativa é limitada. Exemplo dessa inexperiência é o desconhecimento que demonstra ter do desajuste entre seu método de liderança e o de seu predecessor. Na administração de Bennett, os gerentes e funcionários estavam acostumados a vê-lo tomar todas as decisões, e supõe-se que ele impusesse a responsabilidade final. Por outro lado, Rogers supostamente traria para a EPD uma cultura de corporação – informal, não-hierárquica e colaborativa –, mas não parece estar fazendo nada para atingir esse objetivo, mesmo sabendo que ambas as culturas encontram-se em pólos opostos.

Por mais que Rogers apresente alguns pontos fortes nessa categoria, no geral o que sobressai são suas deficiências.

Superação de obstáculos. A base para superar obstáculos é saber que eles existem. Rogers tomou medidas positivas para solucionar os problemas de serviço e entrega da divisão. Sua revisão das áreas funcionais prova que dispõe de um conjunto de fatos com os quais trabalhar; fica, contudo, a seguinte pergunta: por que ele não consegue unir esses pontos?

Dois grandes obstáculos são o conflito entre as principais áreas funcionais e a ausência de responsabilidade final e primária. O conflito em parte se origina do desalinhamento dessas áreas, cujas metas e incentivos geralmente são incompatíveis, e entre as quais há consideráveis diferenças de experiência. Além disso, e o que é crucial, não há quem considere a solução de problemas como sendo de sua responsabilidade – é sempre uma questão que cabe a outrem resolver.

Agindo ou deixando de agir, Rogers involuntariamente agravou a situação da EPD. É do seu ponto de vista que são descritos tanto o acirrado conflito como o desalinhamento entre as áreas funcionais. Rogers está ciente desse desacordo – como poderia não estar? –, mas nada fez para contê-lo. No entanto, uma justificativa pode ser apresentada. Ninguém está se apresentando e ajudando-o a compreender o que ele está vendo e experimentando.

Rogers cometeu seus próprios equívocos, amplificando inadvertidamente as possibilidades de conflitos. Os departamentos de *marketing* e vendas beneficiavam-se do fato de estarem instalados lado a lado, pois aprendiam um com o outro e cooperavam diretamente; no entanto, Rogers os separou e transferiu o setor de *marketing* para a sede corporativa da empresa. À distância é muito mais fácil sustentar a crítica alheia no intuito de justificar a si próprio. Rogers mudou seu escritório para

---

[4] Michael Beer e Jennifer M. Suesse, "Allentown Materials Corporation: The Electronic Products Division (Abridged)", Caso 9-498-047 (Boston: Harvard Business School Publishing, 1997), 4.

Allentown, em vez de permanecer frente a frente com o pessoal que deveria liderar. Além disso, separou o grupo de desenvolvimento de produto de seu gerente, o que em nada contribuiu com os esforços do setor para lançar novos produtos. Finalmente, pôs fim ao programa de desenvolvimento organizacional iniciado por Bennett, justamente no momento em que tal programa mais se mostrava imprescindível para a organização. A lógica inconsistente dessa decisão sugere uma outra agenda que estorva certos líderes: a idéia de que, se seu predecessor iniciou um programa, este deve ser problemático.

De modo geral, Rogers revela uma deficiência perigosa na superação de obstáculos.

Habilidades para a mudança. A EPD foi submetida a duas distintas, mas poderosas mudanças em termos de liderança e competitividade. É provável que a divisão tenha se recuperado da perda repentina de Bennett, mas seu ajuste implica muito mais que aceitar essa perda. Um líder autocrático foi substituído por outro que aparentemente deseja implantar um modelo participativo; mas, como os funcionários ainda não ouviram dele uma manifestação clara nesse sentido, continuam operando como sempre fizeram, à exceção de que agora já não há uma figura dominadora para tomar as decisões e suprimir os conflitos. Com o novo líder pouco disposto a decidir por eles, também eles se mostram pouco dispostos a correr esse risco. Acrescente-se a isso a desoladora situação das finanças, e a necessidade de mudança é irresistível.

Assim, a habilidade de Rogers em promover uma mudança tem grande peso na avaliação de seu desempenho. Implantar uma mudança significativa requer motivação, o que em parte é possível alcançar estabelecendo-se uma percepção de urgência. Para conferir essa direção motivacional, é necessário ter uma visão. Não há no caso a menor evidência de que Rogers tenha procurado confrontar empregados e gerentes com a situação deprimente em que se encontravam. No que diz respeito a criar e transmitir uma visão, as quatro principais áreas operacionais descritas na segunda metade do caso parecem estar todas à procura de metas diferentes, e as reuniões do setor de desenvolvimento de produto assemelham-se a uma arena onde diferentes agendas se digladiam. Ao assumir o cargo, Rogers precisava de aliados. Tendo substituído a maior parte da gerência divisional, suas opções são candidatos a uma coalizão de liderança suplementada por pessoas que desempenhavam um papel-chave na administração de Bennett. Em vez disso, pelo que podemos perceber no caso, Rogers faz o tipo solitário, e mais: na maioria das vezes ele está distante dos negócios corporativos, diminuindo o tempo que tem para cultivar aliados na divisão.

Nesse critério, a performance de Rogers mais uma vez não se mostra boa.

5. *Justificativas*

Nenhum líder controla todas as forças que influenciam o desempenho de sua organização. Conforme sugerem os fatos, Rogers foi promovido por razões erradas: não por suas habilidades de administração e liderança, mas por sua inteligência e perícia técnica. Ao elevá-lo a um posto para o qual ele não estava preparado, a empresa é em parte responsável por seu desempenho. Para que Rogers aprendesse sobre o novo ofício, cabia à empresa lhe proporcionar alguma preparação – o ideal seria ele receber um treinamento formal antes de assumir a nova função e, após, ser instruído ou acompanhado. Embora não seja do interesse da empresa adotar uma postura do tipo "ou vai, ou racha" para com seus altos gerentes, foi precisamente isso o que ela fez em relação a Rogers.

Precisamos também saber por que Rogers não se mostra mais sintonizado com a mudança nas condições de negócios. A empresa desfrutara da situação de conduzir as tendências da indústria e os indicadores financeiros. Exigia mensalmente uma revisão formal das finanças de cada fábrica da EPD, mas insistia em fixar metas de lucro agressivas impossíveis de atingir, dada a situação em que se encontrava a divisão. Como a EPD sempre contribuíra fielmente com a receita da matriz, a perda abrupta dos lucros operacionais da divisão deveria ter acionado o alarme da sede corporativa. Sob esse aspecto, é inexplicável o estímulo ativo da empresa em separar Rogers de sua equipe e dos grupos operacionais.

A desconexão entre a matriz e sua divisão é pronunciada. Isso pode significar que os executivos da empresa são maus administradores ou que estão envolvidos com outras preocupações. Seja qual for a causa, a falta de discernimento por parte da sede e suas ações com respeito à EPD prestaram uma contribuição considerável, conquanto difícil de distinguir, ao histórico profissional de Rogers.

A ilustração 7-1 mostra o "boletim escolar" de Rogers:

ILUSTRAÇÃO 7-1

Avaliação da liderança de Rogers

Critérios	Avaliação
Habilidades de liderança	Fraca
Superação de obstáculos	Muito fraca
Habilidades para a mudança	Fraca
Justificativas	Fatores externos contribuíram para fraco desempenho

Podemos concluir com a seguinte avaliação final do desempenho de Rogers: trata-se de um líder não-efetivo, embora algumas forças poderosas fora de seu controle tenham prejudicado seu desempenho.

6. Ações

Em matéria de ações, o próprio Rogers admite na primeira página do caso, que precisa tomar alguma providência. Na última página, a afirmação é repetida, e ficamos sabendo que ele está para se reunir com seus gestores a fim de discutir sobre áreas problemáticas. A reunião é uma excelente oportunidade para iniciar o processo de mudança de que a EPD necessita. Um plano de ação será destinado às áreas que durante a avaliação se revelaram deficientes, sendo que Rogers poderia utilizar essa reunião como plataforma para inteirar-se dos maiores problemas da divisão, transmitir um senso de urgência e solicitar aos gerentes que trabalhem junto com ele na busca de soluções. Será importante para ele mostrar ao grupo que está atento ao que é dito, e não apenas dando-lhes tempo para, depois, impor suas soluções. De acordo com os passos de Kotter, o grupo gerencial constitui o lugar natural para iniciar a construir uma coalizão e criar uma visão que reflita a nova realidade dos negócios.

A mais longo prazo, Rogers precisa manifestar-se com maior clareza sobre os principais obstáculos que demandarão tempo para serem superados. Mudar a cultura de uma organização não é algo que se dê "da noite para o dia", mas precisa encabeçar a lista das medidas de longo prazo. O mesmo se aplica ao alinhamento de incentivos, cujo propósito é fazer com que todos trabalhem na mesma direção. Cada categoria da avaliação produz suas próprias diretrizes, que devem ser perseguidas no plano de ação (exceção feita aos resultados do negócio, que são alterados indiretamente pelas medidas tomadas com base na avaliação).

ALTERNATIVAS E QUESTÕES EM ABERTO

"Allentown" pode ser lido como a história de um indivíduo inadequado à função para a qual foi designado e que, portanto, como era de se esperar, fracassou em situações difíceis. Rogers pode ser interpretado como um estudo de caso do Princípio de Peter, o qual estranhamente sugere que, nas organizações hierárquicas, as pessoas tendem a ser promovidas a cargos cada vez mais importantes, até chegar a um nível em que são incompetentes, ou seja, acabam por ocupar um patamar acima de suas habilidades.

Todavia, esse quadro de fracasso pessoal pode ser debatido seguindo-se uma série de direções diferentes. Que parcela de responsabilidade se deve atribuir à empresa, por ter promovido alguém com as habilidades e o conhecimento necessários para prosperar? Eles não sabiam que a divisão moldada por Bennett, e que contou com sua tácita aprovação, poderia passar por um processo de transição complicadíssimo para um líder mais compatível com a cultura da matriz? Ao que parece, os gestores que Rogers trouxe de fora da divisão não procuraram solucionar os problemas organizacionais de suas respectivas áreas. Ninguém parece ter recorrido a Rogers para expressar seus interesses e frustrações. Glen Johnson, o presidente das controversas reuniões do desenvolvimento de produto, está tão atordoado por causa desses encontros que se arrepende de estar trabalhando na EPD. No entanto, Johnson não compartilha suas preocupações com Rogers. Com efeito, Rogers não está obtendo informações relevantes sobre seu grupo gerencial, as quais poderiam mudar sua percepção quanto às pessoas da divisão e suas interações, conferindo um contexto mais significativo ao que observou.

Muitas pessoas, não apenas esta ou aquela, parecem carecer do indispensável senso de responsabilidade pessoal e final. Em vista disso, será que Bennet contratava apenas funcionários os quais julgava que cumpririam suas ordens? É possível que ele se preocupasse em saber se seus empregados mantinham um senso sadio de responsabilidade final porque ele o impunha pelo medo ou pela força de sua personalidade? Não seria o caso de a divisão estar ocupada por profissionais que trabalharam tempo demais sob uma estrutura autoritária?

Assim, podemos atribuir a responsabilidade pela situação por que passa a EPD a vários e variados fatores, dependendo do modo como interpretamos a situação e tiramos conclusões das evidências.

PARTE II

Discussão

Capítulo 8

COMO DISCUTIR UM CASO

Discussões de caso podem ser excitantes e reveladoras, como também inúteis e despropositadas. Podem orientar-se por dados e desenvolver-se em ritmo ágil, como podem também resultar vagas e prolixas. Podem até mesmo incorporar cada uma dessas qualidades no período de uma ou duas horas. As variáveis que influenciam sua trajetória e qualidade envolvem o instrutor, os estudantes, o próprio caso e uma série de outras possibilidades, tais como o ambiente físico, o período do dia ou a proximidade dos exames. Este capítulo trata da única variável que podemos controlar: nós mesmos. Altamente seletivo, ele se concentra em alguns pontos que podem ser particularmente proveitosos para os estudantes pouco familiarizados com o método do caso.

Visto que os estudantes das escolas de administração costumam passar um tempo significativo em sala de aula discutindo casos, ter habilidade nessas discussões é algo de extrema importância. As discussões de caso constituem o principal veículo de aprendizado dos programas de administração; ensinam a aplicação de conceitos e métodos tais como *marketing*, estratégia, negociação e empreendedorismo – conhecimento que a maioria dos estudantes identifica como educação profissional em negócios. Além disso, nos instruem sobre como pensar questões de negócios, quer individual, quer coletivamente. Com o tempo, talvez você considere que aprender *como* pensar é no mínimo tão importante quanto aprender *o que* pensar.

COLABORAÇÃO

As habilidades no campo da discussão de caso baseiam-se nas qualidades especiais do método do caso. O propósito de tal discussão é construir significados para um caso com base nas evidências que dele extraímos, bem como reconhecer as incertezas inerentes a todos esses significados. Tal propósito pode contrastar com sua experiência educacional anterior.

Numa aula convencional, os especialistas compartilham seu conhecimento com os alunos, que o recebem e, mediante exames e outros meios, demonstram o que aprenderam. Estudantes que participam pela primeira vez de uma discussão de caso podem tomá-la como uma versão disfarçada do velho modelo de aprendizagem e acabar incorrendo numa série de suposições equivocadas:

- Casos são histórias que têm embutido em si o conhecimento que os estudantes já obtiveram diretamente de um texto, de um especialista ou de ambos – portanto, repositórios onde está escondida a verdade ou um longo problema textual com a resposta certa.

- A análise de caso consiste no processo para encontrar a resposta certa.
- A discussão de caso é a oportunidade que os estudantes têm de mostrar a seus instrutores que encontraram a resposta certa.

Nesse cenário, enquanto os estudantes convictos de sua "resposta certa" estarão ansiosos para falar, aqueles menos confiantes tentarão evitar ao máximo sua participação. Os que tomam a palavra vêem-se como parte de uma competição para demonstrar ao professor quem encontrou a verdade. E como atribuem apenas a este o conhecimento das respostas, é natural que não se sintam compelidos a ouvir os demais colegas. Assim, a "discussão" em aula constitui, na verdade, uma série de intercâmbios entre os estudantes, em separado, e o instrutor.

Essas são crenças compreensíveis, mas contrárias ao método do caso. Colocá-las de lado e adaptar suas habilidades acadêmicas o ajudará a tirar pleno proveito das discussões de caso.

Com efeito, essas discussões não constituem uma oportunidade de repetir o conhecimento aprendido aqui e ali. Cumpre aos estudantes abandonar a confortável idéia de que casos são repositórios da verdade; eles constituem, isto sim, a descrição de uma situação, normalmente complexa, que tem muitos significados, alguns dos quais contraditórios. É claro que há verdade nos casos. Os números que descrevem o desempenho financeiro de uma empresa na última década são um fato: não podem ser alterados à vontade. No entanto, a explicação do motivo por que esses números são o que são está aberta ao debate, tal como a criação de uma estratégia mais vantajosa para a empresa.

Numa aula de caso, precisamos fazer algo com o que, em princípio, não nos sentimos confortáveis: assumir a responsabilidade por nossa opinião sobre um caso, desenvolver um argumento para ela, estar preparados para explicá-lo e ouvir as vozes discordantes. Para muitos de nós esse exercício pode parecer extremamente irritante, mas aos poucos ele vai se tornando mais agradável, à medida que nos acostumamos à condição de centro da discussão – ainda que por pouco tempo – e compreendemos de que modo as divergências podem fortalecer nosso aprendizado.

Numa discussão, é de extrema importância alimentarmos expectativas razoáveis quanto a nosso desempenho. O comentário-padrão não é um *insight* penetrante expresso com a habilidade de um debatedor. Apresentar um fato extraído diretamente do caso, quando necessário para a discussão, é algo valioso (tanto quanto fazer um pergunta supostamente "tola" – a mesma que muitos de nossos colegas podem ter, mas que hesitam em externar). De fato, como costumam afirmar os estudantes, a pergunta certa feita na hora certa é a maior contribuição que se pode dar. Não é desejo de ninguém tornar hábito a manifestação de comentários que nada contribuem para a discussão, mas ocorre que a gama de comentários construtivos é muito ampla. Caso sua observação revele uma concepção equivocada do caso, tal "equívoco" geralmente é o mesmo cometido por alguns de seus colegas. Torná-lo público pode levar a um esclarecimento que não seria possível se não o tivéssemos externado.

Colaboração, eis em que consiste o método do caso. Seu sucesso ou fracasso depende da vontade dos estudantes de correr riscos e de contribuir para a compreensão de uma situação de caso. Se apenas alguns estiverem dipostos a se arriscar, o método vacila; se o grupo todo participa, o método pode progredir a um nível que ninguém na turma espera. No método do caso o peso, a responsabilidade e o privilégio de aprender são sobretudo dos estudantes, e não do instrutor – uma inversão total do modelo de aprendizagem por preleção (aulas expositivas).

Numa aula de discussão de caso, professor e alunos funcionam como uma equipe. Para que ela tenha um bom desempenho, cada membro precisa dar sua contribuição. Um time de futebol feito de individualidades – uns querendo exibir suas habilidades, outros preferindo permanecer o mais longe possível da ação – não pode perseverar. Assim é uma aula de discussão de caso. O técnico (a exemplo de um instrutor de caso) pode orientar e apoiar o time – mas não pode marcar o gol nem impedir de tomá-lo.

RISCOS DA SALA DE AULA

Numa aula de caso, todo estudante partilha o risco de expor-se. Há também fatores pessoais que podem intensificar o nível de risco percebido, a saber:

- O idioma falado em sala de aula pode não ser sua primeira língua; assim, numa discussão que esteja se desenvolvendo em ritmo fluente, talvez você não se sinta tão apto a participar quanto os falantes nativos, temendo tropeçar nas palavras, pronunciá-las incorretamente e, assim, tornar difícil para seus colegas o compreenderem. Pior: pode temer que alguém ria de você.

- Você pode se deparar com diferenças de gênero que fazem parecer extremamente arriscado falar em grupo ou pode lutar contra normas culturais que contrastam com a realidade das discussões de caso – como dar um alto valor ao consenso e proibir a diferença de opinião. Você pode estar acostumado a um estilo acadêmico que privilegia a expressão indireta e a insinuação em detrimento da asserção e da explanação. Alguns estudantes estrangeiros têm de lidar com toda uma gama de problemas lingüísticos, culturais e retóricos.

- Você pode ingressar numa escola de administração sendo graduado num campo não-relacionado – portanto, tendo pouca experiência prática em negócios – e acreditar que essa combinação o deixa em desvantagem.

- Você pode temer estar intelectualmente aquém de seus colegas, constituindo, assim, um legítimo erro de admissão.

Se você tem receios como esses, saiba que os compartilha com muitos outros estudantes. Lidar com o risco percebido é algo natural e construtivo; para tanto, existem meios efetivos e inefetivos. Como esses últimos podem ser tentadores, vamos explorá-los primeiro.

Reduzindo o risco – o caminho errado

Todo estudante incipiente gostaria de ter certeza de que tem algo valioso a dizer em aula. Reduzir a necessidade de pensar e de falar com precipitação é uma maneira evidente de atingir esse fim. E isso pode ser conseguido por uma série de meios.

Comentários decorados. Podemos de antemão armazenar uma série de questões para apresentar em aula – questões que julgamos possível externar como comentários de grande impacto. Em geral, essas questões não devem ser organizadas de modo a constituir uma interpretação coerente do caso, pois nada mais são que uma lista de observações sobre várias facetas do caso que esperamos trazer à tona em sala de aula. Essa ampla abordagem é atraente porque parece nos deixar em condições de dizer algo independentemente do modo como a discussão se desenvolve.

Ao entrarmos na sala de aula, experimentamos um tipo novo de confiança. Agora nos julgamos preparados para dar uma contribuição de qualidade. Contudo, nas aulas seguintes a discussão toma rumos que não antecipamos; apesar da abrangente cobertura de questões que havíamos preparado, a discussão não parece encaixar-se em nenhuma delas. Enfim uma aula adquire a forma que imaginamos. Podemos esquadrinhar os pontos relativos ao caso enquanto a conversação avança. Mas infelizmente outros alunos se apropriam deles, ou os próprios pontos não se enquadram no debate, e hesitamos em adaptá-los de improviso – justamente o que tentávamos evitar. Frustrados com o tempo que se esvai, sentimos a necessidade de apresentar alguma questão, mesmo que não seja relevante para o tópico debatido. Afinal, estamos convencidos de que podemos contribuir com *insights* valiosos para o caso e, portanto, esperamos que o grupo mude o curso do debate na direção do que suscitamos. Assim, quando solicitados, compartilhamos um de nossos pontos. Mas, por mais que o apresentemos com propriedade, ainda assim ele soa como um comentário ensaiado.

O instrutor nada diz. Sua reação é difícil de ser interpretada, mas ele não parece impressionado. Os demais alunos também estão quietos – quietos demais. O próximo estudante a tomar a palavra conduz o grupo de volta à questão que vinha sendo discutida antes de nossa intervenção. O instrutor o encoraja, ignorando nosso comentário.

Vvivi Rongrong Hu, estudante de MBA, resume o cenário em poucas palavras: "Um grande comentário feito na hora errada é a pior coisa que tem!"[1] Ou seja, um comentário excelente, mas inoportuno, impede a discussão e tende a ser descartado. Todos perdem porque se perde o valor do comentário. E a má escolha de quando emiti-lo recai negativamente sobre seu autor.

Discursos. Uma técnica relacionada para a redução de risco é a preparação de discursos. Trata-se, ao que parece, de uma opção ainda mais segura que a lista de questões. Nela escolhemos um ponto-chave do caso e anotamos um comentário extenso. Com um roteiro a seguir, não esqueceremos nenhum dos fatos nem nossa linha de raciocínio. Ademais, não precisaremos buscar palavras para nos expressar, pois já as encontramos. Aqui, uma vez mais o desafio é encontrar o momento certo de apresentá-lo, e uma vez mais a realidade é que esse momento dificilmente chegará. Outro dado favorável: não importa quanto tentemos disfarçá-lo, um discurso sempre soará como um discurso.

A pior conseqüência de emitir comentários decorados é a que recai sobre nós. Nosso envolvimento com os colegas nada mais é que o esforço constante de ajustar *suas* idéias às *nossas*, o que nos afasta da discussão. Em última análise, quem mais sofre é nossa aprendizagem.

Adiar e avaliar. Eis outra técnica de redução de risco, aparentemente modesta e segura: adiar nossa entrada na discussão até nos sentirmos à vontade com os casos, com a troca de idéias, com nossos colegas e com o professor. Mas isso não significa dizer que nesse "período de intervalo" não estaremos trabalhando pesado nos casos: significa que primeiro devemos estudá-los cuidadosamente e prestar atenção ao que dizem nossos colegas de turma; depois, então, à medida que comparamos seus comentários com o que pensamos a respeito do caso, verificamos se estamos ou não à altura da tarefa. É possível que nos vejamos antecipando alguns desses comentários – inclusive identificando alguns aspectos ou evidências que passaram despercebidos na discussão.

---

[1] As citações de alunos foram extraídas de respostas por *e-mail* ao autor, 2006.

Entretanto, quanto mais nos mantivermos em silêncio, tanto maior será nossa dificuldade de tomar parte na discussão. Os efeitos cumulativos de nossa abstenção podem ser sutis. Um estudante que participa do debate regularmente garante para si uma reserva de esforço colaborativo e credibilidade junto ao grupo. Ambos os elementos são úteis para conquistar a boa vontade dos demais, o que reduz o risco percebido da participação. Além disso, a boa vontade funciona como uma espécie de amortecedor para os inevitáveis comentários equivocados que todos emitem.

Sem um histórico de participação, o estudante torna-se invisível para seus colegas e para o professor, carecendo da reserva de boa vontade do grupo. É também possível que alguns de seus integrantes sintam um quê de ressentimento pelo fato de estarem assumindo riscos enquanto seu colega silencioso os evita. E se essa abstenção se prolonga por tempo demasiado, o aluno em geral passa a crer que apenas um comentário altamente qualificado poderá conferir-lhe a condição de pleno participante. O elevado padrão do debate elimina a opção de uma entrada fácil, como seria, por exemplo, apresentar um fato do caso. Se o estudante não encontrar um meio de libertar-se do padrão que impôs a si mesmo, poderá desenvolver-se um efeito espiral: quanto maior o silêncio ou a participação esporádica, tanto maior o preço da participação e mais difícil a possibilidade de falar, o que eleva ainda mais o preço da participação.

Mas talvez o estudante seja um sujeito de sorte. Colegas que tenham debatido com ele fora da aula podem incentivá-lo a falar em aula e impulsionar sua autoconfiança: "Quando conversamos depois das aulas, você sempre tem uma porção de coisas interessantes a dizer sobre os casos. Não há razão para não fazer o mesmo em sala de aula". Além disso, o instrutor pode sugerir maneiras de estimular a participação. De qualquer forma, não devemos esperar que os outros resolvam o problema. A melhor saída para o dilema é ter certeza de que não somos nós que o criamos.

Reduzindo o risco – o caminho certo

Tratando-se do método do caso, é inevitável que haja algum desconforto. Na Grécia, mais de dois mil anos atrás, Sócrates punha seus discípulos em situação desconfortável ao propor-lhes questões penetrantes e de inexorável lógica. O método do caso impõe certo nível de risco a todos que com ele se envolvem – inclusive o instrutor. Devemos ser realistas quanto a isso, sem esquecer que desse risco compartilham todos, não apenas nós. Mais do que algo puramente negativo, correr riscos é um incentivo para trabalharmos tão diligentemente quanto o exige o método do caso.

Todavia, convém não exagerarmos a sensação de risco. Uma percepção de risco artificial leva diretamente ao medo, e o medo nos torna ouvintes medíocres, além de nos subtrair a confiança para falar. Ora, ao tomarmos a palavra, o que de pior pode nos acontecer? Emitir comentários superficiais, compreender os fatos equivocadamente ou interpretar mal o que disse o professor ou um colega sem dúvida é embaraçoso, mas esses momentos não infligem dano permanente aos participantes ativos, pois todos, em algum momento, cometem os mesmos erros. Feita uma dessas observações, a discussão segue em frente. Ao final da aula, é provável que ninguém mais se lembre dela. Na verdade, o silêncio é mais prejudicial que os comentários malsucedidos. Como observa Maureen Walker, diretora associada dos serviços de apoio em MBA da Harvard Business School, "O silêncio *é* dizer alguma coisa".[2]

---

[2] Maureen Walker, "International Orientation, Class of 2006", apresentação por *slide* a calouros de MBA, Harvard Business School, jul. 2004.

Falar cedo. Eis o conselho mais valioso sobre uma discussão de caso: participe o mais cedo que puder, de preferência na primeira aula. Falar cedo não apenas reduz o nervosismo de estar exposto, como também ajuda a determinar expectativas realistas para si próprio. O estudante de MBA Chris Cagne dá o seguinte conselho:

> *Seja valente! Na primeira aula é muito difícil explicar a solução brilhante de um caso ou mesmo tecer algum comentário com alto nível de qualidade. É bem provável que logo no início seus comentários sejam apenas ok ou coisa pior. Mas essa é apenas uma barreira a mais que você vai ter que transpor para realçar a qualidade de seus comentários. Jamais deixe de falar só por ter dito algo tolo na aula anterior.*

Chris está sugerindo que a participação em sala de aula constitui, em si, um processo de aprendizagem. Ninguém nasce sabendo como ser um efetivo participante de discussões de caso. Por isso, apresentamos aqui um outro motivo para envolver-se desde cedo: para aprender a ser um bom participante é necessário participar.

Esteja preparado. Como a discussão de um único caso pode encerrar muitas variações, é pouco plausível preparar-se para cada possibilidade – mesmo que possamos identificá-las todas. Para contribuir verdadeiramente com a discussão, nossa preparação deve ser meticulosa e, ao mesmo tempo, flexível. O processo de análise de caso descrito no Capítulo 3 pode nos servir de base: consiste de uma série de fases, cada qual com um propósito diferente. Isso nos confere um plano de ataque, tornando nosso estudo mais eficiente e nos fazendo menos suscetíveis à confusão a que um caso pode induzir. As etapas iniciais desse processo são as mais importantes, porque nesse ponto pouco sabemos sobre o caso a respeito do qual elas nos levam a fazer algumas perguntas básicas.

O que deveríamos saber ao entrar em sala de aula? Eis uma resposta encontrada no Capítulo 3:

> *Familiarizar-se com as informações contidas no caso, chegar a uma conclusão sobre sua questão principal, dispor de evidências, demonstrando que nossa conclusão é razoável e, após, refletir sobre outras conclusões possíveis e mostrar por que a nossa é preferível.*

Ainda que talvez não tenha elaborado um argumento definitivo para sua conclusão, você precisará de evidências específicas, e não apenas de uma idéia do que possam ser essas evidências ou de uma parte delas. Se o caso contém evidências tanto quantitativas quanto qualitativas, você deve valer-se de ambas. Não deixa de surpreender o fato de que a execução de alguns dos mais básicos cálculos exigidos pela análise de um caso pode ser uma excelente plataforma para sua participação.

E. Ciprian Vatasescu, um graduado de MBA, encontrou um papel a desempenhar nas discussões de caso ao utilizar números na construção de seu ponto de vista:

> *Para minha imensa surpresa, as pessoas às vezes não se incomodam em fazer estimativas grosseiras e construir seus argumentos com base na intuição. É por isso que, quando se insere um cálculo simples, isso pode mudar a discussão radicalmente.*

Nenhum caso, a exemplo das situações da vida real, contém informações ou dados perfeitos. Cada um apresenta ambigüidades e pontos obscuros significativos. Devemos estar atentos a eles e refletir um pouco sobre suas conseqüências para a questão central do caso.

Em sala de aula, talvez você jamais seja solicitado a apresentar uma decisão recomendada e, a partir daí, argumentar detalhadamente a favor dela. Ainda assim, o esforço empreendido para entender uma regra, uma decisão ou um problema, para identificar tipos de evidências e para escolher de que modo analisá-la faz com que você mergulhe no caso e lhe confere uma compreensão capaz de se adaptar a qualquer discussão que se apresente. Uma preparação que lhe renda alguma compreensão e suscite questões notáveis é muito mais proveitosa que lançar mão de questões previamente preparadas ou notas desconexas.

PONHA LIMITES À SUA PREPARAÇÃO

Uma preparação cuidadosa é a base para a efetiva participação em aula, mas você não deve exagerar. A última parte dessa afirmação pode parecer estranha. Num cenário acadêmico, é possível estudar em demasia? No que concerne à análise de caso, a resposta é um enfático sim.

Não caia na armadilha de acreditar que quanto mais horas você dedicar a um caso, mais preparado estará. A primeira vez que me deparei com um caso de negócios, eu não tinha a menor idéia do que havia nele. Passei horas e horas lendo-o e relendo-o, sem nada obter a não ser irritação. Mas ao menos eu estava bastante familiarizado com o texto. No momento em que o concluí – "desisti" é um termo mais preciso –, tinha praticamente memorizado todo o seu conteúdo! Sempre podemos justificar longas horas de estudo dizendo a nós mesmos que o conhecimento é proporcional ao tempo que passamos em frente aos livros. Maureen Walker contesta essa justificativa: ela defende que longas horas de estudo não nos deixam mais inteligentes, apenas sonolentos. Para Rastislav "Rasto" Kulich, graduado em MBA, equilibrar preparação e repouso é uma das medidas que mais contribuem para uma boa participação em sala de aula.

O estudo ilimitado de um caso significa que não estamos fazendo escolhas quanto à alocação de nosso escasso tempo. Impor um limite à preparação de um caso tem diversos benefícios: nos pressiona saudavelmente a usar bem o tempo; nos ajuda a manter uma vida equilibrada e sadia e nos estimula a prestar atenção no modo como analisamos um caso. A análise de caso, tanto quanto a participação em aula, é uma habilidade. Podemos desenvolvê-la da maneira mais difícil, despendendo uma porção de tempo no caso até que resultados decepcionantes e a fadiga, ou ambos, nos convençam a procurar um caminho melhor.

LEIA DE FORMA ATIVA

A leitura passiva é um dos maiores obstáculos a uma análise eficiente (e proveitosa). Ler com o vago objetivo de "entender o caso" pode levar diretamente a fazer uma leitura passiva, isto é, a ler sem pensar. Ela é traiçoeira porque você pode não se dar conta de que está fazendo esse tipo de leitura. Para que ela seja ativa, devemos iniciar com um processo claro para análise de caso. O Capítulo 3 fornece um modelo que podemos experimentar e modificar, ou substituir, no decorrer do tempo.

RECONHEÇA O FATOR SOCIAL

Estou às voltas com estudantes de administração há mais de 16 anos, e jamais deixou de me impressionar sua capacidade de se divertir. Admito que minha postura era um tanto negativa: considerava que muitos deles levavam a diversão a sério demais, ao contrário da falta de seriedade com que encaravam o aprendizado. Jamais me havia ocorrido que construir uma rede social é importante para o caso até que Agam Sharma, um estudante de administração, bem o destacasse.

Uma aula de caso pode ser um evento ameaçador: o material utilizado para discussão não é de fácil manuseio, as discussões dificultam a participação e os casos podem provocar fortes diferenças de opinião. Há estudantes que podem se sentir intimidados por aqueles que divergem deles. Ademais, opiniões conflitantes em casos que envolvam questões como valores éticos parecem ter uma conotação pessoal. Acrescente-se a isso a competição por notas, e o desconforto dos estudantes cresce rapidamente.

Colegas que se conhecem fora da sala de aula podem mudar a atmosfera dentro dela. Nesse sentido, um grupo de estranhos competindo por notas pode tornar-se um grupo de conhecidos e amigos que reconhecem a competição entre si, mas que também compreendem que estão colaborando para o benefício de todos os participantes. Estudantes cercados por colegas que os respeitam provavelmente estarão um pouco mais dispostos a arriscar-se nas discussões. Os ouvintes provavelmente se mostrarão mais simpáticos para com o orador, mais dispostos a socorrer, se puderem, um colega que vacila ao tentar fazer uma observação e mais compreensivos quando a contribuição desse colega não favorecer a discussão. Quando as pessoas se conhecem como são, e não como projetam ser, a influência muitas vezes sutil, mas prejudicial, dos estereótipos de gênero, aparência pessoal, entre tantos outros, pode ser silenciada. Um colega de aula pode encorajar um outro que esteja mais reticente para tomar a palavra ou para arriscar-se mais em seus comentários.

Boliche, jogos de cartas, jantares da turma, atividades esportivas – há uma porção de maneiras de colegas de turma se conhecerem sem o estresse presente em sala de aula. Estar ciente de quanto os laços sociais podem ser úteis durante as aulas é particularmente importante para os estudantes que acreditam que as atividades sociais nada mais são que uma distração do estudo solitário.

LEMBRE-SE DE COMO SORRIR

As escolas de administração podem ser lugares muito sérios. Os estudantes que nelas ingressam, embora excitados por ali estarem, podem também se sentir ansiosos quanto a seu futuro desempenho. O aparente alto risco contido numa discussão de caso pode alimentar a ansiedade, que por sua vez pode reprimir o senso de humor. Graduados dos programas de método do caso têm um conselho a dar: lembre-se de como sorrir. Com a palavra, Rasto Kulich:

> *A capacidade de descontrair-se é importantíssima. Muitos estudantes, em especial os estrangeiros, são muito intensos, muito nervosos, e se levam a sério demais. Isso os torna formais no modo de falar e rígidos na hora de responder à reação ou aos comentários da audiência. O humor, especialmente do tipo autodepreciativo, é muitíssimo apreciado e muitas vezes necessário. A capacidade dos estudantes de temperar a discussão e de rir de si próprios contribuirá para cultivar a atenção da audiência e aumentar a aceitação de seus comentários.*

Ninguém aqui está aconselhando-o a memorizar algumas piadas e a incorporá-las em seus comentários. Mas, por várias razões, o humor espontâneo e natural "vem a calhar" em sala de aula.

OUVIR *É* PARTICIPAR

Quando solicitados a dar seu conselho sobre uma discussão de caso, os estudantes de MBA mencionam reiteradamente a importância do papel de escutar. Durante os dois anos da escola de administração, os estudantes passam muito mais tempo ouvindo que falando nas discussões de caso. Eis o que diz um aluno sobre essa habilidade subestimada:

> *Sempre ouça com atenção os comentários de seus colegas e as perguntas do professor. Não apenas é importante captar a essência de perspectivas diferentes, como também seguir o fluxo da discussão do caso.*

Um graduado em administração descreve como se mantinha atento nas aulas de caso:

> *Ouvir os comentários feitos em sala de aula e decidir se concorda ou não com o que é dito é um excelente exercício. Se você tiver um bom argumento para apoiar sua escolha, então está na hora de levantar a mão e tomar a palavra!*

Ouvir *é* participar (contanto que não seja a única coisa que se faça). Ouvimos para nos manter a par da discussão e para encontrar oportunidades de contribuir com ela. Se não prestarmos atenção ao que é dito, não nos será possível emitir comentários qualificados. Um bom comentário ajusta-se ao contexto da discussão logo que ele é feito: alguns instantes depois, já será redundante; alguns instantes antes, seria ilógico.

Uma boa discussão de caso não se resume à soma linear de discussões relacionadas, mas separadas. Um comentário (ou observação) feito no início da discussão pode adquirir um sentido ou significado inteiramente diferente no seu término. Uma linha de raciocínio acerca de um caso pode começar, retroceder a um segundo plano e então reaparecer. Um comentário emitido no meio da discussão pode responder a uma questão feita em seu final. Uma boa discussão de caso é dotada de uma riqueza e de uma complexidade tais que exigem ouvidos sagazes e constantemente alertas.

Além de ajudar a nos situarmos na discussão, ouvir é absolutamente vital para nosso aprendizado. Numa preleção, ouvir injeta conhecimento, processo que não exige muito do ouvinte, o qual pode compensar eventuais lapsos de atenção tomando emprestadas as anotações de algum colega. Numa discussão de caso, ouvir abastece o pensamento de nossos colegas e o justapõe ao nosso. O aprendizado surge dessa dinâmica, que não é linear como o acumulado numa preleção. É possível que adotemos durante a aula um ponto de vista que permaneça inalterado do início ao fim, como também é possível que esse ponto de vista seja subvertido ou alterado em algum ponto do caminho. A turma pode empenhar-se num dado caso, estabelecer sobre ele um estreito leque de conclusões, mas seu esforço pode ser subitamente anulado por um outro ponto de vista. Nesse caso, os estudantes podem deixar a aula frustrados, mas mais tarde perceber que, ao perseguir uma pista falsa, aprenderam mais do que se tivessem seguido um caminho direto.

Prestar atenção às aulas de caso não é uma habilidade que se deva tomar por certa. Ouvir atentamente, de 60 a 120 minutos, uma conversa imprevisível constitui uma tarefa a que muitos estudantes precisam se ajustar, na medida em que muito pouco de sua experiência prévia os preparou para isso. Com efeito, eles precisam *aprender* a ouvir. Interessante é observar que aqui a displicência e a ansiedade conduzem ao mesmo fim. Enquanto os estudantes displicentes não prestam atenção por não perceberem que a discussão gera um contínuo fluxo de conhecimento, os ansiosos não conseguem ouvir porque há coisas demais ocupando suas mentes. Encontrar um lugar entre esses dois extremos faz parte da aprendizagem de uma aula de caso.

REFLITA SOBRE O QUE APRENDEU

Os estudantes de administração são pessoas ocupadas, com outras atividades em suas vidas além de estudar e freqüentar a escola. Assim, logo que deixam a sala de aula, suas mentes provavelmente se transferiram para algo além da discussão que acaba de acontecer. No entanto, ao dedicar algum tempo, após a aula, para refletir sobre a discussão antes que a memória dela se desvaneça, estaremos captando muito mais da experiência de aula. Yusuke Watanabe, graduado de MBA, recomenda a prática da discussão pós-aula, que a seu ver apresenta uma compensação tanto de curto como de longo prazo:

> *Certifique-se de anotar duas ou três "sacadas" de cada caso e reflita sobre elas mais tarde. Só será necessário de três a cinco minutos para anotá-las. Essa prática fará você lembrar a experiência virtual por muito mais tempo.*

Em aula, perceberemos algumas lições mais amplas emergindo da discussão, mas identificá-las pode ser difícil se seguimos ponto a ponto o movimento da discussão. Além disso, algumas dessas lições só adquirem sua forma completa ao final do debate – ou após a aula, se dedicarmos alguns instantes para refletir sobre ele como um todo. Convém, pois, pensarmos expansivamente e separar os pontos que parecem ter algum valor para além das particularidades de dado caso.

O benefício de curto prazo é uma maior clareza quanto às questões que ligam um caso a outro e emprestam coerência a um curso. Essa clareza constitui um recurso para as etapas subseqüentes de análise de caso, participação em aula e exames. De acordo com Yusuke, há também potencial para um valor de longo prazo: "Uma porção... de graduados me dizem que essas "sacadas" serão sua bíblia pessoal de liderança".

TENHA PACIÊNCIA CONSIGO MESMO

O objetivo deste capítulo é ajudá-lo a tirar o máximo proveito das discussões de caso. Mais poderia ser dito, mas é preferível pecar pela falta que pelo excesso. Afinal, aprender o método do caso é desafiador o suficiente sem sermos bombardeados por conselhos "indispensáveis".

Estabeleça como objetivo emitir um comentário logo na primeira aula de cada curso de caso. Lembre-se de que o contexto de todo comentário adquire-se ouvindo. Compareça a essa primeira aula com o intuito de ouvir o que os outros dizem, não para esperar sua vez de falar. Quando ouvimos ativamente, as respostas nos vêm à mente organicamente, e, nesse caso, convém não avaliar se são suficientemente boas ou não. Basta levantar a mão.

A partir da vontade de arriscar-se, você também precisa ter paciência. Não tome seus primeiros comentários como um veículo para demonstrar seu brilhantismo a seus pares e ao professor. Enquanto se familiariza com a arte da discussão de caso, controle a ansiedade quanto a seu desempenho adotando uma visão de longo prazo. A colaboração efetiva é o produto de contribuições úteis feitas ao longo do tempo, e não, manifestações ocasionais de bravura.

Repito este conselho a título de conclusão porque o disse muitas vezes aos calouros de MBA, assim como o fizeram outros que trabalharam com esses alunos muito mais tempo que eu. Temos visto resultados positivos acontecerem, assim como os problemas que tentávamos evitar. Mas a maior autoridade nesse assunto é alguém que recentemente completou dois anos de escola de administração, uma maratona de quinhentos casos. Yusuke Watanabe insiste em que você "não tenha medo de fazer comentários óbvios e perguntas idiotas". E acrescenta:

> *A discussão é uma questão de confiança. Se você é uma pessoa tímida e abstém-se de falar abertamente durante o semestre, saiba que será cada vez mais difícil fazê-lo. Você se pressionará a fazer excelentes comentários e não falará até que tenha um. E as coisas só vão piorar. Por isso, faça uma pergunta idiota, emita comentários óbvios... A pergunta idiota geralmente é a mesma que todos têm para si. Tão logo comece a falar, você se sentirá mais à vontade, seu raciocínio ficará mais claro e seus comentários serão cada vez melhores.*

PARTE III

Elaboração

Capítulo 9

COMO REDIGIR UM ENSAIO BASEADO EM CASO

Escrever sobre um caso é muito diferente de falar sobre ele. Num contexto oral, como o de uma discussão, colaboramos com outras pessoas, cada um munido de sua formação prévia e pondo em prática a preparação que fez do caso, junto ao conhecimento e às habilidades de condução do professor. Mas, ao escrever sobre um caso, geralmente trabalhamos por conta própria: precisamos nós mesmos executar toda a análise, bem como organizar e expressar nosso pensamento para o leitor.

Contudo, essa diferença entre falar e escrever sobre um caso é ainda mais profunda. As pessoas têm expectativas muito mais exigentes de um texto que de comentários verbais. Falhas lógicas e hesitações, toleráveis numa discussão, constituem os maiores problemas de um ensaio, confundindo os leitores e minando a credibilidade do autor. De fato, os leitores não estão interessados numa transcrição da evolução do pensamento do autor; querem, isto sim, o produto final desse pensamento, expresso de maneira lógica e econômica.

CARACTERÍSTICAS DE UM ENSAIO DE CASO PERSUASIVO

Escrever sobre um caso tem por base o processo de análise de caso. As situações de caso descritas nos capítulos anteriores podem ser utilizadas para organizar ensaios. Um ensaio que argumente sobre uma decisão organiza-se de modo diferente daquele que contém o diagnóstico de um problema. A estrutura dos ensaios envolvendo problemas, decisões e avaliações é descrita nos Capítulos 10, 11 e 12, respectivamente, os quais incluem também casos e amostras de ensaios sobre estes. Os ensaios baseiam-se em textos redigidos por alunos de MBA.

Para convencer o leitor de que uma conclusão a respeito de determinado caso é válida, o autor precisa fornecer evidências verossímeis que estejam diretamente ligadas a tal conclusão. Esse fato ajuda a explicar as características que os ensaios baseados em caso têm em comum, a saber:

1. Responder a duas perguntas – O quê? Por quê? – e muitas vezes a uma terceira – Como?

2. Fazer uma declaração de tomada de posição (O quê?)

3. Utilizar evidências para persuadir o leitor (Por quê?)

4. Se necessário, fornecer um plano de ação (Como?)

Três questões

Ao contrário do que pensam muitos estudantes de MBA, a maior parte dos professores não está interessada em ensaios repletos de longos resumos de caso e listas de *insights* e observações. Não querem que lhes demonstremos nossa leitura meticulosa do caso relatando tudo o que sabemos sobre ele, mas que respondamos a quaisquer perguntas que nos tenham surgido – com a máxima eficiência possível.

As partes que compõem um ensaio de caso podem ser organizadas em torno de três perguntas simples: O quê? Por quê? Como? A declaração de tomada de posição responde a "O quê?", e o argumento responde a "Por quê?". "Como?" refere-se a uma ação: *como* a decisão recomendada deve ser implementada? *Como* o problema pode ser solucionado?

A Ilustração 9-1 resume essas questões organizadoras para um ensaio baseado em caso.

Declaração de tomada de posição

Uma declaração de tomada de posição com foco nítido organiza todo o ensaio. Sem ela, o ensaio não tem nenhum propósito ou direção para o leitor. A falha mais comum que tenho observado nos exames de caso, ao longo dos anos, é que os redatores procuram analisar uma dada situação de todos os ângulos possíveis, sugerindo muitos significados, mas não se comprometendo com nenhum. Utilizo um único exemplo negativo neste livro, mas ele é instruído para ilustrarmos um ensaio que complique a tarefa do leitor desde o início. Ele foi escrito em resposta à situação de decisão descrita em "General Electric: Major Appliance Business Group (Resumido)", um caso que será usado no Capítulo 11.[1]

> *A. Decisão*
>
> *Recomendo que a equipe de gestão do projeto C (doravante PJC) se dirija ao conselho de diretores e solicite uma autorização de capital adicional, estruturado como segue:*
>
> *+ 10% = US$ 2,8 milhões para o sistema de gerenciamento de informações e suporte, o que não exige aprovação formal.*
>
> *+ 5% = US$ 1,5 milhão para treinamento de habilidades voltadas para a solução de problemas técnicos, o que exigiria aprovação formal.*
>
> *Além disso, recomendo que a equipe PJC não desista de obter o investimento de US$ 1 milhão para a sala de controle de computadores integrados, crucial para os processos da divisão.*

ILUSTRAÇÃO 9-1

Ensaio baseado em caso P&R

Pergunta	Resposta
O quê?	Declaração de tomada de posição (expressa uma conclusão)
Por quê?	Argumento
Como?	Plano de ação

---

[1] "General Electric: Major Appliance Business Group (Abridged)", Case 9-693-067 (Boston: Harvard Business School Publishing, 1992).

> *Eu não apoiaria o gasto adicional de US$ 1,5 milhão no ambiente da fábrica por não trazer benefícios diretos. Vejo-o apenas como uma tentativa de obter a aprovação do sindicato, quando podemos ganhar seu apoio de maneira diferente, reforçando os programas de aumento e enriquecimento de empregos.*
>
> *Também sou contrário a acrescentar mais iteração no processo de desenvolvimento de produto (doravante PD). Isso só fará atrasar o processo, sem proporcionar benefícios claros, abrindo um precedente para mais atrasos por parte das equipes de engenharia. Prazos rigorosos estimularão a inovação e o comprometimento.*

O caso trata do desenvolvimento de uma nova lava-louças GE. Os dois modelos anteriores não atingiram suas metas de vendas. Jack Welch desafiou os gerentes responsáveis pelo processo de desenvolvimento do produto (Projeto C) a estabelecer um produto de referência para uma operação de nível internacional e a lançar um produto que superasse a concorrência. Cabia aos gerentes decidir qual dos cinco acréscimos deveria – se é que algum deveria – ser feito ao projeto e quanto investimento e tempo seriam ainda necessários. A abertura que você leu acima apresenta uma decisão a ser tomada para cada um dos cinco acréscimos propostos, mas elas não parecem ter a menor relação entre si, e as razões do autor para defendê-las ou rejeitá-las ou são vagas ou não foram declaradas.

O primeiro parágrafo de um outro ensaio sobre o mesmo caso é revelador: relaciona as decisões a uma questão maior. Aqui o redator recomenda cinco decisões diferentes, mas relacionadas entre si.

> *A equipe gerencial do Projeto C deveria persuadir a alta gerência e o conselho de administração a aumentar o orçamento em 15%, ou US$ 4,2 milhões, e a prolongar o prazo de conclusão do projeto para quatro meses. Quatro das cinco mudanças deveriam ser acrescidas ao projeto, deixando as melhorias nos sistemas de administração de informações e suporte da GE para uma etapa posterior. A importância estratégica do Projeto C para o sucesso da GE no setor de lava-louças exige que se cumpram todos os seus objetivos, e para isso as quatro mudanças mencionadas são fundamentais. O insucesso na consecução dessa meta colocaria em risco o investimento inicial e a competitividade da empresa no setor de lava-louças.*

Ao terminar de ler esse parágrafo, não temos dúvida sobre o que pensa o seu autor. Esse excelente exemplo de declaração de posição também sustenta uma única razão para todas as decisões.

Declarar nossa posição já no início do ensaio tem diversas vantagens. Em primeiro lugar, o leitor espera que respondamos à pergunta que nos foi feita. Por que fazer o leitor esperar por isso? Em segundo lugar, leitores dotados de espírito crítico avaliam um argumento à medida que avançam no texto. Os professores o fazem a fim de conceder uma nota; outros, para julgar até que ponto o argumento é convincente e que conseqüências pode exercer sobre seu pensamento e ação. Todavia, os leitores não podem avaliar um argumento até saberem o que ele está tentando provar. Se nossa conclusão aparecer no final do ensaio, eles terão de voltar ao início do texto e comparar a prova com a posição que declaramos. Sua interpretação será mais eficiente se conhecerem essa posição antes da prova. Por fim, e provavelmente o mais importante, uma declaração de tomada de posição feita logo no início de um ensaio fornece ao leitor – e a nós, os autores – uma declaração de intenção que pode nos servir como ponto de referência durante a redação.

No parágrafo a seguir, o redator declara uma posição e expressa sua intenção quanto à organização do ensaio:

> *Rogers assumiu uma organização que premiava a política do interesse próprio e esperava que seus líderes atuassem de forma praticamente ditatorial. Haviam perdido Bennett, o tirano que fazia a divisão funcionar. O mercado também está mudando. Os problemas da divisão originam-se de três fontes: a ausência de uma nova visão, as deficiências da liderança exercida por Rogers e uma organização desalinhada.*

A última frase dá tanto ao leitor como ao redator subsídios para argumentação: provar que a visão, as deficiências da liderança de um indivíduo e o desalinhamento constituem as causas principais dos problemas da organização.

Entretanto, começar com uma declaração de tomada de posição tem um lado negativo: talvez seja difícil redigir a conclusão de um ensaio sem antes redigir o ensaio propriamente dito. Dependendo de seu método redacional, começar pela conclusão pode significar um problema pelo fato de você desenvolvê-la enquanto redige. No entanto, esse é um meio altamente arriscado de redigir quando o tempo é curto. Melhor seria escrever parte de uma declaração de tomada de posição e depois acrescentar a ela, por exemplo, duas causas de um problema do qual você esteja certo e então acrescentar um ou dois mais que fiquem claros mais tarde. Uma segunda desvantagem de declarar uma posição no início do ensaio é que isso pode fazer com que o autor pareça agressivo e arrogante aos leitores. Em certas ocasiões e culturas, talvez seja melhor protelar uma declaração de tomada de posição até que se possa prová-la. Contudo, há muitas situações nas quais podemos razoavelmente supor que conhecer nossa conclusão ajudará o leitor. Um exame baseado em caso é uma dessas situações. Se tiver quaisquer dúvidas, leve-as ao professor.

Evidências

O bom emprego das evidências é provavelmente a mais importante habilidade necessária a quem escreve um ensaio. Entretanto, ilustrar como empregá-las é tarefa difícil, pois exige familiaridade com o caso que as fornece. Para que você entenda como funciona cada um dos seguintes exemplos de evidências, tentarei contribuir com detalhes suficientes sobre o contexto do caso.

O primeiro exemplo faz uso de evidências qualitativas e quantitativas. Discute-se um dos cinco acréscimos propostos ao chamado Projeto C – esforço de desenvolvimento de produto para a concepção de uma lava-louças –, descrito em "General Electric: Major Appliance Business Group (Resumido)". O ciclo da engenharia de valor necessita de mais tempo e dinheiro, ambos questões delicadas para a GE desde que lançamentos tardios e problemas de qualidade contaminaram modelos anteriores. Na verdade, as vendas do aparelho desenvolvido pelo Projeto B ficaram 30 a 40% abaixo do esperado, devido à má qualidade do modelo A. A primeira frase do parágrafo a seguir é a recomendação.

> Depois que os modelos PermaTuf A e B não conseguiram atingir as metas desejadas, promover mais um ciclo ou iteração de protótipo antes do lançamento do produto no mercado parece ser uma medida sensata. *Garantirá qualidade elevada ao produto, bem como reduzirá os custos com garantia e serviço. A parte mais crítica da implementação dessa mudança é adiar o projeto de três a quatro meses. No entanto, o ciclo da engenharia de valor*

melhoraria a qualidade do produto, reduziria custos, permitiria obter participação de mercado com suas melhorias, além de garantir que o Projeto C não incorreria nos mesmos problemas que os Projetos A e B. Pode-se adiar essa mudança para um ou dois anos após o lançamento, mas aí poderá ser tarde. A reputação do produto já poderá estar comprometida, razão pela qual será extremamente difícil convencer a força de vendas e os clientes de que o produto constitui a versão aperfeiçoada que eles esperavam para o primeiro modelo. Além disso, a alta gerência foi bastante clara: "Faça direito já na primeira vez".

O custo total é de US$ 1,2 milhão. Por volta do ano 3 (1985), o custo agregado das propostas será recuperado mediante contribuição adicional do Projeto C. No ano 7 (1989), o Projeto C irá ele próprio aumentar a contribuição em 70%, comparado à contribuição total de 1979. A cada ano após o lançamento do novo modelo, mais e mais os incrementos de receita do projeto cairão diretamente no resultado final.

A Ilustração 9-2 resume as evidências contidas nesse parágrafo. O autor cita as muitas vantagens propiciadas pela engenharia de valor, e há confirmação quantitativa de que, a longo prazo, ela aumentará a contribuição. Os dois parágrafos são um bom exemplo de como as evidências qualitativas e quantitativas podem ser usadas para reforçar umas às outras.

O segundo exemplo utiliza principalmente evidências quantitativas. Uma das lições aí presentes é que a simples menção a números não irá persuadir o leitor; cabe aos autores, no contexto do argumento, informar o que pretendem. Outra lição é que vários números que se alinhem a uma conclusão similar são mais persuasivos que um ou dois. Em certas situações, não teremos muitos dados com que trabalhar, então cada parte de uma evidência quantitativa terá alto valor. Caso você tenha alguma formação em finanças, esse segundo exemplo lhe será familiar; do contrário, o contexto o ajudará a seguir a lógica do parágrafo. O caso discorre sobre um fabricante e dois clientes varejistas que lhe devem uma substancial quantia de dinheiro. Um analista avalia a probabilidade de que eles venham a saldar a dívida. As evidências (entre colchetes) respaldam a conclusão (não-italicizada).

Liquidez: A Smyth & Company possui um [coeficiente de liquidez de 2,53], e o [coeficiente de liquidez imediata mostra que seu ativo atual menos estoques pode cobrir 1,26 vezes o passivo atual]. Aí está um bom sinal de que a empresa pode cobrir seu passivo de curto prazo, como as contas pagáveis que deve à Mercury Enterprises. No entanto, quando observamos as contas

ILUSTRAÇÃO 9-2

Projeto C: sim para a engenharia de valor

Desvantagens	Vantagens
• Impõe protelação do lançamento do produto	• Trata dos principais problemas dos Projetos A e B
• Adiciona custos	• Reduz os custos com garantia e serviços
	• Gera maior satisfação do cliente
	• Aumenta a confiança da força de vendas no produto
	• Aumenta, conseqüentemente, a participação de mercado
	• Compensa o próprio custo e aumenta a contribuição

> *a receber, o período de coleta piorou. Em 1998, a Smyth & Company levou uma média de [82 dias para coletar seus recebíveis] contra uma média de [62 dias em 1996]. Ao mesmo tempo, a [medida do período de contas a pagar também subiu de uma média de 53 dias, em 1996, para 70 dias, em 1998], o que é um bom sinal. Entretanto, as [contas pagáveis não aumentaram tanto quanto o período de coleta], pressionando o fluxo de caixa da empresa, visto que [a lacuna entre o tempo que a Smyth & Company leva para ser paga versus o tempo de que necessita para pagar suas contas subiu de 9 para 12 dias]. Embora atualmente os coeficientes mostrem um bom índice, medidas principais de liquidez, como contas a receber e contas a pagar, estão se deteriorando e começarão a prejudicar a capacidade da Smyth & Company de saldar, junto à Mercury Enterprises, suas dívidas de curto prazo.*

Essa parte do ensaio faz uso dos números com clareza e autoridade. O autor expõe evidências favoráveis ao varejista (o coeficiente de liquidez imediata e o coeficiente de liquidez), compara os dados positivos aos negativos, considerando os negativos mais determinantes. O reconhecimento de evidências contrárias à conclusão do autor não enfraquece o argumento, apenas o fortalece (assim como fortalece a credibilidade do redator), assegurando ao leitor que todos os dados relevantes foram considerados.

Os ensaios baseados em casos utilizam os resultados ou o produto de métodos especializados como evidências para provar conclusões. No exemplo supracitado, as palavras entre colchetes expressam a conseqüência do uso de ferramentas quantitativas por parte do autor. O parágrafo constrói-se em torno de cálculos e do significado de seus resultados. Sem essas ferramentas financeiras, o autor nada teria de relevante a dizer sobre liquidez.

O exemplo final emprega tão-somente evidências qualitativas. O argumento geral diz respeito à organização apresentada em "Allentown Materials Corporation: Divisão de Produtos Eletrônicos (Resumido)", caso discutido no Capítulo 5. A evidência (entre colchetes) respalda a primeira frase.

> A organização, em sua atual situação, não pode prosperar, pois se encontra [desalinhada], e grande parte da responsabilidade disso cabe a Rogers. *Ele promoveu [mudanças que foram contra o passado da divisão e que não eram norteadas por uma visão clara]. O desenvolvimento de novos produtos foi prejudicado porque Rogers implementou [alterações que nada adiantaram para preencher o vácuo deixado pelo brilhante, mas dominador, Bennett]. Transferiu as instalações da divisão para a matriz, cuja cultura [em muito difere da cultura da divisão, de cunho político e dominada por conflitos]. Os departamentos de vendas e marketing foram separados, desprezando-se [inteiramente sua natureza complementar. O setor de vendas não se limita a vender: constitui também a fonte de informações sobre o mercado]. O pessoal do marketing não consegue colaborar efetivamente com o setor de vendas [porque não tem as habilidades necessárias para sua função (são todos recém-formados ou com apenas um ou dois anos de experiência profissional)] e, no entanto, [Rogers não os está preparando nem auxiliando]. Eles precisam da experiência de mercado do pessoal de vendas.*

Vale a pena reler o parágrafo a fim de verificar o modo como o autor acumula evidências frase após frase, todas elas apontando para a conclusão expressa na primeira. Volta e meia há estudantes que criticam parágrafos como esse, alegando não serem mais que listas de fatos. Isso, não se aplica ao presente parágrafo por três razões: os fatos que contém foram selecionados cuidadosamente, a partir de várias partes do texto; eles combinam-se com inferências que os ligam a uma conclusão; e todos sustentam a mesma conclusão.

Além disso, o parágrafo utiliza métodos muito diferentes dos métodos quantitativos empregados na análise de liquidez, ainda que com o mesmo fim: provar uma conclusão. O principal conceito que apresenta – desalinhamento – origina-se do comportamento organizacional, e as palavras entre colchetes são resultado das concepções de liderança e postura organizacional.

Notemos ainda outra característica desses três exemplos de uso das evidências: cada um contém uma sentença informando ao leitor a conclusão que a evidência justifica. Essa sentença controla o sentido das demais e constitui, com efeito, a declaração de tomada de posição do parágrafo, podendo aparecer em qualquer parte dele. O local mais seguro para inseri-la é o início, mas ela também pode vir no meio ou no fim do parágrafo, como acontece em dois dos exemplos. Tanto num quanto no outro, porém, as sentenças precedentes antecipam o conteúdo da declaração de tomada de posição, reunindo todas as declarações e, assim, garantindo a coerência.

Plano de ação

Ao responder à pergunta "Como?", o plano de ação complementa e completa o argumento de um ensaio baseado em caso.

- Como você soluciona um problema?
- Como implementa uma decisão?
- Como melhora um desempenho?

A Ilustração 9-3 mostra a divisão de trabalho entre um argumento e um plano de ação. O propósito geral de um plano de ação é melhorar ou fazer avançar a situação, tal como ela é apresentada no ensaio, mediante uma série coerente de medidas.

Num ensaio baseado em caso, o argumento precede o plano de ação na mesma medida em que nenhuma ação é possível até se compreender, com base nos fatos,

ILUSTRAÇÃO 9-3

O que faz um plano de ação

Situação de caso	Argumento	Plano de ação
Problema	Provar relações de causa e efeito responsáveis pelo problema	Resolver o problema: solucionar pontos fracos e fortalecer ou aumentar pontos fortes
Decisão	Recomendar a melhor decisão	Implementar a decisão: mostrar o melhor caminho para alcançar o resultado desejado
Avaliação	Providenciar avaliação detalhada de desempenho, ação ou resultado	Melhorar o desempenho ou resultado; implementar ou mudar a decisão

o que precisa ser feito. Em outras palavras, o argumento cria tanto a necessidade de ação quanto o conteúdo a partir do qual agir. À parte a diferença de conteúdo, há duas razões para separar um argumento de um plano de ação: a organização e a compreensão do leitor.

Argumentos de caso e planos de ação contêm princípios de organização inteiramente distintos. É a lógica quem determina a ordem de um argumento. O argumento de uma decisão, por exemplo, organiza-se de acordo com as razões que respaldam a recomendação. Por outro lado, um plano de ação é *cronológico*: desdobra-se com o tempo. Não há como reconciliá-los – e não há por que tentar, ainda que muitos estudantes o façam. Quando um autor procura combinar um argumento e um plano de ação, algo tem de ser feito: ou a estrutura lógica do argumento precisa ser descartada em favor de uma ordem cronológica, o que não tem o menor sentido para um argumento, ou a ordem cronológica do plano de ação precisa ser sacrificada ao plano lógico do argumento, tornando impossível ao leitor conhecer a ordem das etapas propostas. A segunda razão para tal separação é o leitor. Mover-se para frente e para trás entre o argumento e o plano de ação destrói a coerência e, conseqüentemente, a capacidade do leitor de compreender o argumento ou as ações.

ELEMENTOS DE UM PLANO DE AÇÃO

Um plano de ação efetivo apresenta as cinco características seguintes:

- Fixa metas com base no argumento
- Trata do conteúdo do argumento que permite ação
- Consiste de etapas específicas
- Contém etapas de curto e longo prazo realistas
- Identifica e reage ao que mais lhe oferece risco

Metas

Um argumento não fornece metas específicas de ação. Um diagnóstico revela as causas principais de um problema, mas não indica de que modo se pode agir com relação a elas para melhorar a situação. Um argumento para uma decisão não informa até que ponto a decisão deve ser levada a cabo. Uma declaração de meta feita no início do plano de ação resume o estágio final desejado do plano. Essa meta pode ser simples e ter uma ou várias partes.

- *Meta:* Transferir a produção o quanto antes para um fornecedor apropriado, fixando como objetivo iniciar as transferências dentro de um ano e completá-las em dois.
- *Metas:* A equipe de Corcoran deveria persuadir a alta gerência a aceitar a recomendação, a alinhar as partes interessadas (*stakeholders*) e a executar cada uma das propostas.

Mas uma declaração de meta pode ser mais intrincada, a saber:

- *Metas:* Seu objetivo de curto prazo deveria ser o de desenvolver uma visão clara, redesenhar a organização de modo a capacitá-la ao cumprimento dessa visão, bem como criar um plano claro para a consecução desse fim. A longo prazo, ele precisa criar uma organização voltada para o cliente (*customer-facing*). Precisa, além disso, reconstruir uma estabilidade fundada na visão e na cultura do aperfeiçoamento e da cooperação contínuos.

O último objetivo é típico de ensaios que versam sobre problemas e avaliações. Ambos costumam especificar múltiplos fatores que exigem algum tipo de ação. No entanto, precisamos estar atentos para essas declarações de meta complexas, pois podem rapidamente se tornar complicadas demais para serem aproveitadas.

Conteúdo concreto do argumento

O argumento é a fonte de todo o conteúdo concreto. O plano traduz esse conteúdo em ação tangível. Toda grande questão concreta contida no argumento deve ser representada no plano de ação. Um argumento que sustente três grandes causas de um problema deve ter um plano de ação que lide com elas. Por outro lado, um plano de ação não deveria lidar com uma questão que não fosse tratada no argumento. E esse é um erro fácil de cometer: enquanto elaboram um plano de ação, os autores podem propor idéias que não foram tratadas no argumento (p. ex., um novo critério para uma decisão) e inseri-las numa etapa de ação. A discrepância logo ficará aparente para os leitores, sugerindo-lhes que o argumento está incompleto.

Etapas

Um plano de ação consiste numa série de medidas a serem tomadas durante certo período de tempo. Para que sejam úteis, as etapas que o constituem precisam ser específicas. Eis a primeira etapa de um plano destinado à implementação de uma decisão:

> *Estabeleça, entre os altos executivos, um consenso que seja sólido como uma rocha e concorde com as datas e processos de transição. Forme uma equipe multidisciplinar para avaliar os fornecedores e conduzir a transição.*

O exemplo seguinte é parte de um plano presente num ensaio de diagnóstico de problemas:

> *Em seguida, eles precisam criar uma visão – uma visão que seja simples, importante para todos os grupos e de fácil execução. Enquanto o setor de produção se mostra preocupado apenas com a questão dos custos baixos, outros grupos interessam-se por novos produtos, gerando conflitos quando trabalham em conjunto. Para render sucessos no curto prazo, a visão precisa ser mensurável. Por exemplo, medidas de entrega e serviço podem revelar que uma visão focada nas necessidades dos clientes está funcionando. Em seguida, essa visão precisa ser comunicada a toda a divisão. Uma vez que os conflitos ocorrem em todos os seus níveis, é importante mantê-los alinhados e comprometidos com um objetivo comum.*

A descrição das ações deve encontrar o equilíbrio entre as generalidades e o excesso de detalhes. Uma generalidade não fornece ao leitor maiores informações:

> *Selecionar parceiros de produção.*

Vê-se que essa sentença não responde a questões como "a que tipo de parceiro deveria ser considerado?", "Quais são alguns dos critérios para a tomada de decisão?". Por outro lado, uma etapa de ação pode levar a particularidades desnecessárias:

A fim de selecionar parceiros de produção, Stott deve agendar, na próxima semana, uma reunião com os gerentes de produção da Whistler para discutir os critérios a serem seguidos por esses parceiros. Ele precisa preparar de antemão uma pauta que abarque considerações tais como o histórico dos parceiros potenciais em fabricação terceirizada, até que ponto a experiência deles atende às necessidades da Whistler e quão satisfatoriamente sua equipe gerencial trabalha com a da Whistler. Stott deve considerar com cuidado de que modo a Whistler pode empreender uma rápida pesquisa dos históricos das empresas da Coréia do Sul. Que contatos mantém para que possa investigar essas empresas? Que importância deve dar às referências? Há no país quem seja confiável e preparado para realizar a pesquisa?

Como orientação, pergunte-se o que os leitores desejam saber. Ações vagas não lhes dão a menor idéia de como podem ser implementadas, e detalhes irrelevantes os confundem, fazendo-os perder de vista os que realmente importam na ação.

Organização

Planos de ação são executados em seu devido tempo. Algumas ações realizam-se antes, algumas depois, e outras muito mais tarde. É necessário mostrar ao leitor a ordem em que essas medidas propostas devem ser implementadas. Um plano de ação não consiste de uma lista simples de tarefas, cujos itens são registrados aleatoriamente. Em geral, os planos de ação precisam tanto de medidas de curto como de longo prazos. Alguns podem inclusive exigir uma categoria intermediária. A Ilustração 9-4 lista critérios para decidir onde, na seqüência temporal de um plano, uma dada ação deve ser implementada.

A parte de curto prazo do plano inicia com as ações mais urgentes. Qual a primeira medida que precisamos tomar para implementar uma decisão, melhorar um desempenho ou resolver um problema? A primeira medida diz muito ao leitor sobre a atenção que dedicamos à lógica seqüencial do plano. Medidas de curto prazo podem, além disso, ser ações de fácil execução. Existe alguma medida que o protagonista possa implementar rápida e facilmente e que melhore a situação de imediato? Por fim, ações de curto prazo podem constituir a base de medidas futuras.

ILUSTRAÇÃO 9-4

Critérios para a aplicação das medidas de um plano de ação

Posição seqüencial	Critérios
Curto prazo	• Urgente • Madura (fácil) • Necessária para medidas de longo prazo
Longo prazo	• Dependente de medidas anteriores • Complexa, exige tempo para sua execução

As medidas de longo prazo quase sempre dependem das de curto prazo. Nenhuma proposta que exija a aprovação dos altos gerentes deverá ser implementada se eles não estiverem convencidos de que isso é o certo a fazer. Obter sua aprovação constitui, portanto, uma medida anterior a quaisquer outras que visem à execução da proposta.

Seja *realista* quanto ao tempo necessário para a conclusão das ações e deixe isso bem claro aos leitores. Ações complexas, delicadas ou que envolvam um grande número de pessoas normalmente são de longo prazo. Mudar todo um sistema de incentivos organizacionais pode levar meses ou anos. Mesmo algumas ações razoavelmente simples, como promover pequenas alterações na estratégia de uma empresa, podem estender-se por um longo tempo.

Risco

Todo plano de ação contém um elemento de incerteza e risco. *Nada* ocorre inteiramente como o planejado. Esteja preparado para identificar o risco principal de um plano e proponha medidas para administrá-lo, mas procure não se torturar com o risco de cada medida. Em vez disso, faça a si mesmo a seguinte pergunta: o que de pior poderia acontecer com o plano? Acrescente, então, uma nova pergunta: de que modo o risco pode ser contido ou eliminado?

Capítulo 10

ENSAIOS SOBRE PROBLEMAS

Nos casos, as situações problemáticas são produto ou resultado de ações, processos, atividades ou forças que não compreendemos totalmente. Dizem respeito tanto a uma patologia dos negócios (p. ex., gerentes de desempenho medíocre) quanto ao sucesso (p. ex., uma estratégia organizacional que resulta em liderança de mercado). Os problemas também se situam entre os pólos do sucesso e do fracasso. Além disso, incluem algumas das mais difíceis e intrigantes tarefas interpretativas que os estudantes do método do caso precisam empreender (para mais detalhes sobre situações problemáticas em casos, ver Capítulo 5).

Este capítulo e os dois seguintes apresentam o mesmo propósito e estrutura. Eles esboçam a estrutura de um ensaio apropriado a determinado problema, decisão ou avaliação, bem como fornecem um ou mais exemplos de ensaios persuasivos baseados no trabalho de estudantes de MBA. Ao final dos três capítulos, você também encontrará modelos que o ajudarão a planejar seu ensaio.

O exemplo de ensaio presente neste capítulo foi redigido em resposta a questões referentes ao caso "Allentown Materials Corporation: Divisão de Produtos Eletrônicos (Resumido)". Para tirar pleno proveito deste capítulo, convém ler o caso e o ensaio. (Nota: como "Allentown" é utilizado no Capítulo 5, é possível que você já o tenha lido.)

COMO ORGANIZAR UM ENSAIO SOBRE PROBLEMAS

Os ensaios sobre situações problemáticas compõem-se de quatro partes:

1. Definição do problema
2. Diagnóstico
3. Prova das causas
4. Plano de ação

As etapas de definição e diagnóstico do problema, embora muito mais breves que as demais, são de fundamental importância para o êxito do ensaio. Juntas, elas englobam a declaração de tomada de posição e tudo que dela emane. Os leitores procuram uma declaração desse tipo porque ela confere um propósito à sua leitura.

Por envolverem uma multiplicidade de efeitos e causas, talvez seja difícil escrever sobre casos que apresentam situações problemáticas. Diante deles, podemos nos sentir compelidos a reunir uma longa e cansativa lista de causas, o que geralmente resulta em ensaios com provas fracas de cada causa, sendo que sacrificar a profundidade pela extensão diminui o poder persuasivo do ensaio. Para solucionar o problema, considere esta versão da regra 80-20: 20% das causas explicam 80% dos efeitos. Assim, para o leitor, explicar 80% do problema com diversas causas que estejam apoiadas em provas detalhadas soa mais convincente que explicar 99% com muitas causas que têm por base provas superficiais.

Definição do problema

A definição do problema deve expressar os efeitos ou resultados identificáveis na situação que mais preocupam o protagonista do caso. O ensaio-exemplo abre com o seguinte parágrafo:

> *Don Rogers enfrenta uma série de dificuldades. O desempenho da EPD está em queda, e a reputação de seu sistema de entrega e de serviço vem sendo manchada. Os empregados estão com o moral baixo, não confiam nos colegas de outros grupos e são parte de conflitos intermináveis.*

O parágrafo expõe o que Don Rogers precisa resolver. O desempenho financeiro e a reputação da Allentown estão em declínio, e a organização sofre com uma série de graves problemas internos ligados a seu medíocre desempenho. Talvez esse parágrafo pareça não mais que um resumo de caso, mas em nenhuma parte o caso declara a existência de um problema: apenas cita muitas coisas que parecem estar dando errado. Definir o problema significa organizar, concentrar e descrever os principais efeitos ou resultados que o constituem, além de declarar que tipo de problema precisa ser solucionado. O problema contido em "Allentown" diz respeito ao comportamento e ao desempenho de pessoas, e não a questões de *marketing*, estratégia ou produção.

Diagnóstico

Definido o problema, a próxima tarefa do ensaio é sintetizar o diagnóstico – as causas principais do problema. Para detectá-las, o bom senso e a intuição podem ser úteis, mas por si só não bastam. Na verdade, a análise causal só pode ser realizada com estruturas adequadas à situação. Nosso exemplo de ensaio utiliza conceitos de liderança e comportamento organizacional amplamente aceitos. Eis o diagnóstico:

> *Muitos desses problemas podem ser atribuídos à cultura subjacente da divisão, aos estilos distintos de liderança de Bennett e Rogers, às fracas decisões tomadas pelo último e à falta de alinhamento entre os diferentes grupos divisionais.*

O exemplo fornece uma expressão clara e compacta do diagnóstico, indicando quatro causas: cultura, estilos de liderança, decisões de Rogers e desalinhamento.

É preciso coragem para afirmar que um problema possui algumas causas principais. Numa situação complexa, pode parecer muito mais seguro e confiável listar muitas causas. No entanto, é tarefa do redator esclarecer essa complexidade reduzindo o problema a suas poucas causas mais influentes – o que o exemplo de ensaio faz com propriedade.

Provando as ligações causais

Mostrar ao leitor por que o diagnóstico é válido é tarefa que ocupa a maior parte de um ensaio sobre problema. Feito o diagnóstico, o ensaio-exemplo explica as evidências que ligam as quatro causas aos efeitos ou resultados que definem o problema. As seções da verificação apresentam a mesma organização do diagnóstico, o que para um argumento constitui uma pequena, mas importante, simetria. Os leitores esperam que a ordem dos elementos de uma declaração de tomada de posição corresponda à ordem da verificação que se segue. Havendo discrepância entre elas, os leitores questionarão o motivo, pois esperam que tudo no ensaio atenda a um propósito; do contrário, sua compreensão será menor.

Agora, observemos mais de perto como funciona a verificação do ensaio. Para tanto, devemos ler os parágrafos dois e três do ensaio-exemplo.

Diferenças culturais

Rogers vê-se pressionado a promover um alinhamento mais estreito entre a divisão e o restante da corporação, mas as respectivas culturas são muito diferentes. A Allentown é uma família unida, para quem a hierarquia pouco importa. Nela, as pessoas discutem os problemas frente a frente, há debates formais e informais entre funcionários de todos os níveis e todos interagem socialmente. Por outro lado, Bennett moldou a cultura da EPD à imagem de seu perfil de liderança: criou uma hierarquia encabeçada por ele próprio, detentor de todo o poder e responsável pelas decisões. Há pouca coesão e nenhuma discussão dos problemas, muita politicagem e reuniões exclusivamente formais. Trata-se de duas culturas atualmente incompatíveis, e tentar convertê-las uma à outra certamente acarretará conflitos.

Diferenças de liderança

As diferenças culturais se devem à liderança de Bennett, que administrou a divisão desde seus primórdios até ser substituído por Rogers, dois anos atrás. Bennett queria a divisão separada da Allentown para que pudesse exercer seu completo controle. Poderoso administrador detalhista e dotado de uma vontade de ferro, ele também nutria o desejo de testar coisas novas. Era determinado, respeitado e experiente. No entanto, era também temido, um líder autoritário que tomava todas as grandes decisões. Seu estilo não deixava espaço para outros líderes, apenas para gerentes. De qualquer maneira, ele concentrou-se nos problemas organizacionais com o programa que criou.

Rogers tem um perfil mais consultivo, embora não aparente ter uma abordagem de liderança bem-definida. Procura fazer com que as pessoas tomem parte nas decisões e compartilha informações. É brilhante, bem-articulado, estimado e respeitado. Contudo, são justamente algumas dessas qualidades que geram dúvidas quanto à sua capacidade de liderança. Rogers é visto como alguém de temperamento ameno e pouco disposto a enfrentar conflitos. Não presta atenção ao que é dito e passa muito tempo em atribuições corporativas, o que limita seu conhecimento sobre a EPD. Além disso, a pouca experiência pode lhe acarretar falta de credibilidade. Seu estilo de liderança contrasta com a realidade da organização criada por Bennett, e suas deficiências reforçam a diferença entre os dois.

Nessa etapa inicial da argumentação, o redator está tentando conectar duas causas – um choque de culturas e um choque de estilos de liderança – aos efeitos descritos no caso. Ele observa que Rogers tem a ordem de mudar a cultura da divisão a fim de vinculá-la mais estreitamente à da corporação. Ninguém pensou mais detidamente nessa tarefa porque mudar uma cultura é difícil em qualquer circunstância, ainda mais quando implica uma mudança de tamanha magnitude. Ao que parece, Rogers procede como se as pessoas da divisão fossem mudar de comportamento simplesmente porque seu novo patrão assim esperava.

No parágrafo seguinte, o autor contrasta os estilos de liderança dos antigos e atuais executivos-chefe. Bennett era um líder autoritário que moldou a organização a serviço de seu modelo de liderança. Sua escolha obteve êxito devido à sua criatividade e inteligência pessoais – e à disposição dos empregados da divisão em trabalhar num sistema que limitasse severamente a própria autonomia e lhes recusasse qualquer poder. Rogers chegou à cena comprometido com um modelo de liderança que não era inteiramente claro, porém mais aberto e consultivo que o de Bennett. Seu estilo provavelmente era mais adequado ao novo ambiente competitivo, mas Rogers não considerou a história recente da divisão, nada fazendo para preencher a enorme lacuna entre duas abordagens de liderança absolutamente conflitantes.

Analisemos agora os parágrafos de acordo com os tipos de declarações que contêm, procurando identificar um padrão de argumento. Os dois parágrafos de nosso ensaio-exemplo são divididos em listas de sentenças e classificados como evidências ou conclusões:

Diferenças culturais

[Conclusão] Rogers vê-se pressionado a promover um alinhamento mais estreito entre a divisão e o restante da corporação, mas as respectivas culturas são muito diferentes.

- *[Evidência] A Allentown é uma família unida, para quem a hierarquia pouco importa.*

- *[Evidência] Nela, as pessoas discutem os problemas frente a frente, há debates formais e informais entre funcionários de todos os níveis e todos interagem socialmente.*

- *[Evidência] Por outro lado, Bennett moldou a cultura da EPD à imagem de seu perfil de liderança.*

- *[Evidência] Ele criou uma hierarquia encabeçada por ele próprio (Bennett), detentor de todo o poder e responsável pelas decisões.*

- *[Evidência] Há pouca coesão e nenhuma discussão dos problemas, muita politicagem e reuniões exclusivamente formais.*

[Conclusão] Trata-se de duas culturas atualmente incompatíveis, e tentar convertê-las uma à outra certamente acarretará conflitos.

O padrão que aí vemos surgir é o de movimento de uma conclusão à outra, entremeadas por fatos que as provam e as conectam. Contudo, nem todas as conclusões têm peso idêntico. Algumas são principais, parte da espinha dorsal do argumento como um todo, enquanto outras são subordinadas, fornecendo uma ligação lógica a uma conclusão mais importante. A sentença inicial do parágrafo consiste numa conclusão que é refinada e ligada ao problema exposto na última sentença. A ordem para tornar a EPD semelhante à Allentown gera um conflito entre Rogers e a divisão, conflito que tem um custo no desempenho dessa última.

Observemos o parágrafo como uma lista:

Diferenças de liderança

[Conclusão] As diferenças culturais se devem à liderança de Bennett, que administrou a divisão desde seus primórdios, até ser substituído por Rogers, dois anos atrás.

- *[Evidência] Bennett queria a divisão separada da Allentown para que pudesse exercer seu completo controle.*
- *[Evidência] Poderoso administrador detalhista e dotado de uma vontade de ferro, ele também nutria o desejo de testar coisas novas.*
- *[Evidência] Era determinado, respeitado e experiente.*
- *[Evidência] No entanto, era também temido, um líder autoritário que tomava todas as grandes decisões.*
- *[Evidência] Seu estilo não deixava espaço para outros líderes, apenas para gerentes.*
- *[Evidência] De qualquer maneira, ele concentrou-se nos problemas organizacionais com o programa que criou.*
- *[Evidência] Rogers tem um perfil mais consultivo, embora não aparente ter uma abordagem de liderança bem-definida.*
- *[Evidência] Procura fazer com que as pessoas tomem parte nas decisões e compartilha informações.*
- *[Evidência] É brilhante, bem-articulado, estimado e respeitado.*
- *[Evidência] Contudo, são justamente algumas dessas qualidades que geram dúvidas quanto à sua capacidade de liderança.*
- *[Evidência] Rogers é visto como alguém de temperamento ameno e pouco disposto a enfrentar conflitos.*
- *[Evidência] Não presta atenção ao que é dito e passa muito tempo em atribuições corporativas, o que limita seu conhecimento sobre a EPD.*
- *[Evidência] Além disso, a pouca experiência pode lhe acarretar falta de credibilidade.*

[Conclusão] Seu estilo de liderança contrasta com a realidade da organização criada por Bennett, e suas deficiências reforçam a diferença entre os dois.

Novamente, o parágrafo move-se de uma conclusão inicial a uma mais definitiva. Reduzindo-o às conclusões, podemos identificar sua contribuição à prova do diagnóstico: as diferenças culturais se devem à liderança de Bennett, que administrou a divisão desde seus primórdios, até ser substituído por Rogers, dois anos atrás. O estilo de liderança de Rogers contrasta com a realidade da organização criada por Bennett, e suas deficiências reforçam a diferença entre os dois.

Tal argumento une as diferenças de cultura e de estilo de liderança como fatores essenciais responsáveis pela grande desconexão entre o novo líder e a divisão. Além disso, deixa claro o quanto um é inadequado ao outro. Seja como for, esse argumento de dupla sentença não seria convincente sem uma base de evidências. Os dois parágrafos consistem de muitas declarações de evidência e apenas quatro conclusões. Não há um padrão de relação entre a quantidade de evidências e a de conclusões para estabelecer uma prova, mas esse exemplo ilustra que se pode chegar a conclusões com um número substancial de evidências relevantes, e tais declarações constituem grande parte do argumento.

Planos de ação para problemas

Num ensaio sobre problema, o plano de ação consiste em melhorar as situações que envolvam um fraco desempenho, manter as que apresentam desempenho elevado, ou ambos. Em nosso ensaio-exemplo, o plano de ação procura aprimorar o desempenho da EPD (para mais informações sobre planos de ação, ver Capítulo 9).

O exemplo expõe as metas do plano de ação e classifica as medidas nas categorias curto prazo e longo prazo. O plano trata dos principais problemas apontados no diagnóstico: cultura, estilos de liderança, ações mal-orientadas por Rogers e desalinhamento. Ele consegue reverter algumas das mais danosas decisões tomadas por Rogers, como a separação geográfica do pessoal da EPD e o cancelamento do programa de desenvolvimento organizacional. Muitas das medidas do plano prescrevem uma renovada abordagem de liderança, começando pela primeira das ações de curto prazo. Redigir medidas que englobem todo o diagnóstico provavelmente é o maior desafio de um plano de ação para situações problemáticas.

O próximo maior desafio é ordenar essas medidas em seu devido tempo. O redator revela bom senso ao selecionar inicialmente medidas que são urgentes (criar uma visão e ajustar o desenvolvimento de produto), fáceis (reiniciar o programa de desenvolvimento organizacional) e necessárias a longo prazo (ouvir as pessoas e cultivar aliados).

As medidas de longo prazo são mais complexas e, portanto, exigem mais tempo para serem implementadas (mudar os incentivos), para incorporar as medidas anteriores (melhorar a comunicação), ou ambas (modificar a cultura da EPD). A ordem exata de cada medida não é algo crucial. As poucas primeiras medidas de longo prazo, por exemplo, poderiam ser ordenadas de maneira diferente. Mas a ordem cronológica geral precisa ter uma lógica clara. Entre as medidas de curto prazo, a avaliação de Rogers sobre que providência deve tomar vem antes de todas as demais, na medida em que estas resultam daquela. Criar uma visão a partir da opinião de todos que integram a divisão vem antes das demais medidas de estímulo à cooperação e à colaboração, porque proporciona a todos um objetivo comum.

O ensaio termina com uma consideração dos riscos envolvidos. Dois grandes riscos são identificados, mas outros mais poderiam ser incluídos. Na verdade, poderíamos pensar num risco para cada medida. Entretanto, um plano de ação está sujeito aos mesmos princípios que um argumento: menos é mais. Nesse sentido, ele deve responder pelo menor número de contingências responsáveis pela maior parte do risco.

Nenhuma consideração sobre riscos está completa sem medidas para contê-los ou eliminá-los. Numa situação de exame, é fácil nos concentrarmos em descrever os riscos – e esquecermos de dizer como eles podem ser administrados. Certifique-se de incluir respostas efetivas.

ENSAIO SOBRE PROBLEMA

- *Caso:* "Allentown Materials Corporation: Divisão de Produtos Eletrônicos (Resumido)". Ler o caso antes do ensaio o ajudará a compreender os comentários sobre o teste presentes no capítulo.
- *Tarefa escrita:* Explique o declínio da EPD nos últimos dois anos e sugira medidas para revertê-lo.

Don Rogers enfrenta uma série de dificuldades. O desempenho da EPD está em queda, e a reputação de seu sistema de entrega e de serviço vem sendo manchada. Os empregados estão com o moral baixo, não confiam nos colegas de outros grupos e são parte de conflitos intermináveis.

Muitos desses problemas podem ser atribuídos à cultura subjacente da divisão, aos estilos distintos de liderança de Bennett e Rogers, às fracas decisões tomadas pelo último e à falta de alinhamento entre os diferentes grupos divisionais.

Diferenças culturais

Rogers vê-se pressionado a promover um alinhamento mais estreito entre a divisão e o restante da corporação, mas as respectivas culturas são muito diferentes. A Allentown é uma família unida, para quem a hierarquia pouco importa. Nela, as pessoas discutem os problemas frente a frente, há debates formais e informais entre funcionários de todos os níveis e todos interagem socialmente. Por outro lado, Bennett moldou a cultura da EPD à imagem de seu perfil de liderança: criou uma hierarquia encabeçada por ele próprio, detentor de todo o poder e responsável pelas decisões. Há pouca coesão e nenhuma discussão dos problemas, muita politicagem e reuniões exclusivamente formais. Trata-se de duas culturas atualmente incompatíveis, e tentar convertê-las uma à outra certamente acarretará conflitos.

Diferenças de liderança

As diferenças culturais se devem à liderança de Bennett, que administrou a divisão desde seus primórdios até ser substituído por Rogers, dois anos atrás. Bennett queria a divisão separada da Allentown para que pudesse exercer seu completo controle. Poderoso administrador detalhista e dotado de uma vontade de ferro, ele também nutria o desejo de testar coisas novas. Era determinado, respeitado e experiente. No entanto, era também temido, um líder autoritário que tomava todas as grandes decisões. Seu estilo não deixava espaço para outros líderes, apenas para gerentes. De qualquer maneira, ele concentrou-se nos problemas organizacionais com o programa que criou.

Rogers tem um perfil mais consultivo, embora não aparente ter uma abordagem de liderança bem-definida. Procura fazer com que as pessoas tomem parte nas decisões e compartilha informações. É brilhante, bem-articulado, estimado e respeitado. Contudo, são justamente algumas dessas qualidades que geram dúvidas quanto à sua capacidade de liderança. Rogers é visto como alguém de temperamento ameno e pouco disposto a enfrentar conflitos. Não presta atenção ao que é dito e passa muito tempo em atribuições corporativas, o que limita seu conhecimento sobre a EPD. Além disso, a pouca experiência pode lhe acarretar falta de credibilidade. Seu estilo de liderança contrasta com a realidade da organização criada por Bennett, e suas deficiências reforçam a diferença entre os dois.

As más decisões de Rogers

Muitas das decisões de Rogers, equivocadas, acabaram gerando resultados ruins. Ele errou ao tomar o alinhamento da divisão à corporação como algo que podia ser feito estrutural e geograficamente, desprezando-se a diferença cultural entre ambas. Ele, transferiu o centro de operações da divisão de volta a Allentown, bem como o grupo de desenvolvimento de mercado. Por outro lado, manteve o departamento de desenvolvimento de produto na fábrica, mas consolidou o comando em Ted Moss, que estava baseado em Allentown. Também substituiu vários gerentes da divisão por profissionais de Allentown, os quais eram vistos como estranhos. Além disso, separou os grupos de vendas e de *marketing*.

Em suma, Rogers aumentou ainda mais a lacuna entre os grupos funcionais, que não apenas precisavam estar mais alinhados, mas, acima de tudo, careciam de coesão. Por fim, ele cancelou o programa de comportamento organizacional, possivelmente por ser um legado de Bennett, ainda que estivesse surtindo um efeito positivo.

Desalinhamento

Todos esses fatores provocaram o desalinhamento da divisão, onde inexiste uma direção ou uma visão clara. Os incentivos dos diferentes grupos e seus integrantes (gerentes fabris *versus* força de vendas) não estão alinhados, e não há entre eles coordenação nem fluxo de informações. A divisão considera que a matriz está desacelerando o ritmo desses setores e sente que eles não têm nenhuma influência sobre a execução das metas. Isso ocasiona grandes problemas para a nova e crucial função de desenvolvimento de produto. Não há no grupo a menor coordenação, e qualquer departamento pode eliminar projetos sem o conhecimento dos demais. As reuniões realizadas duas vezes ao ano são um desastre. Há uma reunião separada para os dois produtos fabricados, mesmo com a força de vendas estando integrada. Há muita gente entrando e saindo dessas reuniões, nas quais, contudo, não estão presentes aqueles que detêm as informações necessárias. Não se discute o porquê de acontecerem essas coisas nem as causas dos problemas. Apesar das muitas opiniões discrepantes, as pessoas nada mais fazem que concordar em discordar. Todos opinam, ninguém ouve, e nada é feito.

Plano de ação

Rogers precisa mudar suas prioridades, alinhar os grupos da divisão e transformar conflito em colaboração.

Curto prazo

Em primeiro lugar, Rogers precisa saber que providências tomar. Precisa desobrigar-se de responsabilidades que não estejam relacionadas à divisão, pois um processo de mudança exige um líder em tempo integral. Rogers precisa compreender as dificuldades das alterações exigidas e solicitar o apoio da corporação. Precisa aprender mais sobre a divisão; para tanto, deve mudar sua tendência a falar muito: ele precisa apenas ouvir.

Já no primeiro dia, ele deve criar um sentimento de urgência em cada canto da divisão. Os empregados parecem estar completamente alheios ao que acontece no mercado. Cabe a Rogers abordar as pessoas-chave da divisão e inteirá-las dos maus resultados dos negócios. Deve ler uma lista dos problemas que precisam ser solucionados, colocando sua própria liderança no topo dela. Além disso, precisará estar constantemente repetindo essa mensagem.

Ele precisa valer-se de seus contatos na matriz a fim de reduzir as metas financeiras e, assim, tirar da divisão uma pressão desnecessária. Tal medida precisa também mostrar à organização que Rogers pretende comandá-la de maneira mais afirmativa.

Como parte de seu esforço para mobilizar a divisão, ele precisa recrutar um grupo de aliados para moldar as alterações, promover sua adesão e conduzir o processo de mudança. Esses aliados precisam vir de todos os grupos funcionais.

Para fazer com que todos trabalhem em busca do mesmo objetivo e alavancar o sentimento de urgência, ele e seus aliados precisam desenvolver uma visão que seja simples, inclusiva e exeqüível. Essa visão precisa expressar as principais características da nova cultura que ele está tentando criar. Precisa solicitar a opinião de todos, seja qual for o nível a que pertençam. Cumprida a tarefa, a visão precisa ser comunicada e constantemente reforçada. Nesse sentido, é importante que os funcionários não apenas a conheçam, como também a compreendam e com ela se comprometam.

Rogers precisa canalizar a frustração que muitos estão sentindo para a energia e o comprometimento necessários para implementar a visão. Precisa sustentar o sentimento de urgência, lembrando a todos o decadente desempenho financeiro da organização, as novas exigências competitivas e a necessidade de que todos trabalhem juntos.

Precisa resolver o quanto antes o problema do setor de desenvolvimento de produto, criando um grupo de desenvolvimento de produto composto por membros que provenham de todas as áreas funcionais e que tenham a competência e o conhecimento necessários. Esse grupo precisa ter um conjunto claro de objetivos e por eles ser responsabilizado. Quem não concordar, deverá ser afastado ou demitido. O grupo precisa reunir-se mais do que duas vezes ao ano e contar com um líder efetivo. Neste momento, Johnson não está contente com seu cargo; se para ele as mudanças não fazem a menor diferença, ele deve ser substituído.

Rogers deve revogar a decisão que tomou de pôr fim ao programa de comportamento organizacional, sobretudo porque sua fase final lida com problemas de coordenação.

Longo prazo

Rogers deve reunir todas as áreas funcionais da EPD num mesmo local. Fazer com que todos trabalhem em conjunto é muito mais difícil, quando não impossível, se estão separados.

Mudar a cultura da EPD é algo que só pode ser concluído a longo prazo. Apesar disso, muitas das medidas de curto prazo irão alterar velhos modos de pensar e agir. Em sua maioria, as medidas de longo prazo também contribuirão para essa transformação cultural. Rogers precisa regularmente enfatizar os valores culturais da nova visão.

Os incentivos dos grupos que integram a EPD devem ser alinhados. Atualmente, os setores de produção e vendas mantêm objetivos conflitantes. No entanto, ambos devem ser compatíveis com a estratégia de longo prazo da divisão, conforme expresso na visão.

Faz-se necessária uma melhor comunicação na divisão. De fato, a EPD opera como em silos, com cada função ciente tão-somente do que lhe diz respeito.

A divisão carece de liderança em todos os seus níveis, de modo que Rogers deveria trabalhar para formar novos líderes. Empregados mais jovens, que não estejam arraigados na velha cultura, talvez sejam os melhores candidatos.

Rogers precisa buscar o apoio contínuo da matriz para as mudanças que precisa realizar, bem como mantê-la informada dos progressos alcançados.

Riscos e respostas

Duas grandes contingências podem atravancar o processo de mudança. Primeiro, a matriz pode se mostrar pouco cooperativa, não enxergando a necessidade de levá-lo adiante e recusando-se a reduzir suas metas financeiras ou a disponibilizar recursos extras. Segundo, é possível que um grande número de integrantes da EPD tente minar o processo.

Cabe a Rogers apresentar à matriz a defesa consistente de tais mudanças, bem como certificar-se de que conta com o respaldo dos principais integrantes da divisão. Precisa expor um quadro detalhado dos problemas que a divisão enfrenta, enfatizando que, sem mudanças, ela poderá realmente degringolar.

Antecipando-se a resistências internas, Rogers precisa sondar a divisão como um todo e assegurar-se de que está incluindo os funcionários no plano de mudança. Deve permitir que cada funcionário e cada gerente saibam que a sobrevivência da divisão está em jogo, trabalhando incansavelmente para garantir sua adesão. Deve também estar preparado para livrar-se daqueles que tentem barrar as mudanças – sobretudo gerentes, os quais estão em condição de influenciar outras pessoas.

PLANEJANDO UM MODELO DE ENSAIO SOBRE PROBLEMA

Este modelo o ajudará a criar um ensaio sobre problema.[1] Ele segue a organização de um ensaio de problema, mas você não precisa utilizá-lo nessa ordem. O importante é captar suas idéias à medida que elas lhe ocorram.

Declaração de tomada de posição: problema e diagnóstico

Declare o problema do caso. Procure fazê-lo numa única sentença e depois o expanda em mais sentenças – se necessário. A seguir, resuma o diagnóstico: as principais causas do problema. Os termos do diagnóstico devem refletir os conceitos que você está utilizando. (Nota: você não poderá trabalhar numa declaração de tomada de posição até que conheça o problema e tenha uma ou duas de suas causas principais. Você pode revisar a declaração enquanto trabalha.)

Problema:

Diagnóstico:

Prova do diagnóstico

Liste as principais causas do problema e anote as evidências de cada uma. Identifique o menor número de causas responsáveis pela maior parte do problema. Certifique-se de utilizar os conceitos apropriados. Anote as medidas de ação tão logo elas lhe ocorram. Não se preocupe com a ordem das medidas.

	Evidência	Idéias para o plano de ação
Causa:		
Causa:		
Causa:		

---

[1] Tehila Lieberman contribuiu substancialmente para o desenvolvimento dos modelos de planejamento de ensaios.

Causa:		

Plano de ação

O propósito geral de um plano de ação voltado para a solução de um problema é melhorar a atual situação agindo sobre as causas do mesmo.

Objetivo(s)

Declarar o(s) objetivo(s) do plano – o(s) principal(is) resultado(s) que as medidas devem proporcionar

Objetivo(s)
1.
2.
3.

Medidas de ação

Redija as medidas do plano sem se preocupar muito com sua ordem. Quando terminar, escreva os números na primeira coluna para indicar a ordem cronológica final das medidas. A segunda coluna pode ajudá-lo a pensar nas medidas como parte das fases (p. ex., consenso, comunicação e aperfeiçoamento).

Curto prazo

Ordem no ensaio	Fase	Medida

Longo prazo

Ordem no ensaio	Fase	Medida

Principais riscos e respostas

Identifique os maiores riscos que podem arruinar o plano. Proponha respostas para eliminá-los ou contê-los.

Risco	Resposta

Capítulo 11

ENSAIOS SOBRE DECISÃO

O estereótipo de todo gerente é aquele sujeito sentado no escritório principal da empresa, senhor de todas as decisões, que vai tomando uma após a outra até encerrar o expediente e ir para casa. É pouco provável, porém, que encontremos esse estereótipo nos estudos de caso. Neles, as decisões retratadas envolvem questões espinhosas e exigem criteriosa reflexão. Além disso, os estudos de caso apresentam interesses concorrentes e conflitantes, e na maioria das vezes o tomador de decisão tem pouco tempo para avaliar as opções, uma vez que a situação já descambou para uma crise.

Outro estereótipo bastante popular retrata a tomada de decisões de negócios como um misto de intuição, coragem e rigor. O estereótipo contrário é o do técnico bitolado em números, cujas decisões são tomadas de acordo com uma planilha. Mas a realidade não é tão colorida assim. Decisões sérias são melhor tomadas mediante análise cuidadosa aliada à intuição e à vontade de agir. Ainda que esse processo não renda bons programas de televisão ou livros sobre celebridades do mundo dos negócios, ele gera boas decisões (para mais detalhes sobre casos que envolvem situações de decisão, ver Capítulo 6).

Este capítulo contém dois ensaios-exemplos que respondem a algumas questões sobre os casos "General Electric: Major Appliance Business Group (Resumido)" e "Whistler Corporation (A)". Para melhor proveito deste capítulo, convém que você leia os referidos casos e ensaios antes de seguir adiante.

COMO ORGANIZAR UM ENSAIO SOBRE DECISÃO

Os ensaios sobre decisão contêm seis elementos. A lista abaixo os organiza segundo a ordem "declaração e prova", explicada a seguir.

1. Decisão recomendada (declaração de tomada de posição)
2. Opções de decisão
3. Critérios de decisão
4. Prova da opção recomendada
5. Apreciação das opções
6. Plano de ação

O elemento central são os critérios: por sua relevância às particularidades da decisão, eles devem ser escolhidos cuidadosamente e transmitidos com clareza aos leitores. Podem variar desde os extremamente técnicos, como num caso de finanças, aos mais gerais, como um imperativo estratégico. O primeiro ensaio-exemplo envolvendo decisão utiliza dois critérios consideravelmente estritos, enquanto o segundo se vale de três padrões mais amplos. A variação nas circunstâncias das situações do caso explica essa diferença. Os critérios de decisão dependem das necessidades de determinada situação; eles não derivam de regras aplicadas a todas as situações, indistintamente.

Ainda que um bom ensaio sobre decisão inclua todas as seis partes supracitadas, a ordem destas pode variar. O modelo "declaração e prova", que acabamos de apresentar, é geralmente o mais seguro, pois inicia com uma recomendação que informa ao leitor o que o ensaio provará. Além disso, ele fornece ao redator um propósito claro. Trata-se de um modelo bastante adequado às situações em que o tempo para escrever é escasso, como acontece durante os exames acadêmicos. Neste capítulo, o ensaio-exemplo 1, relativo ao caso "General Electric", consiste num ensaio sobre decisão baseado nesse modelo. No entanto, é possível que o sistema "declaração e prova" pareça tendencioso e agressivo a certos leitores em determinadas situações – por exemplo, a cultura do escritor e do leitor desaprova a declaração direta de uma tomada de posição. É também possível que o modelo leve o redator a prestar pouca atenção às razões pelas quais outras opções foram rejeitadas.

Um segundo método, "prova e declaração", organiza o ensaio da seguinte forma:

1. Opções de decisão

2. Critérios de decisão

3. Apreciação de outras opções

4. Prova da opção restante

5. Decisão recomendada

6. Plano de ação

Tem-se aí uma organização *indutiva*, na medida em que faz o leitor chegar a uma conclusão a partir de um processo eliminatório. Nesse processo, demonstra-se que as opções alternativas têm deficiências que justificam sua rejeição, restando para ser testada apenas a opção preferida. O ensaio-exemplo sobre o caso "Whistler" segue o modelo "prova e declaração". Havendo razões para crer que os leitores não desejam uma conclusão expressa antes da prova, esse é o modelo a seguir. Há leitores versados que talvez prefiram que os estudantes sigam um caminho aparentemente empírico para sua decisão, ou seja, que declarem as opções e os critérios para, depois, aplicar os critérios a cada opção. Essa abordagem pode ser bastante convincente (ver Ilustração 11-1). O leitor tem a impressão de que cada alternativa possível foi igualmente considerada. Naturalmente, para redigirmos um ensaio convincente segundo o modelo "declaração e prova", precisamos saber exatamente o que queremos provar. A aparência de completa objetividade é exatamente isso, aparência, mas pode causar um forte impacto sobre o leitor.

ILUSTRAÇÃO 11-1

Modelos de organização de ensaios de decisão: prós e contras

Organização	Prós	Contras
"Declaração e prova"	• O leitor sabe o que pensamos • Sabemos o que temos de provar • Obriga-nos a passar imediatamente à prova • Menor risco de esgotarmos nosso tempo	• Aparência menos "científica" e mais dogmática ou agressiva • Pode ocasionar atenção insuficiente a opções rejeitadas
"Prova e declaração"	• Para o leitor, o ensaio parece objetivo e científico	• Maior risco de esgotarmos nosso tempo • Maior risco de nos desviarmos da organização pretendida

Os aspectos negativos da abordagem "prova e declaração" estão relacionados sobretudo ao gerenciamento do tempo. Numa situação de exame, não somos suficientemente cuidadosos, podemos demorar demais para chegar à recomendação, e é escasso o tempo de que dispomos para prová-la adequadamente. Além disso, sem uma recomendação declarada e razões que a justifiquem expostas no início do ensaio, podemos nos desviar da organização pretendida.

Decisão recomendada

O ensaio sobre o caso "General Electric" precisa lidar com cinco decisões, três opções e três critérios. Equilibrar esses muitos elementos e, ao mesmo tempo, procurar chegar a uma decisão coerente representa um desafio e tanto. Aplicar os três critérios a todo o conjunto de decisões e examinar uma a uma as três opções para cada uma delas pode resultar num texto demasiado longo ou sem sentido – ou ambos. O ensaio em questão lida com a complexidade de uma maneira bastante hábil: declara uma recomendação logo no primeiro parágrafo (frase não-italicizada):

> *A equipe gerencial do Projeto C deveria persuadir a alta gerência e o conselho de administração a aumentar o orçamento em 15%, ou US$ 4,2 milhões, e a prolongar o prazo de conclusão do projeto para quatro meses. Quatro das cinco mudanças devem ser incluídas no projeto, deixando as melhorias nos sitemas de administração de informações e suporte da GE para uma etapa posterior.* A importância estratégica do Projeto C para o sucesso da GE no setor de lava-louças exige que se cumpram todos os seus objetivos, e para isso as quatro mudanças mencionadas são fundamentais. *O insucesso na consecução dessa meta colocaria em risco o investimento inicial e a competitividade da empresa no referido setor. O lançamento malsucedido do PermaTuf aumentou ainda mais a importância do Projeto C para salvar a reputação da divisão e conhecer seus objetivos de crescimento futuros.*

A frase não-italicizada representa a declaração de tomada de posição. Feita logo no início do texto, ela deixa claro ao leitor o objetivo do ensaio. O restante do parágrafo resume as razões que sustentam tal posição. Na parte central do ensaio, os leitores esperarão encontrar um argumento que mostre de que modo as decisões recomendadas se ligam a essas razões.

O ensaio sobre o caso "Whistler", que emprega o modelo "prova e declaração", sugere uma decisão recomendada, embora sua declaração só apareça quase no final do ensaio:

A vantagem competitiva de longo prazo da Whistler reside em seus setores de design e engenharia. A melhor decisão permitirá à empresa concentrar-se em suas principais forças e liberar recursos para a ampliação do desenvolvimento de novos produtos. É necessário que a Whistler siga o exemplo da concorrência e, mediante terceirização, obtenha o menor custo possível por unidade. A segunda opção é, portanto, a decisão preferencial, porque satisfaz a ambos os critérios.

Opções de decisão

Não há decisão sem alternativas, e os leitores precisam saber quais são elas. Esta parte do ensaio sobre decisão normalmente não é difícil de executar. Muitos casos envolvendo situações de decisão declaram suas alternativas de maneira explícita. Enquanto o caso "General Electric" as lista no quarto parágrafo, em "Whistler" elas aparecem dispersas ao longo do segundo e do terceiro parágrafos. Nenhum dos dois, porém, se refere especificamente a opções ou alternativas de decisão. Logo, você precisa saber o que procura no caso.

Note que os dois casos apresentam três opções, algo que se verifica em muitas situações de caso envolvendo decisão. Esse número tem em si uma certa lógica: três possibilidades permitem duas soluções opostas entremeadas por uma outra opção. Tanto o caso "General Electric" como o "Whistler" fazem uso dessa simetria. A Ilustração 11-2 exibe as alternativas presentes em ambos.

A escolha intermediária pode ser atraente por soar como uma solução conciliatória. Mas o meio-termo não significa necessariamente uma conciliação real. Dividir a produção da Whistler entre suas fábricas domésticas e estrangeiras pode ser um meio-termo, mas nem por isso constitui um acordo; ele não causa o menor efeito sobre as crescentes preocupações da Whistler com sua produção. Aliás, mesmo que essa opção intermediária seja de fato um acordo legítimo, isso não a torna a melhor escolha.

Critérios de decisão

A mais comum, e também a mais nociva, deficiência dos ensaios sobre decisão é a utilização de critérios vagos. Muitos redatores simplesmente ignoram que, para defender uma decisão com um argumento plausível, é preciso valer-se de critérios explícitos e relevantes. Dito isso, cumpre também destacar que encontrar critérios relevantes pode ser uma tarefa árdua. Os dois ensaios aqui discutidos fornecem exemplos tangíveis de redatores que fizeram boas escolhas em relação aos critérios disponíveis.

ILUSTRAÇÃO 11-2

Opções de decisão

Caso	Extrema	Meio-termo	Extrema
General Electric	Não implementar nenhuma das mudanças	Implementar algumas das mudanças	Implementar todas as mudanças
Whistler	Reprojetar a produção doméstica	Transferir uma maior parte da produção para o exterior	Transferir toda a produção para o exterior

O autor do ensaio sobre o caso "GE" tem uma tarefa aparentemente mais fácil. O caso lista critérios no primeiro parágrafo, embora eles sejam referidos como "objetivos", a saber:

- Alcançar a liderança mundial do setor de lava-louças em qualidade de produto e lucratividade.

- Alcançar a liderança mundial em qualidade de processo, produtividade e qualidade de vida no trabalho.

- Alcançar maior segurança no trabalho mediante produtos de alta qualidade e baixo custo que conquistem maior participação de mercado.

O autor concluiu que as mudanças propostas devem satisfazer aos objetivos do Projeto C, de modo que esses objetivos devem ser utilizados como critério para a tomada de decisão. Entretanto, um obstáculo sugerido anteriormente neste capítulo ainda atravanca o caminho. Com cinco mudanças possíveis, três opções e três critérios há, em tese, 45 combinações diferentes a considerar. Porém, as opções se referem às mudanças como um todo, e não a cada uma delas, o que contribui para diminuir a complexidade da tarefa. O autor faz, então, algo inteligente: reduz essencialmente os três critérios a um, quer contribuam ou não para a competitividade. Isso não torna o argumento de uma recomendação mais fácil, mas o simplifica. O sucesso competitivo é definido pelos três objetivos a seguir:

- Produtos de baixo custo
- Lucratividade
- Produtividade

A missão do autor é determinar se as mudanças propostas contribuem para concretizar essas características, mas a adoção de tais mudanças é restringida por dois fatores: orçamento e tempo. A equipe do Projeto C fixou uma meta de US$ 2,8 milhões em investimento adicional para as mudanças pretendidas porque, sem a aprovação da alta gerência, só pode autorizar um aumento de 10% no orçamento. A restrição de tempo refere-se ao desejo da equipe de manter-se o mais perto possível do cronograma original. Tais considerações precisam ser incluídas como parte dos critérios competitivos. O conjunto completo de critérios pode ser expresso como uma série de questões:

COMPETITIVIDADE
- A mudança contribui substancialmente para o sucesso competitivo?

CUSTO
- O custo total das mudanças propostas excede aos 10% do orçamento?
- Pode-se justificar o custo adicional das mudanças recomendadas?

TEMPO
- Pode-se justificar o tempo adicional total exigido pelas mudanças recomendadas?

Essas questões revelam a lógica dos critérios extraídos do caso. Observe a lógica da decisão: a questão relativa à competitividade deve ser respondida primeiro. Se a resposta dessa questão for negativa, as duas restantes são pouco relevantes. Se for positiva, então as duas questões seguintes devem ser respondidas.

É provável que o autor não tenha articulado mentalmente cada uma dessas questões, mas o ensaio revela que ele estava trabalhando com os principais conceitos relativos a elas. Havendo tempo suficiente, você e os leitores podem se beneficiar se a lógica da decisão resultante dos critérios estiver incluída em um documento.

O redator do ensaio sobre o caso "Whistler" emprega os seguintes critérios:

Para tomar sua decisão, Stott deve empregar dois critérios:

- A importância estratégica dos detectores de radar para a Whistler.
- Uma solução de produção mais adequada a essa importância.

Esses critérios não são declarados explicitamente no caso, e inferir critérios a partir de fatos do caso pode ser a mais árdua tarefa dos ensaios que envolvem decisão e avaliação. De onde vêm os critérios do ensaio "Whistler"? A história de que trata o caso possui duas dimensões: o mercado de detectores de radar e a função de produção da Whistler. O caso dá muito mais atenção ao problema da produção que ao do mercado, e esse desequilíbrio pode nos levar a seguir a orientação do texto. No entanto, uma decisão referente à estratégia de produção não pode ser tomada sem considerar a estratégia da empresa: ambas precisam estar alinhadas. Tal percepção permitiu ao redator escolher critérios relevantes.

O último parágrafo e a Ilustração 2 do caso fornecem a maior parte das informações relacionadas à estratégia da empresa. Dentro desse critério, parece não haver muito espaço para controvérsia: o mercado encontra-se num processo de declínio de longo prazo e, a exemplo de seus concorrentes, a vantagem competitiva da Whistler não está na produção barata de *commodities* eletrônicas. Já dentro do critério de produção, há muito espaço para diferenças de opinião. O autor do ensaio habilmente desenvolveu um argumento em torno desse critério para mostrar que sua recomendação é a melhor escolha. Quando os critérios contidos num caso não são declarados – e geralmente não são –, eles surgem da análise do caso.

Às vezes precisamos determinar de que forma avaliar os critérios que escolhemos. O modelo estratégico empregado no ensaio "Whistler" pode ser aplicado diretamente aos fatos contidos no caso. O segundo critério, uma solução de produção mais adequada à importância estratégica dos detectores de radar, exige maiores especificações quando utilizado para investigar a opção de investir na reelaboração do processo. O autor entende que a única maneira de saber se a produção doméstica é conveniente ao valor estratégico descrente dos detectores de radar é calcular os custos comparativos do replanejamento da produção doméstica com os da produção realizada no exterior. No Capítulo 12, a amostra de ensaio avaliativo fornece outro exemplo de critérios que são decompostos em medidas quantitativas, tais como PIB, índices de desemprego, de criminalidade e porcentual de famílias que vivem abaixo da linha de pobreza.

Observe que os critérios do ensaio "Whistler" têm de ser aplicados numa ordem específica, a exemplo daqueles referentes à decisão do ensaio "GE". A importância estratégica do produto deve ser definida antes que possa ser formulada uma solução de produção complementar. Você verá que, em muitas situações de decisão, os critérios precisam ser utilizados numa determinada ordem. Contudo, eles também podem ser independentes entre si e aplicados em qualquer ordem.

Cabe destacar duas outras características. Primeiro, o número de critérios deve ser pequeno: por mais tentador que seja aplicá-los em grande quantidade numa situação complexa, um argumento que tenha de lidar com vários deles geralmente desmorona. Segundo, critérios efetivos tendem a ser amplos, e não estritos: quanto mais gerais, mais inclusivos – até certo ponto. Critérios demasiadamente resumidos renderão informações muito pouco úteis a respeito da decisão. O truque é atingir o nível certo de sintetização.

Prova da opção recomendada

O argumento de uma decisão possui uma estrutura simples. Os critérios são aplicados a cada uma das opções, e o argumento mostra, mediante evidências, quão boa é a conexão entre essas opções e as informações contidas no caso. Eis um trecho do ensaio "GE":

> *2. Treinamento de habilidades para a solução de problemas técnicos*
> *A implementação dessa mudança capacitará os empregados e* aumentará rapidamente a qualidade do produto, a qualidade do processo e a produtividade. *O referido treinamento teria conseqüência imediata sobre* o envolvimento, o domínio e o comprometimento do trabalhador com o sucesso do projeto. *A exemplo da iniciativa referente à fábrica, ele poderia ter um efeito "bola de neve"*, inspirando os trabalhadores competentes a propor melhorias para o processo. *Essa mudança também tornaria mais atraente o trabalho na fábrica,* reforçando a primeira mudança. A elevação dos custos seria compensada pela redução das despesas com mão-de-obra em que incorreria a empresa se a mudança não fosse implementada. O custo total seria de US$ 1,5 milhão. Essa mudança não causaria qualquer sobre o cronograma do projeto.

Lembremos a discussão dos critérios para o caso "General Electric", apresentada anteriormente neste capítulo. As palavras não-italicizadas correspondem aos principais resultados da aplicação dos critérios às informações sobre essa mudança.

O parágrafo a seguir, retirado do ensaio "Whistler", também mostra os critérios em ação:

> *Pelo fato de o* mercado de detectores de radar estar em queda e tudo agora girar em torno dos custos, *o produto tem pouco valor estratégico para a Whistler. A solução adequada a essa realidade é aquela que* oferece o menor custo por

unidade. *O replanejamento é uma medida atraente porque corrige muitos dos erros cometidos pela empresa no passado.* Todavia, não é certo – na melhor das hipóteses – que as fábricas domésticas consigam competir indefinidamente com os fornecedores estrangeiros em matéria de custos. *O replanejamento não é, portanto, uma boa opção para a Whistler.*

As palavras não-italizadas mostram novamente o modo como os critérios foram aplicados e também a ordem em que foram aplicados. A coerência que resulta de termos critérios declarados com clareza e aplicados de maneira lógica constitui a base da legibilidade e da credibilidade do ensaio, além de proporcionar aos leitores aquilo de que eles precisam.

Crítica das opções

Uma parte esperada em um ensaio sobre decisão é a prova da opção recomendada. Mas esta prova não significa necessariamente que as demais opções não tenham mérito. Persuadimos os leitores mais rápido quando provamos que as outras opções são menos desejáveis. O ensaio "Whistler" fornece extensos exemplos de provas negativas. A alternativa "Transferir para o exterior apenas os produtos mais baratos" é descartada com um argumento que assim conclui:

> *Finalmente, os custos da empresa são 33% superiores aos das fábricas estrangeiras, uma grave desvantagem competitiva. Transferir um volume maior de sua produção para a Coréia só diminuiria ligeiramente essa diferença, deixando os problemas de produção no país intactos.*

Para chegar a essa conclusão, o autor relata um longo histórico de más decisões por trás dos problemas do processo de produção. Ele destaca a falha mais importante da alternativa: deixará como estão os problemas de produção acumulados. O autor poderia ter limitado a prova de negação à declaração de que o processo está danificado e de que a opção não irá consertá-lo. No entanto, a prova presente no ensaio é mais convincente porque apresenta ao leitor uma perspectiva detalhada dos maiores problemas de produção enfrentados pela empresa e de sua origem.

A apreciação das opções se estende até chegar à alternativa recomendada. E esta pode dar a impressão de ser uma má idéia. Vale dizer, porém, que nenhuma decisão é isenta de deficiências ou de aspectos negativos. Conhecer seus principais problemas permite aos tomadores de decisão preparar-se para eles e, de preferência, limitar ou eliminar seus efeitos. O autor do ensaio "Whistler" é bastante franco quanto à decisão de terceirizar a produção:

> *A Whistler estará correndo o risco de confiar toda uma função a uma organização externa... A maior desvantagem, porém, está no fechamento das fábricas domésticas e no custo humano que isso exigirá.*

Mas o autor também propõe medidas para administrar os aspectos negativos – por exemplo, abrandar o impacto provocado pelo fechamento das fábricas. Um ensaio sobre decisão pode ser bem-sucedido junto aos leitores mesmo sem tocar no lado negativo de uma decisão, mas ele será mais forte se o fizer.

Planos de ação envolvendo decisão

O propósito de um plano de ação relativo a uma decisão é implementar a decisão da maneira mais efetiva possível. Este plano tem um único objetivo, e isso o distingue dos planos de ação envolvendo problemas e avaliações, que normalmente contêm múltiplos objetivos (para mais informações sobre planos de ação, ver Capítulo 9).

Os planos de ação incluídos nos dois ensaios-exemplo declaram, cada um, metas simples. Além do objetivo óbvio de executar a decisão, eles estabelecem condições facilmente inferidas da situação. O objetivo da Whistler enfatiza a questão da velocidade, tendo em vista o fato de que a empresa está perdendo US$ 6 milhões ao ano. O objetivo da GE, por outro lado, ressalta o alcance de consenso e comprometimento, visto que a divisão de lava-louças apresenta um histórico de orçamentos em excesso, lançamentos atrasados e subdesempenho. Assim, identificar condições relevantes para a implementação da decisão e trabalhá-las no plano de ação é uma medida-chave.

Elaborar um plano de ação para uma decisão pode ser uma experiência frustrante, porque o argumento e o caso muitas vezes fornecem poucas informações úteis à implementação. Essa condição não se verifica nos ensaios envolvendo problemas e avaliação, os quais habitualmente fornecem um abundante conteúdo a partir do qual agir. Alguma criatividade pode contribuir para preencher esse vácuo, como também pode ser útil a experiência obtida nas discussões sobre planos de ação realizadas em aula. Os critérios para as medidas do plano de ação presentes no Capítulo 9 irão ajudá-lo no processo de *brainstorming*.

Remover os detalhes das medidas de ação revela uma organização lógica mais específica que as categorias "curto prazo" e "longo prazo". O plano da GE consiste de quatro fases:

1. Consenso
2. Liderança e comunicação
3. Execução
4. Monitoramento e relatório

O documento da Whistler contém mais duas fases, mas o argumento sugere ambas, na medida em que estão fundamentalmente voltadas para a administração de aspectos negativos.

1. Consenso interno
2. Comunicação (administrando os aspectos negativos)
3. Seleção
4. Transferência
5. Recolocação de funcionários (administrando os aspectos negativos)
6. Monitoramento

Ao criar um plano de ação voltado para uma decisão, pode ser útil pensarmos em fases simples como as citadas acima. Equivalentes a um esboço, os conceitos de cada fase podem estimulá-lo a pensar na implementação de medidas específicas. Persuadir a alta gerência, por exemplo, é obviamente uma fase de curto prazo do plano de ação da GE, a exemplo das etapas de seleção, transferência e recolocação em outra empresa no plano da Whistler. Elas nos propiciam um bom ponto de partida para completarmos o plano.

Em ambos os casos as seções sobre gerenciamento de risco que lidam com os cenários mais graves são um tanto breves. O autor do ensaio "GE" quer que a equipe do Projeto C esteja preparada caso os altos executivos da empresa não aprovem um aumento que exceda em 10% o orçamento original. Ele abandonaria o que considera a mudança menos drástica, qual seja, a que reduz o orçamento ao limite de 10%. Já o plano da Whister enfoca dois riscos, um dos quais considera o mais grave: protestos na empresa após o fechamento das fábricas e anúncio de dispensas temporárias. Embora não haja garantias de que o plano contingencial vá conter os problemas, ele sempre valerá o esforço, mesmo que seja apenas parcialmente bem-sucedido.

ENSAIO SOBRE DECISÃO 1

- *Caso:* "General Electric: Major Appliance Business Group (Resumido)". Para entender os comentários referentes ao ensaio feitos neste capítulo, é necessário primeiro ler o caso.

- *Tarefa escrita:* Recomende uma decisão a Corcoran, diga-lhe por que essa é a melhor opção e elabore um plano de ação.[1]

A equipe gerencial do Projeto C deveria persuadir a alta gerência e o conselho de administração a aumentar o orçamento em 15%, ou US$ 4,2 milhões, e a prolongar o prazo de conclusão do projeto para quatro meses. Quatro das cinco mudanças devem ser incluídas no projeto, deixando as melhorias nos sistemas de administração de informação e suporte da GE para uma etapa posterior. A importância estratégica do Projeto C para o sucesso da GE no setor de lava-louças exige que se cumpram todos os seus objetivos, e para isso as quatro mudanças mencionadas são fundamentais. O insucesso na consecução dessa meta colocaria em risco o investimento inicial e a competitividade da empresa no referido setor. O lançamento malsucedido do Perma-Tuf aumentou ainda mais a importância do Projeto C para salvar a reputação da divisão e conhecer seus objetivos de crescimento futuros.

Opções

A equipe de gestão do Projeto C identificou quatro possíveis modificações no projeto:

1. Melhorar a qualidade do ambiente de fábrica
2. Treinar habilidades para a solução de problemas técnicos
3. Promover revisões nos sistemas de administração de informação e suporte da GE
4. Incluir um ciclo de desenvolvimento voltado para a engenharia de valor
5. Suspender (adiar) a construção da sala de controle de computadores integrados

Embora qualquer combinação seja possível, a equipe estava inclinada a concordar com três opções:

1. Não promover mudanças agora
2. Avançar algumas das modificações (limitar as opções a US$ 2,8 milhões para evitar a necessidade de aprovação)
3. Buscar autorização para obter capital adicional suficiente para cobrir todas as modificações

---

[1] Esse ensaio baseia-se em outro, redigido por Francisco "Paco" Demesa em uma aula de administração, e é utilizado sob permissão.

Critérios de seleção

O Projeto C tem três objetivos principais:

- Alcançar a liderança mundial do setor de lava-louças em qualidade de produto e lucratividade;
- Alcançar a liderança mundial em qualidade de processo, produtividade e qualidade de vida no trabalho e
- Alcançar maior segurança no trabalho mediante produtos de alta qualidade e baixo custo que conquistem maior participação de mercado.

Além disso, Corcoran precisa avaliar os acréscimos propostos aos custos e ao cronograma.

- O custo total deve ficar o mais próximo possível dos US$ 2,8 milhões.
- O tempo acrescido ao cronograma deve ser mínimo.

1. Melhorar a qualidade do ambiente de fábrica

Essa mudança irá melhorar principalmente a qualidade de vida no trabalho. No entanto, no bojo dessa melhoria nas condições de segurança no trabalho melhorarão também a produtividade, a qualidade do processo e, conseqüentemente, a qualidade do produto. O principal impacto dessa mudança será o aumento da motivação dos empregados e seu orgulho em fazer parte do projeto, fator crucial para seu sucesso. Ainda que isso vá representar um desafio às outras divisões, uma vez que os empregados exigirão instalações semelhantes, o Projeto C pode elevar as operações da GE a um nível internacional e obter com isso um efeito "bola de neve": as demais divisões procurarão seguir seu exemplo. Juntos, esses dois fatores podem impulsionar outras divisões, levando-as a alcançar um nível maior de satisfação com o trabalho e, assim, aumentando sua produtividade. A iniciativa referente à fábrica pode ser gerenciada com a união de uma pequena divisão da empresa – o setor de lava-louças – como teste-piloto e, alcançados os objetivos, a mudança poderá então ser implementada em toda a empresa. O custo total é de US$ 1,5 milhão, e o acréscimo não causaria qualquer impacto no cronograma do projeto.

2. Treinar os trabalhadores para a solução de problemas técnicos

A implementação dessa mudança capacitará os empregados e aumentará rapidamente a qualidade do produto, a qualidade do processo e a produtividade. O referido treinamento teria conseqüência imediata sobre o envolvimento, o domínio e o comprometimento do trabalhador com o sucesso do projeto. A exemplo da iniciativa referente à fábrica, ele poderia ter um efeito "bola de neve", inspirando os trabalhadores competentes a propor melhorias para o processo. Essa mudança também tornaria mais atraente o trabalho na fábrica, reforçando a primeira mudança. A elevação dos custos seria compensada pela redução das despesas com mão-de-obra em que incorreria a empresa se a mudança não fosse implementada. O custo total seria de US$ 1,5 milhão. Essa mudança não causaria qualquer impacto no cronograma do projeto.

3. Revisar os sistemas de gerenciamento, informação e suporte da GE

A mudança em T.I. não satisfaz a nenhum dos três critérios, mas garante que as outras mudanças estão surtindo efeito e que os objetivos estão sendo atingidos. Neste momento, porém, essa mudança não é essencial para o sucesso do Projeto C e poderia ser incorporada na fase de conclusão do projeto, significando nenhum investimento adicional agora, nenhuma complexidade e nenhum trabalho extra para a equipe. O custo total é de US$ 2,8 milhões, e a mudança estenderia o cronograma do projeto.

4. Incluir um ciclo de desenvolvimento voltado para a engenharia de valor

Depois que os modelos PermaTuf A e B não conseguiram atingir as metas desejadas, promover mais um ciclo ou iteração de protótipo antes do lançamento do produto no mercado parece ser uma medida sensata. Garantirá qualidade elevada ao produto, bem como reduzirá os custos com garantia e serviço. A parte mais crítica da implementação dessa mudança é atrasar o projeto de três a quatro meses. No entanto, o ciclo da engenharia de valor melhoraria a qualidade do produto, reduziria custos, permitiria obter participação de mercado com suas melhorias, além de garantir que o Projeto C não incorreria nos mesmos problemas que os Projetos A e B. É possível, no entanto, adiar essa mudança por um ou dois anos após o lançamento, mas aí poderia ser tarde demais. A reputação do produto poderia já estar comprometida, razão pela qual seria extremamente difícil convencer a força de vendas e os clientes de que o produto constitui a versão aperfeiçoada que eles esperavam para o primeiro modelo. Além disso, a alta gerência foi bastante clara: "Faça direito já na primeira vez".

O custo total é de US$ 1,2 milhão. Por volta do ano 3 (1985), o custo agregado das propostas será recuperado mediante contribuição adicional do Projeto C. No ano 7 (1989), o Projeto C irá ele próprio aumentar a margem em 70%, comparado à margem total de 1979. A cada ano após o lançamento do novo modelo, mais e mais do incremento de receita proporcionado pelo projeto cairá diretamente no resultado financeiro final.

5. Abandonar (adiar) a construção da sala de controle de computadores integrados

Essa opção liberaria de US$ 1 milhão, da verba aprovada, para outras implementações. Seu propósito principal seria impedir que os empregados das oficinas perdessem poder. Por outro lado, seria difícil controlar uma nova fábrica automatizada sem esses sistemas. A sala de controle garantiria que a qualidade dos processos e que menores custos estariam realmente sendo obtidos. Retirar essa parte do projeto colocaria em risco o que restou dele e eliminaria uma maneira de rastrear seu sucesso. Comparado com o custo total do projeto, esse é um investimento justificável, na medida em que assegura que os fatores de sucesso sejam conhecidos e que os novos sistemas estejam funcionando de acordo com o planejado.

Recomendação

As opções 1, 2, 4 e 5 devem ser perseguidas. A recomendação exigirá que se recorra à alta gerência e ao conselho de diretores em busca de aprovação para o investimento adicional de US$ 4,2 milhões, 15% acima do orçamento atual, mas apenas 5% além do concedido a cada projeto. Essa opção difere daquelas já consensuais entre os membros da equipe do Projeto C. No entanto, deixar de lado uma das mudanças de US$ 1,5 milhão para evitar que se exceda aos 10% permitidos não é algo consistente com o compromisso de satisfazer aos fatores de sucesso fundamentais que mencionamos anteriormente. Ser uma organização de nível internacional significa *acertar de primeira*. Por outro lado, seria pouco provável que a alta gerência e o conselho de administração aprovassem o custo de US$ 6 ou US$ 7 milhões referente ao conjunto completo de mudanças. O pedido poderia sinalizar que a divisão não é capaz de realizar um bom planejamento e fazer com que os altos executivos questionassem o gerenciamento do projeto.

Ação proposta	Recomendação	Orçamento	Orçamento adicional total
1. Melhorar a qualidade do ambiente de fábrica	Sim	US$ 1,5 milhão	US$ 1,5 milhão
2. Treinar os trabalhadores para a solução de problemas técnicos	Sim	US$ 1,5 milhão	US$ 1,5 milhão
3. Revisar os sistemas de gerenciamento, informação e suporte da GE	Não	US$ 2,8 milhões	0
4. Incluir um ciclo de desenvolvimento voltado para a engenharia de valor	Sim	US$ 1,5 milhão	US$ 1,2 milhão
5. Abandonar (adiar) a construção da sala de controle de computadores integrados	Sim	US$ 1 milhão	0
		Total	US$ 4,2 milhões

Plano de ação

A equipe de Corcoran precisa persuadir a alta gerência a aceitar a recomendação, alinhar os acionistas e executar cada proposta.

Curto prazo (30 dias)

- Tom Corcoran precisa preparar uma apresentação convincente da proposta com o auxílio daqueles em quem confia.
- Obter consenso quanto à recomendação e à proposta.

- Designar membros da equipe como responsáveis por cada uma das mudanças e assegurar-se de que estejam plenamente comprometidos. Até que seja obtida a aprovação, manter o sindicato à parte do que está acontecendo.
- Apresentar a recomendação à alta gerência e ao conselho de administração. Não esconder nada. Tornar os custos adicionais, os recursos, a alocação e os riscos inteiramente transparentes.
- Comunicar o resultado a todos os gerentes do Projeto C e planejar uma implementação real.
- Comunicar e negociar as mudanças com o sindicato.
- Rever e revisar o plano de implementação com todos os envolvidos, incluindo membros do sindicato, e, uma vez concluído o plano, obter o comprometimento de todos.

Médio prazo (60-150 dias)
- Iniciar a implementação de todas as mudanças.
- Rastrear os resultados e dispor de uma equipe contingencial pronta para intervir se surgirem problemas sérios.
- Comunicar mensalmente o *status* das mudanças à alta gerência e ao conselho de administração.

Riscos
- O principal risco é não obter aprovação para o orçamento adicional.
- Um segundo risco é o tempo de implementação ser mais longo que o previsto, o que poderia dar a impressão de que a divisão não aprendeu suas lições.

Plano de contingência

Na apresentação da proposta, Corcoran deve informar à administração que a equipe vê no investimento adicional um pequeno preço a pagar pela possibilidade de evitar os erros cometidos no passado e de alçar a divisão a um nível inteiramente novo. Deve chamar a atenção deles para os benefícios potenciais à empresa como um todo. Caso a alta gerência não aprove o novo investimento, o Projeto C terá de eliminar uma das mudanças orçadas em US$ 1,5 milhão, tendo em vista atender ao teto-padrão de 10%. Abrir mão da primeira proposta é a medida que provavelmente afetaria menos o projeto.

O progresso das equipes deve ser observado de perto. Durante a implementação, elas devem estar à disposição para, caso uma não cumprir o cronograma, outra possa assumir seu lugar.

ENSAIO SOBRE DECISÃO 2

- *Caso:* "Whistler Corporation (A)." Por favor, antes de ler o ensaio, leia o caso.
- *Tarefa escrita:* Recomende uma decisão a Stott, diga-lhe por que essa é a melhor opção e elabore um plano de ação.

Charles Stott precisa tomar uma decisão que molde o futuro da Whistler Corporation. A empresa está perdendo US$ 6 milhões por ano e não pode suportar essas perdas e manter-se no negócio. Stott está considerando três alternativas:

1. Replanejar a produção nacional.
2. Transferir toda a produção para o estrangeiro.
3. Transferir para o estrangeiro apenas os produtos de baixo-custo.

Para tomar sua decisão, Stott precisa considerar dois critérios:

1. A importância estratégica dos detectores de radar para a Whistler.
2. Uma solução de produção que faça jus a essa importância.

Terceirização parcial

Stott deve eliminar a terceira opção, pois ela preserva o problemático processo de produção da Whistler e, assim, sob quaisquer circunstâncias, não representa a melhor solução.

Os problemas verificados nas fábricas da Whistler são o resultado de uma longa série de acontecimentos. Com a explosão do mercado de detectores de radar, no final da década de 1980, a empresa introduziu vários produtos novos e aumentou rapidamente sua capacidade produtiva. Contudo, enquanto a produção e o número de produtos cresciam, a companhia não considerou a necessidade de promover mudanças em sua produção, que, pouco preparada para as alterações do mercado, sofreu com o número cada vez maior de materiais em processo e com tempos de produção mais longos. Seu processo "lote e *kit*" funcionara admiravelmente nos primeiros estágios desse mercado, quando a demanda, o número de produtos e os volumes eram baixos, havendo pouca pressão sobre os custos. No entanto, o processo não era adequado a uma elevação da demanda, combinada com volumes variáveis e um crescente número de unidades mantidas em estoque (SKUs). Além disso, fatores suplementares aumentavam as desvantagens do modelo de produção por lotes. A maior complexidade do processo elevava as despesas com inspeção e os custos dos materiais em processamento. A instabilidade da demanda no mercado de massa acarretava repentinas mudanças de cronograma, tempos de produção mais longos e custos com trabalho em andamento rapidamente ascendentes. A habitual resposta da Whistler aos problemas de produção tem sido improvisar aumentos de capacidade e, por conseguinte, aceitar os custos maiores daí resultantes.

Finalmente, os custos da empresa são 33% superiores aos das fábricas estrangeiras, uma grave desvantagem competitiva. Transferir um volume maior de sua produção para a Coréia só diminuiria ligeiramente essa diferença, deixando os problemas de produção no país intactos.

Reengenharia do processo

Stott tem de decidir entre as duas opções restantes.

Em primeiro lugar, ele precisa considerar até que ponto os detectores de radar são importantes para a Whistler. Demanda, preços, lucratividade estão em queda, e nada sugere que essa queda não seja permanente. A competição agora está baseada na questão do preço, o que significa que a empresa com os menores custos é a vencedora, e a Whistler evidentemente não está vencendo essa disputa. A maior parte de suas concorrentes transferiu a produção para o estrangeiro.

Promover a reengenharia da produção da empresa no país tem muitas vantagens, pois finalmente trataria dos vários problemas que se acumularam ao longo dos anos, podendo resolver grande parte dos mais importantes. Decompor a produção em etapas e introduzir um sistema *just-in-time* são medidas que tendem a reduzir o trabalho em andamento e o tempo de produção. Medidas de qualidade poderão garantir repostas oportunas aos problemas de produção.

A reengenharia deve igualmente melhorar os resultados financeiros. A ilustração adiante mostra que, se a LPM for implementada e se a fábrica de Fitchburg for fechada, a empresa poderá esperar uma redução de 26% no custo por unidade. À medida que o pessoal da fábrica for ganhando experiência nesse sistema renovado, os custos poderão cair ainda mais. Entretanto, é possível que os resultados da LPM não sejam escalonáveis na empresa como um todo. De qualquer forma, mesmo com os benefícios da LPM, os custos por unidade da produção nacional da Whistler acham-se ainda 11% acima dos custos dos fornecedores asiáticos.

Comparação de custos por unidade (USD)			
Custo	USD corrente	LPM	Terceirizado
Material	US$ 31,90	US$ 31,90	US$ 30,48
Refugo	US$ 3,83	US$ 0,65	US$ 0,92
Mão-de-obra direta	US$ 9,00	US$ 3,64	US$ 1,88
Despesas gerais variáveis	US$ 6,30	US$ 4,28	US$ 7,46
Remessa	0	0	US$ 0,30
Tarifas de importação	0	0	US$ 2,40
Coordenação	0	0	US$ 1,00
Despesas do escritório central	US$ 3,38	US$ 3,38	US$ 3,38
Despesas gerais de Westford	US$ 9,28	US$ 9,28	0
Despesas gerais de Fitchburg	US$ 8,14	0	0
Total	US$ 71,83	US$ 53,13	US$ 47,82

Não é certo que as fábricas domésticas poderão algum dia competir com os custos dos fornecedores estrangeiros, de modo que promover a reengenharia do processo não constitui uma boa opção para a Whistler.

Terceirização total

A vantagem competitiva de longo prazo usufruída pela Whistler reside no terreno do projeto e da engenharia. A melhor decisão permitirá à empresa concentrar-se em suas forças principais e liberar recursos para a expansão de um novo desenvolvimento de produto. A Whistler precisa seguir o exemplo de suas concorrentes e, por meio da terceirização, alcançar os menores custos possíveis por unidade. A segunda opção é, portanto, a preferível, porque satisfaz a ambos os critérios.

Desvantagens

A decisão tomada apresenta algumas desvantagens. A Whistler estará entregando todo seu funcionamento aos cuidados de uma organização externa, sendo que um parceiro pouco confiável poderia criar uma crise muito pior que a enfrentada no momento. A maior desvantagem, porém, está no fechamento das fábricas no país e no custo humano que isso implicaria. Não há dúvida de que os fechamentos e as dispensas temporárias terão efeito traumático para os exonerados da fábrica e também para os empregados que lá permanecerem. O moral baixo resultante poderia prejudicar a produtividade e o comprometimento num momento em que eles são extremamente necessários.

No entanto, o risco da parceria pode ser minimizado com uma total e apropriada diligência. O principal candidato a ocupar essa posição poderia ser o atual parceiro terceirizado da Whistler, visto que ambos mantêm um bom relacionamento e que o fornecedor já está familiarizado com a empresa e seus produtos. Os efeitos negativos do fechamento das fábricas não poderão ser eliminados, mas podem ser controlados. Os trabalhadores temporariamente dispensados poderão ser beneficiados com todos os recursos de transição que a empresa lhes puder oferecer. Um desses recursos deveria ser reaproveitá-los em empregos disponíveis. Além disso, a empresa deve relatar minuciosamente aos empregados remanescentes as razões do fechamento das fábricas e lhes assegurar de que essas medidas difíceis são as que oferecem as melhores chances de a empresa sobreviver no longo prazo e preservar os empregos.

Plano de ação

Objetivo: Transferir a produção para um fornecedor adequado o quanto antes, com a meta de um ano para o início das transferências e dois para sua conclusão.

Medidas de curto prazo
- Estabelecer sólido consenso entre os altos executivos e chegar a um acordo quanto às datas e ao processo de transição. Formar uma equipe multidisciplinar para avaliar os fornecedores e conduzir a transição.

- Desenvolver um plano de assistência aos trabalhadores dispensados com a máxima antecedência. É fundamental dispor desse plano quando a decisão for anunciada. Comunicar a decisão aos empregados tão logo for estabelecido o pacote assistencial. A mensagem deve ser honesta, objetiva e sincera.

- Reunir-se com o parceiro atual, bem como com os possíveis fornecedores, e elaborar uma breve lista de prospectivos clientes. Iniciar pelo parceiro coreano atual, mas observar atentamente outras empresas para não confiar num único fornecedor. A seleção deve basear-se em aspectos como produção de alta qualidade, desempenho no prazo e histórico de fácil cooperação profissional.

- Selecionar o parceiro, chegar a um acordo quanto a detalhes do processo e cronogramas, bem como conduzir a primeira transferência como teste. Modificar planos e cronogramas conforme necessário.

Medidas de médio prazo

- Iniciar a recolocação profissional dos empregados da primeira rodada de demissões. Promover mudanças baseadas na aprendizagem desses primeiros esforços.

- Finalizar a transferência. Firmar com o parceiro estreito relacionamento para a coordenação técnica e de projetos.

Medidas de longo prazo

- O fornecedor é um parceiro, não um vendedor; logo, a Whistler deve empenhar-se em manter com ele um saudável e duradouro relacionamento.

Riscos e medidas defensivas

- O processo de transferência poderia falhar e deixar a Whistler numa situação ainda pior que a anterior. A empresa e seu parceiro fornecedor podem testar o processo e mudá-lo, se necessário, transferindo inicialmente um produto de cada vez. Como todas as concorrentes da Whistler, à exceção de uma, transferiram sua produção para o estrangeiro, há precedentes para uma transferência tranquila.

- Um segundo risco – a possibilidade de haver contrariedade à decisão dentro da empresa e o turbilhão causado pelas demissões – mostra-se pior por ser difícil de prever. A alta gerência deve constantemente repetir duas mensagens: aos empregados que serão preservados, ressaltar a necessidade de terceirizar a produção a fim de sobreviver, bem como a brilhante perspectiva de a empresa poder competir com suas reais forças; aos empregados que serão dispensados, enfatizar um sincero pesar pela medida e afirmar que a empresa tudo fará para ajudá-los a encontrar novos empregos.

PLANEJANDO MODELOS PARA UM ENSAIO SOBRE DECISÃO[2]

Os modelos a seguir irão ajudá-lo a criar um ensaio sobre decisão. O primeiro deles utiliza o sistema "declaração e prova". O segundo emprega o sistema "prova e declaração" (vide a explicação anterior dos dois modelos). Não é necessário seguir a ordem dos modelos, o importante é captar suas idéias à medida que elas lhes ocorram.

Modelo "declaração e prova"

Prova

Declaração de tomada de posição: Decisão recomendada. Declare a decisão que estiver recomendando e resuma as razões para sua adoção. Seja breve! (Nota: você não poderá apresentar uma declaração de tomada de posição até que tenha uma recomendação experimental e ao menos uma razão para ela. Além disso, poderá revisar a declaração enquanto trabalha.)

Decisão:

Razões:

Opções de decisão. Liste as opções de decisão. Elas geralmente estão declaradas no caso.

Opções de decisão:

Critérios de decisão. Declare os critérios de decisão. Eles devem ser relevantes, mais amplos que restritos e em menor número possível. Talvez sejam necessários meios específicos para avaliar esses critérios. Anote-os na segunda coluna.

Critérios	Como avaliá-los

---

[2] Tehila Lieberman contribuiu consideravelmente para o desenvolvimento dos modelos de planejamento ensaístico.

Prova da opção recomendada. Liste os critérios na coluna da esquerda e as evidências que revelam o respaldo à sua recomendação na coluna da direita. Concentre-se nas evidências mais consistentes que tiver.

Critérios	Evidências

Crítica das opções. Liste os critérios na coluna da esquerda e as evidências que eles revelam, mostrando por que as outras opções devem ser rejeitadas, na coluna da direita. Limite-se às evidências mais convincentes contra as opções.

Opção rejeitada:	
Critérios	Evidências

Opção rejeitada:	
Critérios	Evidências

Principais desvantagens da recomendação. Liste a principal ou as duas principais desvantagens de sua recomendação, qualquer evidência necessária para prová-las e de que modo atenuá-las. (Caso esteja prestando um exame e o tempo seja escasso, pule essa etapa!)

Desvantagem	Evidências e atenuação

Plano de ação

O propósito geral de um plano de ação envolvendo decisão é implementar a decisão do modo mais produtivo possível.

Meta(s). Declare a(s) meta(s) do plano – o(s) principal(is) resultado(s) que as medidas supostamente devem apresentar.

Meta(s)
1.
2.
3.

Medidas de ação. Redija as medidas do plano sem se preocupar demasiadamente com sua ordem. Quando terminar, numere cada linha da primeira coluna para indicar a ordem cronológica final das medidas. A segunda coluna pode ajudá-lo a pensá-las como parte das fases do plano geral (p. ex.: consenso, comunicação e melhorias).

- Curto prazo

Ordem no ensaio	Fase	Medida

- Longo prazo

Ordem no ensaio	Fase	Medida

Principais riscos e respostas. Identifique os principais riscos que poderiam arruinar o plano. Proponha respostas que os eliminem ou os controlem.

Risco	Resposta

Modelo "Prova e declaração"

Prova

Opções de decisão. Declare as opções de decisão. Elas geralmente estão declaradas no caso.

Opções de decisão:

Critérios de decisão. Declare os critérios de decisão. Eles devem ser relevantes, mais amplos que restritos e em menor número possível. Talvez sejam necessários meios específicos para avaliar esses critérios. Anote-os na segunda coluna.

Critérios	Como avaliá-los

Crítica das opções. Liste os critérios na coluna da esquerda e as evidências que eles revelam, mostrando por que as outras opções devem ser rejeitadas, na coluna da direita. Limite-se às evidências mais convincentes contra as opções.

Opção rejeitada:	
Critérios	*Evidências*
Opção rejeitada:	
Critérios	*Evidências*

Prova da opção recomendada. Liste os critérios na coluna da esquerda e as evidências que revelam, em respaldo à sua recomendação, na coluna da direita. Concentre-se nas evidências mais consistentes que tiver.

Critérios	Evidências

Declaração de tomada de posição: Decisão recomendada. Declare a decisão que estiver recomendando e resuma as razões para sua adoção. Seja breve! (Nota: você não poderá apresentar uma declaração de tomada de posição até que tenha uma recomendação experimental e ao menos uma razão para ela. Além disso, poderá revisar a declaração enquanto trabalha.)

Decisão:
Razões:

Principais desvantagens da recomendação. Liste a principal ou as duas principais desvantagens de sua recomendação, qualquer evidência necessária para prová-las e de que modo atenuá-las. (Caso esteja prestando um exame e o tempo seja escasso, pule essa etapa!)

Desvantagem	Evidências e atenuantes

Plano de ação

O propósito geral de um plano de ação envolvendo decisão é implementar a decisão do modo mais produtivo possível.

Meta(s). Declare a(s) meta(s) do plano – o(s) principal(is) resultado(s) que as medidas supostamente devem apresentar.

Meta(s)
1.
2.
3.

Medidas de ação. Redija as medidas do plano sem se preocupar demasiadamente com sua ordem. Quando terminar, numere cada linha da primeira coluna para indicar a ordem cronológica final das medidas. A segunda coluna pode ajudá-lo a pensá-las como parte das fases do plano geral (p. ex.: consenso, comunicação e melhorias).

- Curto prazo

Ordem no ensaio	Fase	Medida

- Longo prazo

Ordem no ensaio	Fase	Medida

Principais riscos e respostas. Identifique os principais riscos que poderiam arruinar o plano. Proponha respostas que os eliminem ou os controlem.

Risco	Resposta

Capítulo 12

ENSAIOS SOBRE AVALIAÇÃO

Avaliações são pareceres sobre a importância, o valor ou a efetividade de determinado tipo de desempenho, ato ou resultado. Um ensaio sobre avaliação deve considerar todas as faces do assunto a que diz respeito: os fatores que dão respaldo à nossa avaliação final, os que a ela se opõem e tudo o que há entre ambos. Este capítulo não trata de avaliações que, a exemplo das revisões de empréstimos bancários, são executadas com e decididas por fórmulas; lida, isto sim, com avaliações nas quais a conclusão não é determinada por uma fórmula, mas por um parecer (para mais detalhes sobre situações avaliativas presentes nos casos, ver Capítulo 7).

No ensaio-exemplo apresentado neste capítulo, as referências do respectivo caso foram disfarçadas. Como o caso original ainda é ensinado em sala de aula, discuti-lo em detalhe poderia diminuir sua utilidade; seja como for, as questões que ele suscita são excelentes para ilustrar uma avaliação. Um resumo do caso em questão, "The Bolivar Default Decision: Travesty or Turning Point?", é apresentado no ensaio-exemplo. Para melhor proveito deste capítulo, leia o resumo do caso e o ensaio antes de seguir adiante.

COMO ORGANIZAR UM ENSAIO SOBRE AVALIAÇÃO

Um ensaio sobre avaliação contém cinco elementos:

1. Avaliação final (declaração de tomada de posição)
2. Critérios de avaliação
3. Prova da avaliação
4. Justificativas
5. Plano de ação

A estrutura de um ensaio avaliativo difere substancialmente daquela dos ensaios sobre problemas e decisões. Esses últimos apresentam argumentos cujo conteúdo é quase inteiramente favorável à declaração de tomada de posição. Um ensaio sobre decisão pode abordar o lado negativo da recomendação, mas isso geralmente ocupa uma pequena parte dele. Um ensaio avaliativo, por sua vez, inclui fatores que não respaldam a declaração de tomada de posição, razão pela qual a discussão desses fatores pode ser extensa (como veremos no exemplo adiante). O assunto explica a estrutura. Desempenhos, ações e resultados possuem, inevitavelmente, facetas positivas, negativas e ambíguas. Pensemos na apreciação de um desempenho: os pontos fracos e fortes que ela registra espelham o fato de que um desempenho jamais é perfeito. Além disso, os ensaios sobre avaliação costumam conter uma seção dedicada a justificativa para o parecer final. No ensaio-exemplo, o redator vincula uma importante justificativa ao apoio que dá à decisão tomada.

O esboço de ensaio citado acima segue o modelo "declaração e prova": primeiro dizemos aos leitores o que pensamos e depois lhes demonstramos por quê. O modelo "declaração e prova" estimula a expor a recomendação primeiro e depois comprová-la. Esse procedimento estrutura a tarefa do leitor e nos confere um objetivo claramente definido, tornando-o uma boa abordagem para testes escritos e outras situações limitadas pelo tempo.

Um ensaio sobre avaliação pode também seguir o modelo "prova e declaração", contendo os seguintes elementos:

1. Critérios de avaliação

2. Verificação da recomendação

3. Justificativas

4. Avaliação final (declaração de tomada de posição)

5. Plano de ação

Trata-se de um modelo *indutivo*, no sentido de que orienta o leitor a determinar uma conclusão. Se há razão para crer que os leitores resistirão a uma conclusão até que ela seja provada, cumpre dizer que esse modelo impedirá qualquer resistência. Sua abordagem é persuasiva porque os leitores constatam que a avaliação inclui todos os fatores relevantes, não apenas aqueles favoráveis à conclusão. A desvantagem é que, por dedicar tanto tempo à avaliação, talvez jamais cheguemos à conclusão. Além disso, se não tivermos um objetivo declarado explicitamente no início do ensaio, poderemos desviar nosso foco.

AVALIAÇÃO FINAL

A mais importante sentença do ensaio é a declaração de nossa avaliação final. Sob circunstâncias raras, a conclusão acerca de uma avaliação pode limitar-se a uma lista de prós e contras. Na maioria das vezes, porém, ela deve ser detalhada; do contrário, a avaliação não é aplicável e transfere a tarefa de julgar para o leitor.

Eis o primeiro parágrafo do ensaio-exemplo:

> *Devido a seu histórico de inconsistência e a um conjunto de crises políticas peculiares – mesmo para a Bolívia –, o governo nacional estava diante de uma decisão difícil: cumprir ou não com o pagamento de grande parte de sua dívida externa. Tratava-se de uma situação em que todas as alternativas eram pouco palatáveis, sendo que a decisão, em grande parte negativa, consistia em escolher, dentre alternativas de alto risco, a que fosse menos arriscada.* Em última análise, a decisão de não pagar a dívida, tomada pelo presidente DiNardo, era desagradável, mas correta. Apóio sua posição – contanto que o governo defina e implemente uma estratégia de longo prazo capaz de institucionalizar a reforma econômica.

A sentença não-italicizada é a declaração de tomada de posição. É a afirmação que o ensaio precisa provar. A exemplo de qualquer argumento, uma declaração de tomada de posição feita no início do texto confere aos leitores um propósito de leitura.

Critérios de avaliação

Os resultados de uma avaliação são extremamente sensíveis aos critérios empregados. Eis um exemplo simples, retirado do campo da economia. Digamos que você esteja avaliando a eficácia das políticas econômicas de determinado país. Uma medida é o PIB *per capita*, cujos números mostram um crescimento saudável durante dez anos, a exemplo do que acontece com outros índices da renda nacional. Logo, depreende-se que essas sejam políticas extremamente exitosas. Contudo, ao examinar a distribuição de renda, você descobre que o grosso da população permanece pobre: a riqueza está concentrada nas mãos de poucos. Agora, as mesmas políticas econômicas já não se mostram tão atraentes para a estabilidade a longo prazo.

Do ponto de vista dos leitores, uma avaliação carente de critérios definidos e relevantes é uma avaliação arbitrária: a audiência não tem como saber se o parecer é razoável ou não (a mesma regra se aplica à análise de decisão). O redator do ensaio-exemplo declara seus critérios com clareza:

Para avaliar a ação do presidente, serão utilizados os seguintes critérios:

- As vantagens e desvantagens econômicas da moratória
- As vantagens e desvantagens políticas
- As vantagens e desvantagens sociais

Em se tratando de critérios para avaliação ou para tomada de decisão, é fundamental saber decidir quais deles empregar. As duas fontes são a situação apresentada no caso e os métodos especializados. Há muitas teorias e modelos conceituais que podem ser utilizados para a avaliação. Num curso acadêmico, o professor pode exigir ou esperar que os alunos utilizem um dado modelo. O ensaio-exemplo deste capítulo emprega três critérios derivados dos modelos utilizados em um curso de MBA: macroeconomia, política e dinâmica social. A relevância para a situação do caso excluirá esses modelos ou partes deles; portanto, tenha cuidado para não utilizá-los em demasia, sob o pretexto de que mais significa melhor.

A segunda tarefa relacionada aos critérios é decidir como avaliá-los. As informações contidas no caso nos indicam de que modo fazê-lo. O caso disfarçado inclui uma grande quantidade de dados econômicos, algumas estatísticas de bem-estar social e uma pequena quantidade de informações sobre política. Logo, os critérios de ordem econômica e social podem ser avaliados de maneira bastante satisfatória, mas a aplicação do critério político baseia-se sobretudo em inferências.

Vale a pena recordar as três características dos critérios discutidos no capítulo dedicado aos ensaios sobre decisão:

- O número de critérios para uma avaliação deve ser o menor possível. Sua proliferação leva a avaliações fragmentadas e a argumentos pouco persuasivos.
- Critérios efetivos tendem a ser amplos, não restritos. Em geral, há uma série de meios para avaliar critérios amplos. A seção do ensaio-exemplo relativa às

vantagens e desvantagens econômicas ilustra esse ponto muito bem; inclui indicadores macroeconômicos que ajudam o redator a esclarecer e a avaliar uma situação complexa.

- Os critérios às vezes são independentes uns dos outros e podem ser utilizados em qualquer ordem. Freqüentemente, porém, a avaliação deles segue uma ordem lógica de aplicação. Os critérios contidos no ensaio-exemplo estão entrelaçados porque as dinâmicas nacionais subjacentes também o estão; num ensaio, porém, ir e voltar entre critérios confundiria os leitores. Na medida em que a ação avaliada é de natureza econômica, suas conseqüências mais diretas, e também as mais mensuráveis, se darão, portanto, sobre a economia, que constitui, assim, o ponto mais lógico de partida.

PROVA DA AVALIAÇÃO

A prova de um ensaio sobre avaliação organiza-se em dois níveis. A prova propriamente dita é organizada pelos critérios, e a discussão de cada critério é organizada pelos termos da avaliação, tais como vantagens e desvantagens, forças e fraquezas, ou efetividade e não-efetividade. Eis um esboço da verificação do ensaio-exemplo:

1. Fatores econômicos
   - Vantagens
   - Desvantagens
2. Fatores políticos
   - Vantagens
   - Desvantagens
3. Fatores sociais
   - Vantagens
   - Desvantagens

Pelo fato de o redator ser favorável à decisão que está sendo avaliada, as vantagens são apresentadas primeiro. O propósito de um ensaio sobre avaliação é comprovar a avaliação final. Assim, em cada critério discutimos primeiro o lado da avaliação que respalda nossa declaração de tomada de posição para, depois, passarmos ao outro lado. Um redator que estivesse convencido de que a decisão não era boa iniciaria discorrendo sobre suas desvantagens.

Vale a pena prestar atenção no argumento das vantagens presente no ensaio-exemplo. Ele ilustra uma prova bem construída, que utiliza as evidências com propriedade. Ao percorrermos parte desse argumento, descobrimos alguns pontos valiosos de sua estrutura. Os parágrafos a seguir são parte da prova da primeira vantagem econômica:

> Findo o mandato de Fernandez, uma sucessão de presidentes fracos e de eleições controversas paralisou a política econômica. *Os gastos saíram do controle, as receitas governamentais despencaram e o desemprego atingiu um patamar*

próxima a 20%. O país voltou-se então para os investidores internacionais em busca de US$ 35 bilhões, o que fez a dívida externa subir para 110% do PIB em 1998. Foram tomadas medidas emergenciais, mas os salários caíram, empurrando metade da população abaixo da linha da pobreza.

Uma vez empossado, DiNardo adotou medidas que deram início à recuperação econômica da Bolívia. Essas medidas foram possibilitadas pela suspensão do pagamento dos juros da dívida externa. *Em dois anos, o PIB real saiu do negativo, atingindo entre 4 e 5% de crescimento. Embora ainda elevado, o índice de desemprego recuou (de 20% para 14%) e os salários aumentaram; à medida que as exportações cresciam e as importações permaneciam estáveis, os investimentos fixos começaram a se recuperar, juntamente com a balança comercial. Além disso, a dívida total, como porcentagem do PIB, caiu abaixo de 100%.*

Todavia, os crescentes problemas ocasionados pela má administração da economia ameaçavam sua recuperação. *DiNardo poderia atribuir a culpa àqueles que o precederam e proclamar a impossibilidade de corrigir todos os erros que eles cometeram no passado. Mas ele recusou seguir por esse caminho e estava determinado a sustentar a modesta recuperação.* Do ponto de vista econômico, essa era a principal força de sua decisão. *Igualmente positiva era a mensagem que ela transmitia ao povo boliviano: a de que seu presidente estava determinado a pôr as necessidades de seus cidadãos à frente dos interesses dos investidores estrangeiros, sobretudo para livrá-los da pobreza, na medida do possível.*

As sentenças não-italicizadas desses parágrafos são a espinha dorsal do argumento. Parafraseá-las e colocá-las em uma lista torna mais fácil identificar a lógica do argumento:

1. Uma sucessão de presidentes fracos e de eleições controversas paralisou a política econômica.

2. O presidente DiNardo estava apto a adotar medidas para iniciar uma pequena recuperação econômica.

3. A suspensão do pagamento dos juros da dívida externa possibilitava essas medidas.

4. Todavia, os crescentes problemas ocasionados pela má administração da economia ameaçavam a recuperação.

5. Do ponto de vista econômico, manter a recuperação era a principal força da decisão. (Implicação dessa sentença: a recuperação pode ser mantida investindo-se o dinheiro obtido com a inadimplência.)

Esse esboço revela o mecanismo do argumento. Quatro declarações factuais demonstram a lógica econômica por trás da decisão do presidente e respaldam a conclusão (declaração 5). Um argumento efetivo, baseado em um caso, constrói-se a partir de unidades lógicas como essa. No entanto, como nenhuma das declarações citadas constitui uma verdade evidente por si só, o redator precisa fornecer evidências que lhes atestem a validade. Só então o argumento será capaz de convencer o leitor.

Um ensaio sobre avaliação reconhece os fatores que se opõem à avaliação geral e, em lugar de ignorá-los, minimizá-los ou maquiá-los, ele os retrata tal como são. Leitores *experts* logo detectam esses subterfúgios, de modo que é insensato adotá-los. Entretanto, a discussão de fatores opostos deveria incluir circunstâncias ou ações atenuantes – se existirem. Exemplo disso é a primeira desvantagem econômica presente no ensaio-exemplo:

> *A principal fraqueza econômica da decisão é o possível fracasso dessa aposta. Se o dinheiro economizado não for empregado com prudência, o país pode acabar pior do que estava antes da decisão.* O presidente pode se defender melhor contra isso fazendo com que o governo invista as economias no desenvolvimento de longo prazo.

O redator não esconde os desastres que resultariam se a decisão não fosse bem-sucedida. Ao mesmo tempo, porém, a sentença não-italicizada indica que o desastre pode ser evitado. Por vezes, os fatores contrários à nossa posição só podem ser administrados, e não, eliminados. Isso se aplica a uma desvantagem econômica mencionada no ensaio-exemplo, a saber:

> *Por fim, alguns credores internacionais levaram a Bolívia aos tribunais, e muitos outros podem fazer o mesmo. Sua base de argumentação procede porque os números econômicos registrados nos dois anos anteriores à decisão pareciam melhores, incluindo um PIB positivo. O país poderia contra-argumentar que o pagamento integral da dívida teria posto a economia em queda livre, ocasião em que os investidores acabariam com menos do que receberão com a decisão de DiNardo. Além do mais, eles serão de alguma forma compensados.* Entretanto, a Bolívia pode amargar algumas decisões judiciais adversas.

JUSTIFICATIVAS

As justicativas expõem fatores que não fazem parte da avaliação, mas que exercem um efeito significativo sobre ela. O ensaio-exemplo contém uma justificativa importante para a avaliação final. Diz o redator que a avaliação positiva só poderá se justificar se for organizada uma estratégia de desenvolvimento a longo prazo.

As justificativas prejudicam a conclusão ao torná-la aparentemente menos decisiva? Sim, quando as empilhamos e parecemos querer nos eximir da responsabilidade por uma conclusão. Quando nos limitamos a poucas justificativas de grande impacto, a avaliação é fortalecida. Uma justificativa substancial torna a avaliação mais congruente com as realidades de uma situação e, portanto, mais convincente para os leitores.

PLANOS DE AÇÃO SOBRE AVALIAÇÃO

O propósito geral de um plano de ação sobre a avaliação varia de acordo com o objeto da própria avaliação. Um plano sobre avaliação de desempenho melhora os pontos fracos e intensifica os pontos fortes do indivíduo. Um plano sobre avaliação, de um ato, tal como uma decisão, procura otimizar a implementação dessa decisão, considerando as descobertas da avaliação. (Para mais informações sobre planos de ação, ver Capítulo 9.)

ILUSTRAÇÃO 12-1

Fontes de medidas de ação

Medidas de ação	Fontes no ensaio
Política	• Fatores econômicos – uma vantagem, uma desvantagem • Fatores políticos – uma vantagem, um fator neutro • Justificativas
Informar outros países	• Fatores econômicos – duas desvantagens • Fatores políticos – uma desvantagem

O plano de ação do ensaio-exemplo serve como guia para implementar a decisão do presidente. O plano apresenta dois objetivos: um referente à política econômica e outro destinado a explicá-la a outras nações. A avaliação informa as medidas adequadas para cada um desses objetivos. As fontes do conteúdo aplicável da avaliação são mostradas na Ilustração 12-1. A criação de um plano de ação começa pela identificação das declarações aplicáveis contidas no argumento.

A ordem das medidas respeita as diretrizes apresentadas no Capítulo 9. As medidas de curto prazo são reservadas para ações urgentes ou simples. No plano de ação dado como exemplo, as duas medidas de curto prazo são classificadas como urgentes. Uma vez que a decisão já foi tomada, é imperativo que o presidente (1) comece a pôr o país num novo caminho de desenvolvimento e (2) por intermédio de seus diplomatas apresente aos governos de outros países e suas instituições credoras o outro lado da história, o lado boliviano.

Um plano sobre avaliação de desempenho parecerá mais como um plano de ação sobre problemas. Problemas pedem soluções; avaliações pedem melhorias nos aspectos negativos de um desempenho. O Capítulo 7 apresenta uma extensa avaliação do desempenho de Don Rogers como líder. Seu "boletim escolar" na matéria liderança (ver Ilustração 12-2) contém uma grande quantidade de conteúdo aplicável.

A meta de um plano de ação para Rogers seria melhorar seus pontos fracos, ou seja, sua capacidade de liderança, de superação de obstáculos e de promoção de mudanças. A maior parte do plano consistiria em fortalecer seu desempenho nessas três áreas. Algumas das medidas, no entanto, teriam de lidar com fatores externos que afetam sua liderança. A sede corporativa, por exemplo, concedeu-lhe uma promoção para a qual ele está pouco qualificado e, ao que parece, adota em relação a ele uma atitude do tipo "tudo ou nada". Em nome de seus melhores interesses, a empresa precisa envolver-se e apoiá-lo ativamente.

ILUSTRAÇÃO 12-2

Avaliação da liderança de Rogers

Critérios	Avaliação
Habilidades de liderança	Fraca
Superação de obstáculos	Muito fraca
Capacidade de mudança	Fraca
Justificativas	Fatores externos contribuíram para fraco desempenho

ENSAIO SOBRE AVALIAÇÃO

"The Bolivar Default Decision: Travesty or Turning Point?" (caso disfarçado):[1] Alfredo DiNardo, presidente da Bolívia, acaba de decidir-se pela renúncia ao pagamento de grande parte da dívida externa do país. A decisão foi recebida com alarme pelos mercados financeiros internacionais, com indignação (e litígio) pelos credores e com aplausos pelo povo boliviano. De fato, a história da Bolívia é marcada por políticas turbulentas e instabilidade econômica. Freqüentemente as barganhas políticas levavam a decisões governamentais que sacrificavam o bem-estar econômico da nação no longo prazo. Algumas dessas barganhas envolviam favores econômicos a certos grupos que retardavam o crescimento. O resultado disso era um ciclo de leves recuperações e profundos declínios, caracterizado por déficits no orçamento da união, crescentes índices de desemprego e agitações sociais.

À época em que este caso era redigido, o novo presidente DiNardo estava em negociações com vários credores internacionais. Enquanto isso, e desafiando todas as expectativas, a economia da Bolívia dava sinais de recuperação. Sob a administração de DiNardo, o governo reduzira o déficit orçamentário federal ao elevar os impostos e reduzir os gastos; no entanto, ele temia que essas medidas não bastassem para manter o progresso econômico do país. Assim, de maneira unilateral, ele decidiu cessar o pagamento de cerca de 50% da dívida externa da Bolívia, decisão que despertou uma polêmica internacional, em parte porque, na opinião dos credores e *experts* estrangeiros, ela parecia indicar um ponto fraco da Bolívia na administração de sua economia e em sua confiabilidade como pagador. Alguns deles emitiram advertências catastróficas de que o país por anos não estaria em condições de tomar empréstimos junto aos credores internacionais e de que, quando estivesse, só os obteria a altas taxas de juros. Na Bolívia, contudo, muitos políticos e cidadãos encaravam a decisão como um divisor de águas para a saúde econômica do país.

O caso original fornece um extenso histórico econômico contendo grande quantidade de dados de suporte relativos a anos recentes, bem como uma breve narrativa paralela acerca da política doméstica boliviana. Ele termina com vinte ilustrações, a maioria das quais apresentando estatísticas relacionadas às condições econômicas e sociais do país.

- *Tarefa escrita:* Avalie a decisão do presidente com base em seus méritos como um todo, especificando suas vantagens e desvantagens. Proponha um plano de ação com base em sua avaliação.

Devido a seu histórico de inconsistência e a um conjunto de crises políticas peculiares – mesmo para a Bolívia –, o governo nacional estava diante de uma difícil decisão: cumprir ou não com o pagamento de grande parte de sua

---

[1] Esse ensaio baseia-se em outro, redigido por E. Ciprian Vatasescu para uma aula de administração, e é usado sob permissão.

dívida externa. Tratava-se de uma situação em que todas as alternativas eram pouco palatáveis, sendo que a decisão, em grande parte negativa, consistia em escolher, dentre alternativas de alto risco, a que fosse menos arriscada. Em última análise, a decisão de não pagar a dívida tomada pelo presidente DiNardo, era desagradável, mas correta. Apóio sua posição – contanto que o governo defina e implemente uma estratégia de longo prazo capaz de institucionalizar a reforma econômica.

Para avaliar a ação do presidente, serão utilizados os seguintes critérios:

- As vantagens e desvantagens econômicas da moratória
- As vantagens e desvantagens políticas
- As vantagens e desvantagens sociais

Fatores econômicos

Vantagens

O presidente DiNardo pretende financiar a contínua recuperação econômica da Bolívia com os recursos do repúdio à dívida. Um histórico de gestão econômica deficiente lhe impunha a adoção dessa estratégia. É possível que ele fracasse, mas as alternativas acarretariam resultado ainda pior.

Historicamente, a rotatividade dos governos alijava a economia nacional. Nos dez anos que precederam o mandato de DiNardo, a inflação atingiu níveis assombrosos de 900%, com déficits que, na maioria das vezes totalizavam 20% do PIB. O então presidente Fernandez, eleito sob a plataforma política da esperança, deu início a reformas para reduzir a inflação e os déficits, bem como para promover o crescimento. Medidas específicas foram tomadas, entre as quais a adoção de uma taxa de câmbio fixa atrelada ao dólar americano, e um aumento das receitas governamentais decorrentes da venda de empresas estatais. O plano obteve alguns resultados – inflação menor, orçamento superavitário e crescimento do PIB –, mas aumentou o desemprego (16%). O lado negativo da taxa de câmbio fixa era sua vulnerabilidade aos problemas financeiros externos. Em certa ocasião, o banco central boliviano teve de aumentar as taxas de juros e tomar outras medidas para responder a uma crise no México, que reduzia o PIB e deixava mais pessoas desempregadas.

Findo o mandato de Fernandez, uma sucessão de presidentes fracos e de eleições controversas paralisou a política econômica. Os gastos saíram do controle, as receitas governamentais despencaram e o desemprego atingiu um patamar próximo de 20%. O país voltou-se então para os investidores internacionais em busca de US$ 35 bilhões, o que faz a dívida externa subir para 110% do PIB em 1998. Foram tomadas medidas emergenciais, mas os salários caíram, empurrando metade da população abaixo da linha da pobreza.

Uma vez empossado, DiNardo adotou medidas que deram início à recuperação econômica da Bolívia. Essas medidas foram possibilitadas pela suspensão do pagamento dos juros da dívida externa. Em dois anos, o PIB real saiu do negativo, atingindo entre 4 e 5% de crescimento. Embora ainda elevado, o índice de desemprego recuou (de 20% para 14%) e os salários aumentaram; à medida que as exportações cresciam e as importações permaneciam estáveis, os investimentos fixos começaram a se recuperar, juntamente com a balança comercial. Além disso, a dívida total, como porcentagem do PIB, caiu abaixo de 100%.

Todavia, os crescentes problemas ocasionados pela má administração da economia ameaçavam sua recuperação. DiNardo poderia atribuir a culpa àqueles que o precederam e proclamar a impossibilidade de corrigir todos os erros que eles cometeram no passado. Mas ele recusou seguir por esse caminho e estava determinado a sustentar a modesta recuperação. Do ponto de vista econômico, essa era a principal força de sua decisão. Igualmente positiva era a mensagem que ela transmitia ao povo boliviano: a de que seu presidente estava determinado a pôr as necessidades de seus cidadãos à frente dos interesses dos investidores estrangeiros, sobretudo para livrá-los da pobreza, na medida do possível.

Outro ponto forte está no fato de que muitos desses investidores ainda estão tendo lucros saudáveis com o reembolso parcial do principal e dos juros. Os títulos tinham taxas de juros altíssimas e seu valor cresceu realmente após os mercados descobrirem que o presidente boliviano não deixaria de pagar toda a dívida. Além disso, a comunidade financeira internacional estava bastante ciente do histórico do país e dos altos riscos aí implicados.

Desvantagens

A principal fraqueza econômica da decisão é o possível fracasso dessa aposta. Se o dinheiro economizado não for empregado com prudência, o país pode acabar pior do que estava antes da decisão. O presidente pode se defender melhor contra isso fazendo com que o governo invista as economias no desenvolvimento de longo prazo.

Uma segunda desvantagem da decisão está no fechamento dos mercados financeiros internacionais para o país, com a exceção da dívida de curto prazo a taxas de juros punitivas. Paradoxalmente, se a inadimplência parcial levar a uma economia mais saudável, é mais provável que os investidores retornem. Aliás, a história mostra que a ganância muitas vezes faz com que os investidores estrangeiros esqueçam as inadimplências. Alguns deles podem inclusive obter belos lucros com o reembolso parcial da dívida.

Por fim, alguns credores internacionais levaram a Bolívia aos tribunais, e muitos outros podem fazer o mesmo. Sua base de argumentação procede porque os números econômicos registrados nos dois anos anteriores à decisão pareciam melhores, incluindo um PIB positivo. O país poderia contra-argumentar que o pagamento integral da dívida teria posto a economia em queda livre, ocasião em que os investidores acabariam com menos do que receberão com a decisão de DiNardo. Além do mais, eles serão de alguma forma compensados. Entretanto, a Bolívia pode amargar algumas decisões judiciais adversas.

Fatores políticos

Vantagens

A política boliviana constitui a causa fundamental das aflições do país. Políticos carismáticos, populistas autodeclarados, executavam medidas que enchiam os bolsos do povo (e os seus próprios). Mas, no fim das contas, todos, exceto os políticos, ficavam mais pobres. Ao tomar sua decisão, DiNardo eliminou muito da alavancagem desses indivíduos nos partidos de oposição.

Se DiNardo investisse o dinheiro economizado com o não-pagamento das dívidas em ativos de longo prazo, tais como infra-estrutura e educação, ele mudaria o paradigma de corrupção e de consumo de curto prazo para compra de apoio político a investimentos de longo prazo que propiciassem um melhor padrão de vida.

Fator neutro

A dinâmica política pode seguir um dentre dois caminhos, mas é difícil prever as circunstâncias que irão determinar sua direção. A continuidade da recuperação econômica poderia obrigar os partidos que competissem pelo controle do Congresso e a presidência a assumirem em uma linha responsável. Por outro lado, rivais poderiam atacar o ritmo inevitavelmente lento da recuperação, prometendo tempos melhores e cometendo os mesmos erros de sempre.

Investimentos sociais

Vantagens

Dois anos antes da decisão, as condições sociais começaram a melhorar. Nos anos anteriores, os níveis de pobreza haviam mais que dobrado na capital e avançado ainda mais rapidamente no interior. Surgiram os índices de criminalidade, com o número de assassinatos dobrando em cinco anos, e os tumultos passaram a ser lugar-comum nas grandes cidades. A taxa de alfabetização estava em queda, assim como o acesso à assistência médica. A decisão era tanto substancial quanto simbólica: substancialmente, ela libera dinheiro para a melhoria das condições sociais; simbolicamente, ela proporciona ao povo uma razão para ter esperança.

Fator neutro

Sem a menor capacidade para obter empréstimos e a provável desaceleração dos investimentos estrangeiros, a recuperação nacional será mais lenta. O país terá de confiar mais em si mesmo. O ritmo lento dessa convalescença poderia traduzir-se em benefícios modestos para as condições sociais, o que possivelmente levaria à impaciência e ao recrudescimento da violência. No entanto, esse ponto fraco também se verificaria se o presidente tivesse optado pelo pagamento integral da dívida. O dinheiro sugado da economia deprimiria o progresso econômico e social.

Justificativas

A decisão do presidente DiNardo só será correta se, e somente se, ele tiver um plano sensato de desenvolvimento a longo prazo. Sem isso, o dinheiro poupado com o não-pagamento do empréstimo irá se dissipar, irritando os investidores externos e as instituições credoras, bem como fechando as portas dos mercados financeiros internacionais para o país por um longo tempo. O plano deve contemplar reformas estruturais, mudanças no código tributário, políticas monetária e fiscal, estratégia de importações e exportações e investimento em infra-estrutura.

Plano de ação

DiNardo precisa organizar os elementos de um plano de longo prazo e, com diplomacia, explicar as razões de sua decisão aos governos de importantes nações, particularmente os Estados Unidos e a União Européia, e a instituições internacionais como o FMI. A equipe diplomática deveria assegurar a todos os partidos que os recursos obtidos com a decisão serão investidos com sabedoria.

Curto prazo

- Instalar rapidamente novas políticas econômicas, como brechas fiscais para estimular os investimentos externos diretos e as exportações, redução da documentação necessária para iniciar um negócio, subsídios para fortalecer setores de grande potencial e melhor arrecadação tributária.
- Elaborar uma única mensagem para convencer nações e instituições internacionais fundamentais de que a decisão era o último recurso e de que o governo será tão transparente quanto possível em relação a seu investimento na prosperidade econômica e social.

Médio prazo

- Para recuperar as receitas governamentais, conceder às províncias os incentivos de que elas atualmente necessitam para a coleta de impostos: uma maior participação na arrecadação tributária. Em troca, o presidente deve exigir delas que evitem a absorção de receitas pela corrupção.
- Aproximar-se dos líderes do Congresso e expressar o desejo de trabalhar em políticas que beneficiem o país a longo prazo, e não que rendam alguma vantagem política imediata. Se esses líderes repelirem sua proposta, DiNardo deve levá-la diretamente à população e pedir que esta pressione os parlamentares.

Longo prazo

- Implementar a estratégia de desenvolvimento na íntegra. Designar um conselho de especialistas e de indivíduos renomados com impecáveis credenciais para monitorar a implementação e o progresso da estratégia. O referido conselho deve gozar de poder para fazer declarações públicas e divulgar relatórios sem a necessidade de permissão do presidente ou de outras autoridades executivas.

PLANEJANDO UM MODELO PARA UM ENSAIO SOBRE AVALIAÇÃO

O modelo a seguir o ajudará a criar um ensaio sobre avaliação. Ele segue a organização de um ensaio sobre avaliação, mas não é necessário que você o utilize nessa ordem.[1] O importante é captar suas idéias à medida que elas lhe ocorram.

Declaração de tomada de posição: parecer final

Declare sua avaliação geral, os fatores positivos e negativos mais significantes e quaisquer justificativas. Seja breve! Você poderá revisar sua declaração enquanto trabalha. (Nota: Você não poderá elaborar a declaração de tomada de posição até ter alguma confiança em seu parecer final.)

Avaliação geral:

Resumo dos principais fatores positivos/negativos:

Resumo de quaisquer justificativas:

Critérios de avaliação

Declare os critérios de avaliação. Eles devem ser relevantes, mais amplos que restritos e em menor número possível. Talvez sejam necessários meios específicos para avaliar esses critérios. Anote-os na segunda coluna.

Critérios	Como avaliá-los

Prova da avaliação

Liste fatores positivos e negativos que os critérios revelam e as evidências que sustentam esses fatores. Eles poderão ser revisados e reorganizados enquanto você trabalha. No caso de algum critério apresentar resultados ambíguos, anote-os. No ensaio, ordene os fatores positivos e negativos de modo a respaldar sua declaração de tomada de posição. Anote quaisquer idéias para medidas de ação.

---

[1] Tehila Lieberman contribuiu consideravelmente para o desenvolvimento dos modelos de planejamento ensaístico.

Critério 1		
	Evidências	Idéias para plano de ação
Positivo		
Negativo		
Critério 2		
	Evidências	Idéias para plano de ação
Positivo		
Negativo		
Critério 3		
	Evidências	Idéias para plano de ação
Positivo		
Negativo		
Critério 4		
	Evidências	Idéias para plano de ação
Positivo		
Negativo		

Justificativas

As justificativas expõem fatores que não fazem parte da avaliação, mas que exercem um efeito significativo sobre ela. Um resumo das justificativas deveria ser incluído na declaração de tomada de posição.

Justificativas (se houver):

Plano de ação

O propósito geral de um plano de ação sobre avaliação é melhorar os fatores negativos e fortalecer os positivos. Para a apreciação de um ato como uma decisão, o plano de ação pode ser um plano de implementação que reflita os vereditos da avaliação.

Meta(s)

Declare a(s) meta(s) do plano – o(s) principal(is) resultado(s) que as medidas supostamente devem apresentar.

Meta(s)
1.
2.
3.

Medidas de ação

Redija as medidas do plano sem se preocupar demasiadamente com sua ordem. Quando terminar, numere cada linha da primeira coluna para indicar a ordem cronológica final das medidas. A segunda coluna pode ajudá-lo a pensá-las como parte das fases do plano geral (p. ex.: consenso, comunicação e melhorias).

Curto prazo

Ordem no ensaio	Fase	Medida

Longo prazo

Ordem no ensaio	Fase	Medida

Principais riscos e respostas.

Identifique os principais riscos que poderiam arruinar o plano. Proponha respostas que os eliminem ou os controlem.

Risco	Resposta

PARTE IV

Casos para Análise e Elaboração

ESTUDO DE CASO

Allentown Materials Corporation: A Divisão de Produtos Eletrônicos (Resumido)

Em julho de 1992, Don Rogers dedicou um momento para refletir sobre o estado de sua organização. Ele assumira o posto de vice-presidente e de gerente-geral da Divisão de Produtos Eletrônicos (EPD, *Electronic Products Division*) da Allentown Materials Corporation em substituição a seu predecessor, morto prematuramente dois anos antes. A EPD vinha enfrentando uma séria de problemas, e Rogers não estava seguro sobre o que deveria fazer. Enquanto isso, a pressão vinda da matriz era cada vez maior: apesar da crescente concorrência verificada no setor de componentes eletrônicos, esperava-se que a EPD continuasse atingindo a taxa média anual de crescimento da organização, 10%, bem como suas agressivas metas de lucro. O desempenho da divisão sofrera uma queda nos anos 1991 e 1992 (ver Ilustração 1 para os dados operacionais da EPD), e muitos fabricantes de componentes anteciparam que estavam competindo por um mercado em processo de encolhimento total. Além disso, a reputação da EPD em entrega e serviços sofrera um abalo, sendo altíssimo o número de compromissos perdidos. Rogers comentou:

> Tenho passado por tempos difíceis em minha divisão nos últimos dois anos. Nosso ramo de negócios está ficando intensamente competitivo, e isso tem ocasionado a queda das vendas. Para enfrentar esse declínio, reduzimos de forma acentuada o número de pessoal e as despesas. Por mais dolorosas que sejam, acredito que essas ações têm remado contra a maré. Recuperamos o controle da situação, mas os negócios continuam muito competitivos. Além disso, o moral está baixo; há entre os grupos muitos conflitos que aparentemente não podemos resolver. Há falta de fé e de confiança mútuas. Os membros da organização simplesmente não cooperam entre si, e essa ausência de coordenação está afetando nossa capacidade de desenvolver novos produtos. Meu pessoal mais importante acredita, em sua maioria, que os conflitos se devem à situação ruim dos negócios. Dizem que, tão logo eles melhorem, deixaremos de reclamar uns dos outros. Francamente, não sei se eles estão certos. Talvez esses conflitos ocorram por causa das pressões a que estamos submetidos, mas é bem provável que indiquem um problema mais fundamental. Preciso primeiro determinar se o conflito entre os grupos é grave, para então decidir que providências tomar.

Allentown Materials Corporation

A Allentown Materials Corporation, fabricante líder de vidros especiais, foi fundada em Allentown, Pensilvânia, no final dos anos 1800. Seu crescimento e reputação se devem à capacidade de criar e de confeccionar produtos de vidro originais, tendo a empresa grandes negócios numa série de diferentes mercados de vidros e cerâmica. Em 1992, a Allentown desfrutava uma posição forte em termos de finanças e lucros. Seu investimento em P&D

Este caso foi preparado pela assistente de pesquisa Jennifer M. Suesse (sob a orientação do professor Michael Beer). Copyright © 1997 pelo Presidente e *fellows* do Harvard College.

ESTUDO DE CASO

ILUSTRAÇÃO 1

Vendas e lucro operacional da EPD, 1985–1992 (em milhares de dólares)

	1985	1986	1987	1988	1989	1990	1991	1992
Vendas	US$ 54.518	US$ 93.177	US$ 93.852	US$ 85.854	US$ 108.496	US$ 113.780	US$ 102.206	US$ 102.986
Lucro operacional*	12.902	23.349	24.964	12.846	21.746	17.868	6.680	6.745

*Margem de lucro menos despesas com manufatura, administração e vendas.
Fonte: registros da empresa.

como porcentagem das vendas era bastante significativo em comparação com o de outras companhias do setor. No início dos anos 1900, a empresa havia estabelecido o primeiro laboratório de pesquisa industrial, a Technical Staffs Division (P&D), que conduzia pesquisas básicas e pesquisas de produtos e processos relacionados ao vidro e a tecnologias afins. O poder de produção contribuiu para a superioridade tecnológica da Allentown. Até hoje, a empresa jamais deixou de desfrutar a invejável condição de possuir lucratividade cada vez maior, sem pressões significativas da concorrência. Fatores como patente, *know-how* em produção e investimentos substanciais em capital tornam difícil para as outras empresas oferecer qualquer ameaça séria.

Estrutura organizacional A estrutura organizacional da Allentown reflete a estreita ligação entre seu crescimento e sua tecnologia. A área de P&D era tida em grande estima pela alta gerência, tanto é que seu vice-presidente comunicava-se diretamente com o presidente do conselho de administração. Próxima à P&D, a área funcional de maior força da Allentown era o setor de produção. Muitos viam nessa função uma oportunidade de chegar ao topo da empresa, como o atestam muitos dos altos executivos promovidos a partir de postos da produção. Com o objetivo de fomentar uma forte orientação para a manufatura, a empresa desenvolvera um sistema de controle em que as fábricas eram vistas como centros lucrativos. Os resultados financeiros eram relatados a cada 28 dias e revisados 13 vezes ao ano. Essas inspeções periódicas eram conduzidas em todos os níveis da corporação.

Durante muitos anos as operações da Allentown foram realizadas em sua sede; mas, à medida que a empresa cresceu, as fábricas e os escritórios de vendas foram sendo instalados mundo afora. Em 1992, seis das oito divisões de linha da corporação tinham seus centros de operações situados em Allentown, o que lhes permitia discutir problemas de negócios frente a frente. De fato, a corporação operava como uma família relativamente unida: as pessoas se encontravam com freqüência nas fábricas de Allentown, nas ruas da cidade e em ocasiões sociais. Indivíduos de todos os níveis e de diferentes partes da corporação interagiam informalmente. Não era nada incomum que altos executivos da empresa encontrassem empregados da divisão no prédio principal e os estimulassem a participar de discussões informais sobre a situação dos negócios – solicitando-lhes informações sobre pedidos, remessas, vendas e lucros do período.

ESTUDO DE CASO

A EPD e sua história

A Divisão de Produtos Eletrônicos (EPD) fabricava componentes eletrônicos de alta qualidade (resistores e capacitores) para diversos mercados. Mais da metade de suas vendas de 1992 destinou-se a fabricantes de equipamentos originais (OEMs), que compravam grandes quantidades de resistores e capacitores para uso em uma variedade de produtos. O restante das vendas da divisão destinou-se a distribuidores, que revendiam os componentes em quantidades menores. A exemplo de muitos outros negócios da Allentown, o de componentes expandiu-se graças à diferenciada capacidade tecnológica da EPD. Muitos de seus produtos inovadores e sem concorrentes no mercado foram criados em resposta às necessidades de OEMs, que exigiam da EPD a aplicação de toda a sua força em pesquisa e desenvolvimento para atender às rigorosas especificações de seus componentes.

O mercado de componentes Em meados da década de 1980, o programa espacial e a confiança das forças armadas nos sistemas de defesa nuclear geraram uma enorme demanda por componentes que fossem confiáveis, visto que deficiências ameaçavam a integridade de equipamentos caríssimos e altamente sofisticados. Por conta disso, o governo estava disposto a pagar um preço maior por componentes que atendessem às suas rigorosíssimas especificações, e a base de conhecimento da Allentown permitia-lhe servir a esse mercado satisfatoriamente.

No final dos anos 1980, a natureza dos negócios da EPD começou a mudar. À medida que a guerra fria começava a perder força e o mercado bélico declinava, a divisão concentrou a maior parte de seus esforços em mercados comerciais. Entre eles, despontava o mercado de computadores pessoais (PCs), que estava explodindo. Além disso, o ascendente mercado de aparelhos de telecomunicações, como telefones celulares, *pagers* pessoais (bipes), aparelhos de fax e outros produtos eletrônicos de consumo, também propiciava novas oportunidades para os componentes EPD. Valendo-se de sua exclusiva capacidade tecnológica em desenvolvimento de produto e fabricação, a EPD conseguiu ingressar nesses novos mercados e aí fixar uma importante posição. Em resposta às demandas por grandes volumes desses mercados, a divisão construiu uma fábrica em Evans, Geórgia, em 1990.

Em 1992, 60% das vendas da EPD destinaram-se aos mercados de computadores, telecomunicações e eletrônicos de consumo. Na medida em que as OEMs desenvolviam novos produtos de consumo para seus crescentes mercados, a gerência da EPD via-se continuamente pressionada a estender suas linhas de produto. Responder dessa forma às exigências exclusivas dos clientes era uma necessidade competitiva, pois os novos produtos impunham preços mais elevados em seus estágios iniciais de desenvolvimento e, assim, ofereciam uma oportunidade de crescimento. Ao mesmo tempo em que cresciam os mercados comerciais, os consumidores se tornavam mais sensíveis à questão do preço. Isso levou a uma competição maior e não raro mais acirrada entre os fornecedores de componentes.

Ainda que essa competição dependesse primeiramente da oferta de preço, a qualidade e o serviço também eram fatores importantes. Nesse sentido, os clientes davam especial

ESTUDO DE CASO

atenção aos fabricantes capazes de garantir um curto intervalo entre o pedido e a entrega (normalmente, não mais que quatro semanas), mas, para que houvesse produtividade nas operações de fabricação, eram necessários intervalos maiores. Padrões de qualidade mais rigorosos também eram exigidos, na medida em que peças de baixa qualidade podiam muitas vezes fechar a fábrica de um OEM. Com os fornecedores competindo por contratos de grandes volumes com os OEMs, os preços caíram acentuadamente, colocando pressão sobre os custos. Para Rogers e seus gerentes, era como se a EPD estivesse se tornando um negócio de *commodities*.

O futuro da EPD nesse dinâmico e incerto ambiente parecia mesmo desanimador. Era objeto de muita discussão e controvérsia dentro da divisão. Sempre seria possível aumentar o volume assumindo negócios mais baratos, mas isso reduzia a lucratividade. Muitos na EPD encaravam os novos produtos como uma importante fonte de novos volumes e lucros. Enquanto isso, alguns gerentes se indagavam se sua divisão poderia corresponder às altas expectativas da Allentown em matéria de lucratividade e crescimento ou mesmo se seria capaz de sobreviver.

Histórico administrativo: o legado de Joe Bennett Antes de 1990, Joe Bennett estivera à frente da EPD. Um empreendedor que sempre procurava lançar sua divisão em novos negócios, Bennett estivera encarregado da EPD desde seus primeiros passos, promovendo-a até torná-la um negócio significativo para a Allentown. Sob sua liderança, a EPD era uma das duas divisões da Allentown cujos centros de operações localizavam-se fora da cidade de Allentown, Pensilvânia. Isso era motivo de orgulho para Bennett, que estimulava na EPD tanto o desejo de crescer quanto o espírito de experimentar coisas novas. Por exemplo, Bennett aproveitou uma oportunidade de crescer ao iniciar pessoalmente a pesquisa de uma nova tecnologia que buscava unir componentes e circuitos integrados. Para Scott Allen, *controller* da divisão até 1990, Bennett era um exemplo das potencialidades da divisão:

> Sempre tentávamos coisas novas. Sempre experimentávamos. Andávamos a passos rápidos. Havia um sentimento de urgência, de compromisso e de insatisfação com o *status quo*. Como exemplo, estávamos 14 passos à frente em matéria de aplicações de computador. E isso por causa de Bennett e do setor dinâmico em que atuávamos.

Bennett, que contava 48 anos quando faleceu, era um grande homem, dotado de uma mente ágil e criativa. Dirigia a divisão praticamente sozinho. Como exemplo, tanto a fábrica Barnett (capacitores) como a Hopewell (resistores) tinham grupos de desenvolvimento de mercado e de produto separados, e seus administradores prestavam contas a Bennett. Muitas das principais decisões eram por ele tomadas, e nada era decidido sem seu conhecimento e aprovação. As pessoas o respeitavam, mas também o temiam. Um gerente de desenvolvimento de produto de capacitores descreveu Bennett e seu estilo nos seguintes termos:

> Joe era muito autoritário comigo e com os demais. O resultado disso é que as pessoas mais bem-sucedidas que trabalhavam para ele eram políticas e manipuladoras. As pessoas não se estendiam muito para não discordar dele.

ESTUDO DE CASO

Bennett exerceu um impacto significativo em nossa organização; nossos estilos administrativos acabaram refletindo o dele. Éramos todos mais autoritários do que tínhamos sido. Eu mesmo me sentia pouco inclinado a deixar meu pessoal cometer erros, embora soubesse que é importante as pessoas aprenderem com seus erros. A pressão e os padrões irreais eram comunicados a todos na organização. Disso resultava que nossos comprometimentos eram em geral irreais.

Havia pouca atividade de grupo e tomada de decisões por parte da alta gerência, exceto quando se tratava de um problema específico. Não éramos um grupo natural. Jamais estávamos juntos, salvo nas reuniões formais dos administradores. Não havia coesão no grupo que prestava contas a Bennett.

Bennett era um homem de muitos paradoxos. Ainda que a maioria das pessoas julgasse seu estilo gerencial extremamente diretivo, ele nutria intenso interesse pelo campo do amplo comportamento organizacional e suas aplicações em administração. Em 1989, iniciou um programa de desenvolvimento organizacional e de gestão da divisão, que deveria incluir diversas fases: exame de estilos individuais de gestão, produtividade de grupo, coordenação interfuncional e problemas organizacionais. Em todas essas fases deveriam ser desenvolvidos planos de ação para seu aprimoramento.

Don Rogers assume

Ao assumir a direção da EPD, em junho de 1990, Rogers herdou uma organização que empregava 900 pessoas, 175 das quais eram gestores e profissionais assalariados, e que contava com três fábricas e quatro distritos de vendas. Salvo por algum suporte em P&D por parte da Technical Staff Division da Allentown, tratava-se de uma organização multifuncional independente. Prestavam contas a Rogers um *controller*, um gerente de produção, um gerente de *marketing*, um gerente de vendas e um gerente de desenvolvimento de produto (as Ilustrações 2 e 3 contêm informações sobre a estrutura organizacional da EPD).

Formação gerencial de Rogers Antes de 1990, Rogers fora diretor do departamento de pesquisa de materiais eletrônicos da Technical Staffs Division da Allentown. Por lhe faltar experiência na linha de produção, sua promoção a vice-presidente e gerente-geral da divisão foi considerada um tanto incomum. Para a maior parte de seus colegas, porém, seu conhecimento e sua formação eram relevantes para os negócios da EPD; além disso, uma série de qualidades profissionais indicava seu potencial para ocupar um alto posto administrativo. Como diretor de pesquisa de materiais eletrônicos, Rogers fora responsável por todo o trabalho de pesquisa e desenvolvimento realizado no Technical Staffs. Estava, portanto, familiarizado com a tecnologia da EPD. Não raro, participava das reuniões da divisão tendo um conhecimento geral do negócio de produtos eletrônicos.

Rogers também possuía consideráveis ativos pessoais. Era brilhante, dotado de pensamento rápido e de excelente capacidade de expressão, tanto em pequenos como em grandes grupos. Os gerentes da EPD ficaram impressionados com sua capacidade de compreender uma ampla variedade de problemas complexos, desde técnicos até administra-

ESTUDO DE CASO

ILUSTRAÇÃO 2

Formação dos executivos da EPD

Don Rogers – vice-presidente e gerente-geral, Divisão de Produtos Eletrônicos, 40 anos. Ph.D em química pela Universidade de Cincinnati, mestre em química pela St. Johns University e bacharel em ciências pelo Queens College da Universidade Municipal de Nova York. Ingressou na Allentown em 1981, como químico de sua Technical Staffs Division (P&D). Em 1985, tornou-se gerente de pesquisa e, em 1988, diretor do departamento de pesquisa de materiais eletrônicos da mesma divisão. Designado gerente da divisão EPD em junho em 1990.

Bill Lee – gerente de *marketing*, 39 anos. Bacharel em engenharia química pela Rutgers. Ingressou na Allentown Materials em 1974, compondo sua equipe de engenheiros. Ocupou posteriormente diversos cargos de engenharia e de supervisão em fábricas de vidro. Após responder pelo planejamento da divisão para o mercado corporativo, tornou-se seu gerente de *marketing*, em 1991.

Ben Smith – gerente de produção, 43 anos. Graduado em engenharia pelo Clarkson College. Tornou-se gerente de produção da EPD em 1991, depois de ter ocupado uma série de cargos nas divisões de produtos eletrônicos e computacionais da Allentown. Iniciou como engenheiro de fábrica, tendo também desempenhado as funções de supervisor de departamento, superintendente de produção e gerente fabril em várias fábricas de vidro dessas divisões. Pouco antes de transferir-se para a EPD, atuara como gerente de produção da divisão de vidrarias laboratoriais.

Ted Moss – gerente de desenvolvimento de produto, 43 anos. Depois de receber o grau de engenheiro mecânico do City College de Nova York, juntou-se ao quadro de engenheiros da Allentown Materials Corporation. Passados cinco anos em outras divisões, integrou a EPD em seu estágio inicial. Serviu primeiro como engenheiro de projetos, vindo mais tarde a ocupar diversos cargos administrativos no setor de desenvolvimento de produto e de processos. Tornou-se gerente de desenvolvimento de produto da EPD em 1992.

Carolyn Green – *controller* da divisão, 31 anos. Ingressou na Allentown Materials Corporation em 1986, após bacharelar-se em administração industrial pela Yale University, trabalhar numa grande empresa de contabilidade e completar seu MBA pela Harvard Business School. Antes de juntar-se à EPD como *controller* da divisão, em 1991, ocupou uma variedade de cargos de contabilidade nas divisões de produtos computacionais e de painéis de exibição da Allentown.

Jack Simon – gerente de vendas, 34 anos. Graduado em sociologia pela St. Bonaventure University. Ingressou na Allentown em 1984, como agente de vendas. Toda a sua experiência com a Allentown dizia respeito à EPD. Exercia a função de gerente de vendas distrital quando foi promovido a gerente de vendas da divisão, em 1991.

---

tivos. Amável e cordial, encorajava as pessoas a se abrirem com ele, pois estava sempre disposto a compartilhar informações e seus pensamentos. Muitos de fato se surpreendiam com as coisas que ele estava disposto a revelar e a discutir. Rogers também procurava fazer com que as pessoas se envolvessem com os problemas, consultando-as a respeito das decisões a serem tomadas.

Apesar desses atributos positivos e do apreço e do respeito genuínos que lhe devotavam os gerentes da divisão, certos aspectos do estilo gerencial de Rogers eram objeto de crítica. Sua personalidade e sua intelectualidade superior quase sempre lhe asseguravam uma presença dominante nas reuniões. Muitos se indagavam o quão confortável ele se sentia diante dos conflitos e o quanto de liderança ele empregaria em situações difíceis. Alguns gerentes da EPD assim descrevem seu estilo:

> Rogers não presta muita atenção às coisas que são ditas. O fato de ele interromper os outros impede que ouça as opiniões alheias, dando a impressão de que realmente não aceita críticas. Além disso, ele tem sido suave demais

ESTUDO DE CASO

ILUSTRAÇÃO 3

Esquema organizacional da Divisão de Produtos Eletrônicos (EPD)

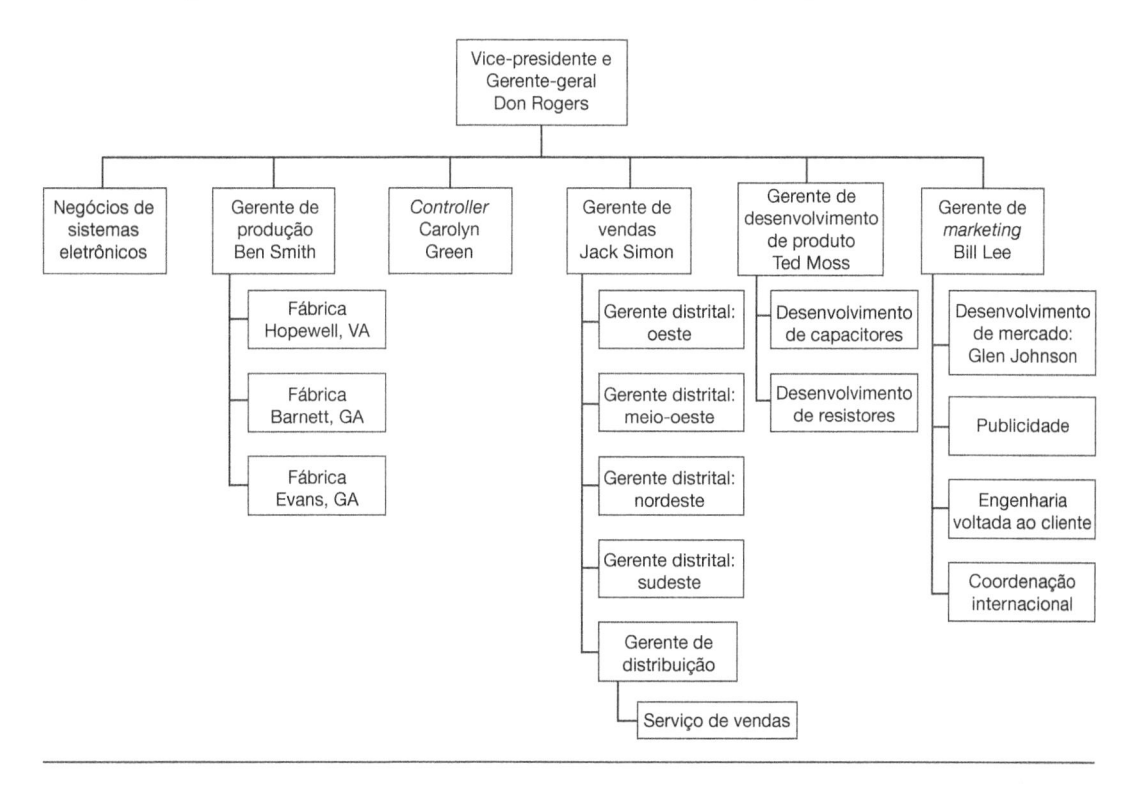

```
                        Vice-presidente e
                         Gerente-geral
                           Don Rogers
                                |
   ┌──────────┬──────────┬──────┼──────┬──────────────┬──────────┐
Negócios de  Gerente de  Controller  Gerente de   Gerente de    Gerente de
sistemas     produção    Carolyn     vendas       desenvolvimento marketing
eletrônicos  Ben Smith   Green       Jack Simon   de produto    Bill Lee
                                                  Ted Moss
             │                       │            │              │
         Fábrica              Gerente distrital: Desenvolvimento Desenvolvimento
         Hopewell, VA         oeste              de capacitores  de mercado:
                                                                 Glen Johnson
         Fábrica              Gerente distrital: Desenvolvimento
         Barnett, GA          meio-oeste         de resistores   Publicidade

         Fábrica              Gerente distrital:                 Engenharia
         Evans, GA            nordeste                           voltada ao cliente

                              Gerente distrital:                 Coordenação
                              sudeste                            internacional

                              Gerente de
                              distribuição
                                 │
                              Serviço de vendas
```

comigo, quando o certo era que me mantivesse concentrado nas minhas metas. Como não consegui alcançar muitas delas, ele deveria era estar "pulando em cima de mim". Fora isso, não importa o que dizemos, sempre obtemos dele o mesmo parecer. É bastante seguro abrir-se com ele e revelar o que pensamos, mas nem sempre ele escuta o que estamos dizendo.

Ele não se envolve suficientemente com os problemas que surgem das diferenças de objetivos dos departamentos funcionais. Talvez porque passe muito tempo longe das atribuições corporativas. Mas isso não muda o fato de que ele não se envolve o suficiente.

Os agitadores não são benquistos na divisão e estão sendo postos para fora. Os que ocupam os cargos mais altos não criam nem enfrentam os conflitos.

Ações de Rogers Ao tornar-se vice-presidente e gerente-geral da EPD, Rogers promoveu uma série de mudanças na organização. Por insistência da alta gerência, e acreditando que a EPD tinha de desenvolver laços mais estreitos com a corporação, ele transferiu o centro

ESTUDO DE CASO

de operações de Barnett para Allentown, para onde também mandou de volta os grupos de desenvolvimento de mercado. Além disso, embora os grupos de desenvolvimento de produto permanecessem nas fábricas, Rogers os consolidou sob a direção de Ted Moss, que estava baseado em Allentown. Logo após sua promoção, Rogers também separou as funções de *marketing* e vendas. Como disse mais tarde,

> Tinha a impressão de que as responsabilidades dos departamentos de *marketing* e vendas eram suficientemente diferentes para justificar sua separação. A meu ver, a atividade de vendas consistia em bater na porta dos clientes e obter pedidos, enquanto à de *marketing* cabia elaborar estratégias de preços, novos produtos, bem como identificar novas oportunidades para o futuro. *Marketing* é uma função estratégica, não uma atividade do dia-a-dia.

Outra mudança estava relacionada ao pessoal. Rogers substituiu todos os seus principais gerentes, exceção feita a Ted Moss, o gerente de desenvolvimento de produto. Ben Smith, o novo gerente de produção, desempenhara função semelhante na divisão de produtos laboratoriais da Allentown. Bill Lee, o novo gerente de *marketing*, ocupara cargos voltados para a manufatura em outras divisões da corporação, tendo estado recentemente encarregado do planejamento da empresa para o mercado corporativo. Carolyn Green, a nova *controller*, trabalhara nas fábricas da divisão de produtos computacionais da Allentown. Da nova equipe da divisão, apenas Jack Simon, o novo gerente de vendas, vinha diretamente da EPD.

Rogers também se voltou para o aprimoramento dos serviços oferecidos pela EPD. Em vista disso, o setor de serviço de vendas desenvolveu um sistema de informações e o gerente de produção delegou aos gerentes das fábricas a responsabilidade por atingir metas específicas quanto à entrega de encomendas e à redução do tempo entre o pedido e a entrega. Além disso, Rogers solicitou um relatório sobre o programa de comportamento organizacional de Bennett, originalmente destinado a vigorar por um período de três anos. Rogers tomou conhecimento de que o programa causara um impacto positivo sobre a divisão, mas sua fase final, que tratava da melhoria da coordenação interfuncional, ainda não estava concluída. Devido às dificuldades dos negócios e à sua relativa inexperiência na divisão, Rogers decidiu suspender o programa de Bennett, pois não estava convencido de que se tratasse de um meio eficaz de solucionar os problemas que enfrentava. Por fim, ele tomou a decisão de revisar tudo o que sabia sobre cada uma das áreas funcionais da divisão.

Revisão dos departamentos funcionais em 1992

Produção   Os resistores e capacitores eram produzidos em grandes quantidades em três fábricas – localizadas em Evans, Geórgia (resistores); Hopewell, Virginia (resistores); e Barnett, Geórgia (capacitores). Cada uma delas contava com um gerente e com uma gama completa de departamentos funcionais como produção, engenharia, controle de qualidade, compras, contabilidade e controle, pessoal.

Esses gerentes fabris, com uma única exceção, haviam se formado dentro da EPD. Por gerenciarem centros lucrativos, seu desempenho era avaliado com base em margens

ESTUDO DE CASO

brutas e outras variáveis de produção, incluindo tempo entre pedido e entrega e número de entregas perdidas. Para eles, sua reputação e, portanto, suas possibilidades de promoção dependiam do crescimento das respectivas fábricas e de seu desempenho na obtenção de boas margens brutas. Todos acreditavam que progredir dentro da hierarquia do setor de produção da empresa lhes proporcionaria, futuramente uma promoção a gerente-geral de alguma divisão. Como a produção era a principal área funcional da corporação, nutrir essa expectativa não era algo infudado.

Os gerentes de fábrica da EPD estavam extremamente aborrecidos com a falta de crescimento dos negócios da divisão. Nos últimos dois anos seu volume encolhera e, devido ao corte de preços, o volume de dólares caíra substancialmente. Assim, a fim de manter suas margens brutas, era enorme a pressão para que reduzissem os custos operacionais. Mesmo tendo conseguido reduzir alguns deles, as margens continuavam em queda. Com algumas exceções, as fábricas da EPD eram as que apresentavam as menores margens brutas de toda a empresa. Eis o que manifestaram alguns de seus gerentes:

> Nossas linhas de produto estão sofrendo um desgaste em seus preços, e não vejo uma grande quantidade de produtos novos. Precisamos de algo único e exclusivo. Não vejo potencial de crescimento nos produtos que temos hoje.

A frustração experimentada pelo pessoal do setor de produção expressava-se sobretudo em sua atitude com os departamentos de vendas e *marketing*. A seu ver, o pessoal das vendas estava voltado exclusivamente para a questão do volume, sem nenhuma preocupação com as margens brutas. Culpavam esse setor por fazer negócios com margens de lucro baixas e por não empreender grande esforço para obter preços melhores. Em outras palavras, o setor de vendas estava desperdiçando lucros à custa do setor de produção e não era penalizado por isso.

Ao departamento de *marketing*, porém, as críticas eram ainda mais contundentes. Para o setor de produção, o *marketing* falhara na tarefa que lhe cabia, qual seja, a de pôr a divisão no caminho do crescimento lucrativo. Culpavam especialmente Bill Lee, o gerente de *marketing*, por não exercer uma "liderança forte". Estavam aborrecidos com o que chamavam de "síndrome do incentivo desaparecido". Na visão do pessoal da produção, as equipes de *marketing* iam à fábrica e projetavam um mercado de milhões de dólares para um novo resistor ou capacitor (o incentivo). Com base nessa projeção, o setor de produção fazia amostras e realizava outros investimentos na preparação do novo produto, apenas para descobrir, seis meses ou um ano mais tarde, que as vendas e os lucros seriam muito menores que o previsto. A produção concluía de que o setor de *marketing* era incapaz de prever com precisão as tendências do mercado e, de um modo geral, era incompetente. Muitos sentiam que Bill Lee e alguns integrantes de sua equipe precisavam ser substituídos.

O descontentamento do setor de produção atingia também o de desenvolvimento de produto, que, a seu ver, nem sempre fornecia produtos que funcionavam bem em suas linhas de produção. Recorriam a ele a fim de identificar componentes novos e de baixo custo, mas nada viam surgir. Quando o desenvolvimento de produto solicitava operações especiais nas linhas de produção para desenvolver novos produtos, o setor de produção se indagava o quanto seria recompensado por esse sacrifício na produtividade.

ESTUDO DE CASO

Marketing A área de *marketing* compreendia diversas atividades, incluindo engenharia voltada ao cliente, publicidade e sua mais importante função, o desenvolvimento de mercado. Sob a chefia de Glen Johnson, era responsabilidade do desenvolvimento de mercado elaborar projeções de vendas para o ano seguinte, planos de mercado para três anos, análises de participação de mercado e projetos para melhorar a posição de mercado. Um dos principais meios de elevar a participação de mercado era desenvolver novos tipos de resistores e capacitores (extensões de produto). Cabia ao desenvolvimento de mercado identificar essas novas oportunidades e assegurar o desenvolvimento de novos produtos em coordenação com outras funções. Pelo fato de a identificação de novas oportunidades de mercado ser de responsabilidade sobretudo sua (com o auxílio do setor de vendas), assim como a concepção do projeto de novos produtos, o pessoal do *marketing* sentia recair sobre si a pressão pelo desenvolvimento de novos produtos.

A área de *marketing* contava com muitos profissionais novos desde que fora estabelecida como função separada, um ano antes. A maioria deles havia se transferido do departamento de vendas. Johnson, por exemplo, atuara como gerente de vendas distrital. De um modo geral, esses especialistas em *marketing* eram recém-formados das faculdades de engenharia ou administração, com um ou dois anos de experiência em vendas.

Oprimido pela árdua tarefa de prever, planejar e formular estratégias para um mercado extremamente turbulento, o pessoal do *marketing* tinha a impressão de que ninguém era sensível a essas dificuldades. Para alguns deles, a Allentown tinha padrões de lucratividade de tal forma elevados para os novos produtos que era impossível alcançá-los no negócio de componentes. Johnson, o gerente de desenvolvimento de mercado, comentou:

> Embora o pessoal das finanças corporativas admita que precisamos de um conjunto de critérios diferentes, informalmente eles nos transmitem a idéia de que estamos fazendo um péssimo trabalho, o que nos faz agir de modo conservador. O ambiente corporativo não é um ambiente de risco. Temos de trazer para nosso negócio alguma vantagem patenteada que não conseguimos obter. E isso está nos atrasando.

O pessoal do *marketing* também se mostrava crítico com o setor de desenvolvimento de produto e com sua receptividade às carências da divisão. Na visão do *marketing*, as prioridades do desenvolvimento de produto estavam erradas, e seus projetos sempre chegavam tarde. Segundo Johnson, "Moss assume os projetos sem considerar totalmente o envolvimento dos recursos. Não há procedimentos ou critérios para estabelecer prioridades para o desenvolvimento. Ele dedica setenta por cento de seu tempo aos processos, e não ao desenvolvimento de produtos".

O departamento de *marketing* ressentia-se da falta de cooperação e das críticas contínuas do setor de produção, em quem via uma postura conservadora e pouco disposta a correr riscos. Tratava-se de uma circunstância particularmente agravante na medida em que, para os profissionais do *marketing*, ter de passar um tempo excessivo lidando com questões de produção os desviava de sua principal atribuição. Johnson deu indícios de que não teria assumido o setor de *marketing* se soubesse que isso envolvia as muitas frustrações de ter de convencer o setor de produção e outros a fazer as coisas.

ESTUDO DE CASO

Vendas Os produtos EPD eram comercializados por uma força de vendas direta composta por aproximadamente 25 agentes, organizados em quatro distritos comerciais. Cada distrito era administrado por um gerente de vendas distrital que se reportava ao gerente de vendas nacional, Jack Simon. Simon, a exemplo de todos os gerentes distritais, era oriundo do setor de vendas. A força de vendas visitava fabricantes cujos produtos incorporavam componentes elétricos e, trocando idéias com agentes de compras e engenheiros de concepção, tinha por objetivo conhecer as necessidades dos clientes, obter contratos para seus resistores e capacitores. Essa força de vendas consistia tanto de recém-formados como de vendedores mais velhos, com longa experiência no setor.

Além disso, sua ação era integrada, o que significava que a equipe de vendas da EPD vendia capacitores e resistores aos mesmos clientes. Assim, cabia a esses vendedores travar muitos contatos com agentes de compras e engenheiros, partindo do bom relacionamento para obter inteligência de mercado e uma oportunidade de firmar contratos. Mas eles também tinham de negociar com essas mesmas pessoas para obter o melhor preço possível. Como seu desempenho era avaliado com base no volume das vendas, eles trabalhavam pesado para atingir as metas orçadas. Contudo, não recebiam comissões, o que era fonte de muita discussão e descontentamento entre eles.

Simon relata um clima de desconfiança, jogo sujo, manipulação, artimanhas e politicagem entre os departamentos de vendas e *marketing*. Diz ele: "Nós, das vendas, não acreditamos que as informações que nos são passadas pelo pessoal do *marketing* sejam as melhores". Os maiores conflitos surgiam nas reuniões para definição de orçamento, em parte porque o departamento de vendas baseava suas previsões na investigação dos clientes, ao passo que o *marketing* valia-se de ferramentas analíticas para desenvolver suas projeções. Acrescenta Simon: "Os conflitos não são resolvidos com base nos fatos. Em vez disso, há acusações. Não confio neles [o pessoal do *marketing*] e não creio que sejam capazes de cumprir suas tarefas". No entanto, sua opinião sobre o setor de produção era, até certo ponto, mais positiva:

> Nosso relacionamento com o pessoal da produção é particularmente bom, mas tenho uma série de preocupações. Não sei absolutamente nada – ninguém sabe – sobre as reais reduções de custo da fábrica. Não creio que a falta de redução de custos represente para o setor de produção um golpe tão duro quanto as reduções de preço para o departamento de vendas. Outro problema é a unidade da Hopewell. Ela fede! Lá o jogo sujo é uma constante.

Nos níveis inferiores da organização, as relações entre vendas e produção pareciam ainda piores. Estridentes embates verbais eram travados ao telefone entre o gerente de vendas do distrito do Meio-Oeste e o gerente da fábrica de Evans. Em certa ocasião, para satisfazer à exigência de um grande cliente, o departamento de vendas solicitara a rápida entrega do produto encomendado, temendo que uma resposta demorada prejudicasse a posição da EPD junto a esse cliente. A fábrica respondeu que não poderia providenciar a entrega em tão curto prazo sem transtornar suas operações. O gerente do serviço de vendas comentou a respeito: "O relacionamento com a fábrica Hopewell é ruim. A avaliação dos gerentes das fábricas precisa mudar. Eles não são realmente avaliados pelo serviço. De qualquer forma, as coisas melhoraram relativamente, e eles passaram a se preocupar um pouco mais com isso".

ESTUDO DE CASO

Desenvolvimento de produto Diferentemente das outras divisões da Allentown, a EPD dispunha de seu próprio grupo de desenvolvimento de produto, responsável por desenvolver extensões da atual linha de produtos, embora dependesse do suporte técnico da Technical Staffs em pesquisa e desenvolvimento. (A maior parte das divisões dependia totalmente da Technical Staffs, só contando com grupos de engenharia para suporte à equipe de produção.) O departamento de desenvolvimento de produto estava constantemente envolvido com o desenvolvimento de processos de manufatura.

Habitualmente, entre 10 e 12 projetos de desenvolvimento de novos produtos eram encaminhados, não raro exigindo um desenvolvimento tecnológico significativo. O grupo de desenvolvimento dividia-se em dois setores: o dos resistores (instalado na fábrica Hopewell) e o dos capacitores (localizado em Barnett). O gerente de desenvolvimento de produto estava baseado em Allentown, Pensilvânia, junto aos demais integrantes da equipe da divisão. O grupo era composto por técnicos que haviam atuado durante toda sua carreira na área de pesquisa e desenvolvimento. Enquanto alguns provinham do departamento de P&D da companhia, muitos haviam trabalhado a maior parte de suas carreiras na divisão ou desempenhado funções técnicas em outras empresas do setor de produtos eletrônicos. Ted Moss, o gerente de desenvolvimento de produto da divisão, descreve assim seu relacionamento com outros grupos:

> As relações do meu departamento com as fábricas em geral são muito boas, apesar de alguns problemas com a Hopewell. Minha maior preocupação é com o setor de *marketing*. A impressão que tenho é de que eles não fornecem especificações detalhadas dos novos produtos. Além disso, não entendem o que implicam as mudanças das especificações. Acho que se as redigíssemos em conjunto resolveríamos o problema. Outro problema é que eles precisam olhar mais adiante e prever melhor o futuro. Sempre querem tudo para ontem. Precisamos de mais tempo!
>
> Também temos problemas com vendas. Precisamos saber a opinião deles sobre nossos novos produtos. Tentei conseguir os relatórios de pedidos que eles redigem e pedi a Simon algumas cópias. Ele me disse que não poderia dá-los a mim porque "a responsabilidade de interpretá-los era do departamento de *marketing*". Por fim, tive que ir até Rogers para resolver o problema.

Moss também era bastante crítico com relação à Technical Staffs Division, que eventualmente se encarregava do desenvolvimento de produto para a EPD:

> É difícil fazer com que eles cumpram o calendário. Como se reportam a outros, seu procedimento é independente do nosso. Por isso, nem se importarão se estiverem atrasados: tentarão o quanto antes relaxar as exigências referentes ao desenvolvimento. Preciso ter uma maior influência sobre as especificações do material que eles estão trabalhando. Freqüentemente tenho que subir até o "andar de cima" [para falar com os chefes da Technical Staffs] para resolver os problemas que ocorrem com esse grupo.

ESTUDO DE CASO

O processo de desenvolvimento de novos produtos

Depois de concluir sua revisão das áreas funcionais da EPD, Rogers continuou avaliando seu processo de desenvolvimento de novos produtos. Duas situações recentes mostravam que esse processo estava longe de ser suave.

Dois casos   A situação do capacitor W-1201, novo produto desenvolvido para o mercado de computadores, é um exemplo. O projeto do W-1201 havia sido interrompido e ressuscitado quatro vezes porque, em determinadas ocasiões, o conhecimento sobre seu *status* diferia de setor para setor da organização. Embora o setor de *marketing* visse no capacitor uma clara oportunidade, e o de desenvolvimento de produto o considerasse tecnicamente exeqüível, o departamento de vendas questionava sua capacidade de competir no mercado, já que demandava custos de produção muito altos. À medida que a discussão sobre a necessidade de promover modificações no produto a fim de reduzir custos foi avançando, mudaram as estimativas do *marketing* quanto ao mercado potencial para o novo capacitor, assim como a avaliação do desenvolvimento de produto quanto à sua exeqüibilidade. Como a gerência de cada área julgava a viabilidade do produto de maneira independente, o *status* do projeto nunca era claro. A certa altura, o pessoal de vendas estava recebendo pedidos de amostras do W-1201 sem saber que os departamentos de produção e *marketing* o haviam definido como inexeqüível, dando cabo da idéia.

Em outro caso, irromperam severas divergências entre o *marketing* e o pessoal da fábrica quanto a um possível revestimento para os resistores. O *marketing* determinara que um novo revestimento uniforme era necessário por motivos de competitividade e eficiência. Assim, levaram suas opiniões ao conhecimento da gerência da divisão, de quem acreditavam ter obtido o compromisso de mudar os revestimentos dos resistores. Mas as fábricas mostravam-se relutantes em converter suas operações. Questionavam se o desenvolvimento de produto havia provado que o novo revestimento funcionaria e que poderia ser fabricado para atender às especificações sem nenhum custo adicional. Além disso, desconfiavam da avaliação do *marketing* quanto à necessidade de tal mudança. O especialista em *marketing* incumbido do projeto retornava das reuniões na fábrica furioso e completamente descrente de sua capacidade de influenciar o pessoal das fábricas a levar adiante o projeto.

Reuniões do setor de desenvolvimento de produto   Em Allentown, Pensilvânia, uma vez a cada período contábil (28 dias) realizavam-se, durante dois dias inteiros, reuniões para discussão, coordenação e tomada de decisões sobre novos produtos. No caso dos capacitores e resistores, realizavam-se reuniões separadas. No total, cerca de 20 pessoas compareciam a cada reunião, entre elas o gerente da divisão, sua assessoria, os gerentes de fábrica e algumas pessoas-chave à frente de outras funções.

Um contínuo fluxo de pessoas entrava e saía dessas reuniões a fim de obter, junto aos subordinados, informações sobre sua respectiva área funcional. Não era incomum que um gerente fabril deixasse a reunião para solicitar a um engenheiro de sua fábrica informações sobre o *status* de determinado projeto. Numa dessas reuniões Ted Young, um especialista em *marketing*, era repetidamente citado como quem mais entendia do projeto em dis-

ESTUDO DE CASO

cussão, ainda que não estivesse presente. Em outras ocasiões, especialistas em *marketing* (que estavam baseados em Allentown) foram convidados a partilhar as informações de que dispunham sobre um dado projeto. Quando necessário, o pessoal das fábricas e o do desenvolvimento de produto às vezes também eram levados a Allentown para participar das reuniões.

As reuniões eram presididas por Johnson, o gerente de desenvolvimento de mercado, que tipicamente se sentava à cabeceira da mesa. Johnson divulgava uma agenda prévia e normalmente conduzia a discussão enquanto passava de um projeto a outro. Para cada projeto era verificado o progresso das metas acordadas por cada área na última revisão. Cada setor descrevia em detalhes o que fora feito pelo projeto em sua respectiva área (por exemplo, que mudanças de equipamentos haviam sido realizadas em determinada fábrica). Se uma função não tivesse atingido suas metas, como costumava acontecer, novos prazos eram fixados. Ainda que os problemas encontrados fossem sempre descritos, os deslizes no cumprimento das metas e as razões subjacentes a isso raramente eram discutidos. Além disso, as diferenças de opinião revelavam-se muito difíceis de resolver. Freqüentemente essas divergências só terminavam quando os participantes concordavam em discordar e partiam para o próximo item da agenda. Por mais que os ânimos se exaltassem, raramente se verificavam atos abertamente hostis ou agressivos. Mais tarde, as pessoas geralmente eram vistas, após as reuniões, em duplas ou em pequenos grupos pelos corredores, nos cafés ou em outros escritórios, dando prosseguimento ao debate.

No passado, o gerente da divisão não participava das reuniões do setor de desenvolvimento de produto. Em 1992, para facilitar o andamento das decisões, o departamento de *marketing* solicitou a presença de Rogers, que assumiu um papel ativo nas reuniões. Rogers costumava sentar-se do outro lado da mesa, em frente a Johnson, muitas vezes tomando parte nas discussões sobre um novo produto, particularmente em seus aspectos técnicos. Não raro ele explicava detalhes técnicos àqueles que não os compreendiam. Suas opiniões eram ouvidas e reconhecidas pelos demais, para quem as reuniões em muito haviam melhorado desde que ele decidira participar. Apesar de tudo, Johnson ainda as temia:

> Jamais consigo dormir tranqüilo na véspera das reuniões. Começo a pensar nos vários projetos e nos problemas que terei para obter a concordância e o comprometimento de todos com um dado objetivo. Passamos longas horas nessas reuniões, mas as pessoas simplesmente parecem não honrar seu compromisso de cumprir as metas dentro do prazo. Os projetos estão ficando emperrados e, ao que parece, não somos capazes de fazê-los avançar. A meu ver, temos projetos que deveriam ser eliminados, mas parece que também não somos capazes de fazer isso. Francamente, se eu pudesse voltar atrás, não teria assumido esse emprego. Afinal, quanto de *marketing* estou realmente fazendo? Parece que passo a maior parte do tempo em reuniões, tentando convencer os outros a fazer as coisas.

ESTUDO DE CASO

Perspectiva para 1993

Rogers sabia que algo precisava ser feito. À medida que o ano de 1992 chegava ao fim, ele e seu grupo de altos gerentes preparavam-se para sua segunda reunião GLF*, instituída no ano anterior como um fórum de discussão das principais áreas problemáticas da divisão e de desenvolvimento de compromissos com os objetivos para o ano seguinte. Agora era a vez de olhar para 1993.

---

* N. de T.: *Great Leap Forward*: grande salto para a frente.

ESTUDO DE CASO

General Electric: Major Appliance Business Group (Resumido)

Em dezembro de 1980, vários dos principais gerentes do setor de lava-louças da General Elecrtic (segmento integrante do GE Major Appliance Business Group, conhecido como MABG) estavam empolgados com os progressos feitos no Projeto C, mas preocupados com as possíveis conseqüências de algumas coisas que ficaram sabendo nos últimos meses. Em dezembro de 1979, após um ano repleto de discussões, planejamento, análises e revisões, o conselho de administração da GE autorizara um investimento de US$ 28 milhões no Projeto C. Como consta da proposta formal apresentada ao conselho, o projeto tinha três objetivos principais:

a. Alcançar a liderança mundial do setor de lava-louças em qualidade de produto e lucratividade;

b. Alcançar a liderança mundial em qualidade de processo, produtividade e qualidade de vida no trabalho; e

c. Alcançar maior segurança no trabalho mediante produtos de alta qualidade e baixo custo que conquistem maior participação de mercado.

A experiência e as descobertas do ano anterior haviam propiciado recentemente, entre os gerentes da equipe do projeto, discussões acaloradas quanto aos elementos fundamentais do projeto e às possíveis modificações de alguns detalhes que já haviam sido aprovados pela gerência corporativa e pelo conselho de administração da empresa. Aqueles mais diretamente envolvidos com o gerenciamento do projeto, com a consecução dos objetivos e com a condução das operações desde o lançamento do produto, em meados de 1983, sentiam que talvez essas modificações fossem adequadas e atendessem aos maiores interesses da GE. No entanto, recorrer uma vez mais à alta gerência e ao conselho de administração em busca de mais investimentos, depois de aprovado o projeto, foi encarado como algo um tanto incomum, pois sugeria um planejamento inicial inadequado e falta de disciplina no cumprimento dos compromissos. Ao longo de 1980, um ano de recessão com volumes e lucros consideravelmente inferiores ao planejado, o MABG testemunhara a dispensa temporária de 17% do total de trabalhadores das instalações de Louisville (quase dois mil funcionários) nos primeiros onze meses do ano.

Durante a semana de Ação de Graças de 1980, Tom Corcoran, gerente de programa do Projeto C, organizara uma série de reuniões da equipe responsável pelo projeto a fim de revisar os progressos feitos até então, avaliar as possíveis modificações identificadas e discutir de que modo a equipe deveria proceder. Um importante resultado dessas reuniões foi o reconhecimento de cinco possíveis modificações no projeto que justificavam uma nova análise, quatro das quais aumentariam – e uma diminuiria – o capital total gasto no projeto.

Adaptado de *General Eletric: Major Applicance Business Group (A)* e *(B)* (585-053 e 585-054).
Os dados selecionados foram modificados para proteger os interesses da empresa.
Copyright © 1992 by the President and Fellows of Harvard College. Harvard Business School case 693-067.

ESTUDO DE CASO

Ainda que qualquer combinação dessas cinco modificações fosse exeqüível, os participantes da discussão tendiam a favorecer uma destas três combinações:

1. Não implementar nenhuma mudança imediatamente e esperar até que o Projeto C seja concluído, em meados de 1983, para só então considerar, como parte de um esforço de aperfeiçoamento posterior, não apenas essas modificações, mas quaisquer outras melhorias que venham a ser descobertas no futuro.

2. Implementar algumas dessas modificações imediatamente, mas escolher uma combinação que não eleve o investimento de capital em mais de US$ 2,8 milhões (10% do montante aprovado originalmente). Embora o procedimento-padrão na GE permita a realização de investimentos superiores a 10% sem a aprovação formal do conselho, essa prática é vista com maus olhos.

3. No próximo mês, recorrer mais uma vez ao conselho de administração, em busca de capital adicional suficiente para cobrir todas as modificações do Projeto C, as quais a equipe julgou necessárias, antes de sua conclusão.

Na qualidade de gerente de programa do Projeto C, Corcoran estava ansioso para que os membros da equipe concordassem logo quanto à medida adequada a tomar, pois assim poderiam concentrar todas as suas energias no projeto e evitar adiamentos desnecessários ou surpresas futuras.

Histórico do MABG

Durante a década de 1970, o MABG, grupo pertencente à General Electric, era o maior fabricante de utensílios de cozinha dos Estados Unidos, constando de sua produção geladeiras, fogões, fornos de microondas e máquinas de lavar roupa para uso doméstico, bem como lava-louças e unidades para remoção de lixo. O grupo estava baseado em Louisville, Kentucky, onde possuía fábricas para cada um de seus principais segmentos de utensílios, todas reunidas no mesmo local. O MABG também dirigia uma fábrica de componentes plásticos em Frankfort, Kentucky, e uma fábrica de montagem de lava-louças em Milwaukee, Wisconsin, a qual era responsável pela produção das lava-louças com interior de metal revestido com porcelana Hotpoint, marca pertencente à GE. Com as vendas da fábrica beirando US$ 2 bilhões em 1979, o MABG contribuía com aproximadamente 10% das receitas corporativas da GE e um montante ligeiramente superior a seus lucros.

A estrutura organizacional do MABG (ver **Ilustração 1**) consistia de três grandes áreas funcionais: um setor de pesquisa e engenharia aplicadas, um setor de produção e um setor de *marketing*. Uma quarta divisão, gerenciamento de produto, incluía um gerente-geral para cada uma das principais linhas de produto do grupo: geladeiras, lava-louças, fogões e lavadoras de roupa. O MABG também mantinha um grupo de apoio aos empregados, que se reportava diretamente ao vice-presidente sênior e ao diretor executivo responsável pelo grupo. Dentro de cada uma das três áreas funcionais havia quatro gerentes-gerais, cada qual encarregado de uma das principais linhas de produto; reportavam-se, dentro de uma estrutura matricial, tanto a seu vice-presidente funcional como a

ESTUDO DE CASO

ILUSTRAÇÃO 1

Linha operacional do MABG (1980)

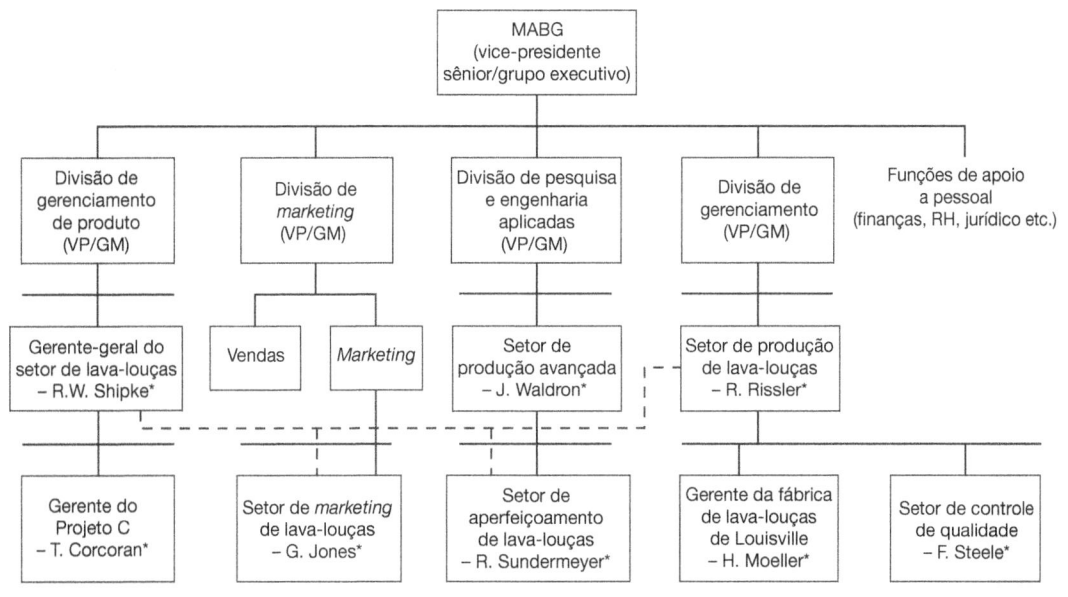

```
                          ┌─────────────────────┐
                          │        MABG         │
                          │  (vice-presidente   │
                          │ sênior/grupo executivo)│
                          └──────────┬──────────┘
       ┌──────────────┬──────────────┼──────────────┬──────────────┐
┌──────┴──────┐ ┌─────┴─────┐ ┌──────┴──────┐ ┌────┴────┐ ┌────────┴────────┐
│  Divisão de │ │ Divisão de│ │ Divisão de  │ │Divisão de│ │ Funções de apoio│
│gerenciamento│ │ marketing │ │pesquisa e   │ │gerencia- │ │   a pessoal     │
│ de produto  │ │  (VP/GM)  │ │engenharia   │ │mento     │ │(finanças, RH,   │
│   (VP/GM)   │ │           │ │aplicadas    │ │ (VP/GM)  │ │ jurídico etc.)  │
│             │ │           │ │  (VP/GM)    │ │          │ │                 │
└──────┬──────┘ └─────┬─────┘ └──────┬──────┘ └────┬─────┘ └─────────────────┘
```

(organograma com: Gerente-geral do setor de lava-louças – R.W. Shipke*; Vendas; Marketing; Setor de produção avançada – J. Waldron*; Setor de produção de lava-louças – R. Rissler*; Gerente do Projeto C – T. Corcoran*; Setor de marketing de lava-louças – G. Jones*; Setor de aperfeiçoamento de lava-louças – R. Sundermeyer*; Gerente da fábrica de lava-louças de Louisville – H. Moeller*; Setor de controle de qualidade – F. Steele*)

* Indica os principais integrantes da equipe de gerenciamento envolvidos com o Projeto C.
– – – Indica estrutura matricial de relacionamento.

seu respectivo gerente-geral dentro da divisão de gerenciamento de produto, sobre quem recaía toda a responsabilidade pelos resultados comerciais da linha de produto. Os principais atores envolvidos no ramo das máquinas de lavar louça eram Roger Schipke, gerente-geral do segmento de lava-louças dentro da divisão de gerenciamento de produto; Roger Sundermeyer, responsável pelo aperfeiçoamento das lava-louças na divisão de pesquisa e engenharia aplicadas; Gary Jones, responsável pela promoção das lava-louças dentro da divisão de *marketing* e Ray Rissler, encarregado da fabricação de lava-louças dentro da divisão de produção.

As quatro principais linhas de produto do MABG eram comercializadas sob duas marcas, General Electric e Hotpoint (a Hotpoint fora adquirida pela GE nos anos 1920). No decorrer da década de 1970, as duas marcas foram totalmente integradas. Enquanto a Hotpoint era vista como a marca de "valor" da empresa, a GE era conhecida como a "linha de qualidade". Embora os níveis de preço se equivalessem, a linha Hotpoint tinha maior representação nos segmentos de preços médios e baixos. As maiores inovações introduzidas na linha GE costumavam acontecer com um ou dois anos de antecedência em relação às da Hotpoint. Em 1979, 72% do total de vendas de unidades de lava-louça do MABG destinavam-se à marca GE, enquanto a linha Hotpoint respondia por apenas 27% (com 1% de marca própria). As vendas combinadas das duas linhas alçaram a GE ao posto de número um do mercado de lava-louças.

ESTUDO DE CASO

O mercado de máquinas de lavar louça consistia de diversos segmentos. Embora alguns modelos fossem máquinas portáteis com rodinhas, projetadas para encaixar-se às torneiras, a ampla maioria era desenhada para ser embutida nos armários de cozinha. Cerca de metade das unidades embutidas era adquirida por empreiteiros, tendo em vista sua instalação em unidades habitacionais recém-construídas. Esses empreiteiros costumavam ser clientes sensíveis ao preço. A outra metade das lava-louças embutidas era adquirida por reformadores ou pelos próprios consumidores. Estes, de um modo geral e ao contrário dos empreiteiros, mostravam-se mais preocupados com a confiabilidade, a conveniência e o desempenho do produto.

O MABG e o negócio de lava-louças nos anos 1970

No início dos anos 1970, a gerência do MABG via como problemático seu negócio de máquinas de lavar louça, apesar de possuir uma participação de mercado superior a 20%, volumes crescentes e um desempenho financeiro geralmente consistente (ver **Ilustração 2**). Embora a GE estivesse produzindo geladeiras e fogões de qualidade superior (*premium*), a gerência acreditava (e pesquisas com consumidores e revendedores confirmaram), que suas lava-louças eram consideradas aparelhos meramente adequados, de qualidade mediana.

A maior parte das máquinas de lavar louça da GE apresentava um *design* diferente da maioria dos modelos concorrentes. Enquanto grande parte dos tanques e portas das lava-louças era feita a partir de um composto de aço revestido de porcelana, as da lava-louças GE em geral se constituíam de aço coberto com uma camada de vinil flexível, conhecida como Plastisol. Ao contrário dos materiais cerâmicos, o Plastisol era suscetível às raspagens e arranhões produzidos pelo contato dos talheres, sendo as lesões em sua superfície agravadas pelos detergentes utilizados no aparelho. Uma vez arranhado, o aço exposto tendia a enferrujar, conferindo uma má aparência à máquina e abreviando seu tempo de vida. Embora os tanques revestidos de porcelana também não estivessem imunes a esse tipo de problema, neles a incidência de ferrugem era muito menor. Outro problema das

ILUSTRAÇÃO 2

Dados sobre o desempenho da lava-louças MABG

	1975	1976	1977	1978	1979
Participação de mercado (base em US$)	24%	24%	25%	25%	26%
Vendas (em milhares)	US$ 138.726	US$ 168.190	US$ 194.168	US$ 220.407	US$ 235.078
Índice de preço	87,9	92,2	95,8	100,0	103,5
Renda líquida (em milhares)	US$ 2.913	US$ 3.700	US$ 4.466	US$ 6.171	US$ 7.522
Retorno sobre as vendas	2,1%	2,2%	2,3%	2,8%	3,2%
Retorno sobre o investimento	6,1%	7,9%	8,0%	12,5%	15,9%

Nota: 1974 foi um ano de recessão para os principais utensílios, mas de 1975 a 1976 houve forte recuperação da economia.
Fonte: registros da empresa.

ESTUDO DE CASO

lava-louças GE era o excesso de ruído produzido durante a operação. Para arrematar, as máquinas eram criticadas por consumir uma grande quantidade de água, traduzindo-se num gasto excessivo de energia.

Os gerentes do setor de lava-louças da GE há muito se mostravam preocupados com a qualidade de seus produtos, de modo que a divisão de pesquisa e engenharia aplicadas do MABG começara, no início dos anos 1960, a investigar se algum dos vários compostos novos de plástico então introduzidos poderia superar o desempenho dos materiais convencionais no áspero ambiente operacional das lava-louças – em que jatos de água a 140° repletos de detergentes abrasivos espirravam nas portas das máquinas mais de 500 horas ao ano, em média. Depois de experimentar materiais disponíveis comercialmente, tais como o náilon e o poliéster, os cientistas da GE inventaram e patentearam um composto de polipropileno com fibras de vidro cujo desempenho era bastante satisfatório mesmo sob severas condições de teste.

A GE deu a esse material o nome de PermaTuf®, passando a introduzi-lo gradualmente em suas máquinas de lavar louça – primeiro no recipiente de detergente, depois no cesto de prataria e talheres, e em seguida na mangueira. Embora essas aplicações fossem cada vez mais exigentes, a GE não se deparou com nenhuma reclamação de garantia relacionada ao PermaTuf. Em 1968, os gerentes da GE haviam adquirido confiança suficiente no uso desse material para lançar um programa de desenvolvimento de uma nova lava-louça com tanque e porta em PermaTuf. Viram nesse programa potencial para alcançar o que historicamente constituía dois objetivos mutuamente exclusivos em *design* de produto: criar um produto de baixo custo com desempenho consideravelmente aperfeiçoado. O PermaTuf não oxidava; não arranhava e era altamente resistente a quebraduras. Além disso, testes revelavam que o tanque plástico reduzia o ruído da operação em 15%, em relação aos modelos da GE em Plastisol. Os custos de produção cairiam porque, ao contrário do tanque então usado pela GE, composto de 15 peças que precisavam ser confeccionadas, montadas e vedadas individualmente, o tanque em PermaTuf seria constituído de uma única peça.

Devido aos custos inferiores do novo aparelho, os analistas de mercado da GE inicialmente viram no PermaTuf um meio de fortalecer a participação da marca GE no mercado de baixo preço voltado para o segmento empreiteiro. Em 1971, US$ 17 milhões haviam sido destinados a esse esforço. Contudo, passados três anos de desenvolvimento, eles resolveram rever essa decisão de posicionamento. Os analistas de mercado da GE haviam concluído que, embora os tanques em PermaTuf superassem os de aço e porcelana em todas as dimensões, o plástico ainda era considerado um material "barato" pela maioria dos consumidores. O *marketing* da GE temia que usar o PermaTuf inicialmente num modelo barato voltado para o segmento empreiteiro reforçaria essa imagem, comprometendo a capacidade de a GE lançar, no futuro, o tanque em PermaTuf como um atributo especial para os consumidores do topo do mercado, que prezam a qualidade dos produtos. Assim, a gerência decidiu introduzir o PermaTuf, em princípio, num novo modelo, de qualidade superior (internamente, o produto era conhecido como PermaTuf A); suceder esse produto dois anos depois com o modelo PermaTuf B, posicionado no centro da linha de produtos da GE e, então, desenvolver uma versão realmente de baixo custo, o modelo C, destinado ao segmento empreiteiro. Para reforçar a imagem de qualidade do PermaTuf,

ESTUDO DE CASO

a gerência também decidiu oferecer uma garantia de 10 anos contra falhas no tanque e na porta da lava-louça, à diferença dos cinco anos de garantia praticados no setor.

O reposicionamento feito em meio ao programa obrigou a equipe de projeto da GE a passar por 18 meses intensos de reprojeto, e o modelo A foi lançado como General Electric GSD 1050 em outubro de 1976 – com mais de um ano de atraso em relação ao cronograma original. Na pressa de levar o produto ao mercado, a gerência acabou deixando de lado a fase de testes de fábrica, que tomava como prova final da qualidade do projeto. Infelizmente, depois que 28 mil modelos foram vendidos, a empresa foi forçada a retirar do mercado o modelo GSD 1050, devido a reclamações de garantia não-relacionadas com o material PermaTuf.

Uma vez conhecida a origem dos problemas do GSD 1050, a gerência optou por não introduzir o modelo A redesenhado. Em vez disso, alterou os atributos e o preço do modelo B visando a um mercado de mais alta renda, bem como aprovou um investimento adicional de US$ 4 milhões para acelerar seu desenvolvimento e lançamento. Em 1978 foram introduzidas três versões do produto: o GSD 1200, o GSD 1000 e o GSD 900. No entanto, as vendas ficaram entre 30 e 40% abaixo das expectativas, pois nem o pessoal de vendas da GE, nem os revendedores estavam dispostos a promover novos modelos com portas e tanques feitos com os mesmos materiais do malfadado modelo A.

Em 1979, apesar dos problemas com os modelos A e B, o desempenho do MABG no negócio de lavadoras de louça ainda era satisfatório. Vendas consistentes dos modelos da linha GE voltados para os segmentos de média e baixa renda haviam compensado os problemas dos modelos destinados ao público de alta renda. Foi em meio a esse ambiente que o departamento de *marketing* da empresa decidiu que era hora de reprojetar os produtos mais baratos, incorporando-lhes o tanque de uma só peça em PermaTuf – isto é, criar o Produto C. A divisão de pesquisa e engenharia aplicadas, que realizara um trabalho preliminar, sentia-se preparada para patrocinar esse esforço; a divisão de produção também estava pronta para juntar-se ao projeto.

Historicamente, no MABG o financiamento de projetos para o redesenho de produtos vinha acompanhado de um financiamento adicional para a compra de ferramentas e de equipamento de manufatura para o novo produto. Cerca de 75% do montante total reservado para os projetos A e B, por exemplo, tivera como meta a melhoria do processo de fabricação. Assim, ao formular sua proposta para financiar o desenvolvimento do Projeto C, uma equipe com representantes dos setores de pesquisa, engenharia e *marketing* propôs à alta gerência da GE um projeto orçado em US$ 18 milhões – com US$ 3 milhões destinados ao desenho de produto e US$ 15 milhões à melhoria do processo e à compra de novos equipamentos de fabricação.

Na revisão dessa proposta, o executivo do setor, Jack Welch, levantou uma série de questões importantes. Ele estava preocupado com o fato de que o MABG estava simplesmente "consertando" o negócio de lava-louças, em vez de torná-lo uma operação de nível internacional, sem concorrentes. Welch e outros mostravam especial preocupação com duas importantes falhas da proposta original de redesenho. Em primeiro lugar, a fábrica de

ESTUDO DE CASO

lava-louças de Louisville gozava de uma reputação desfavorável em matéria de qualidade, produtividade e flexibilidade. Em segundo, por causa do ambiente de forte união sindical, a GE tradicionalmente evitava excessos de investimento na fábrica de máquinas de lavar louça e em outras localizadas no complexo fabril de utensílios para cozinha de Louisville. Welch desafiou a equipe gerencial do projeto de lava-louças a repensar sua proposta e a obter um desenho de produto de nível superior e uma fábrica de nível superior – particularmente em termos de automação e de competitividade em qualidade e custo de fabricação, sem esquecer as questões relacionadas à força de trabalho. Welch queria uma proposta cuja meta fosse tornar a fábrica de lavadoras um modelo de envolvimento dos empregados, melhorando suas atitudes e o valor agregado. Ele deixou claro que estava disposto a considerar o investimento de mais capital para a ampliação do projeto, desde que este conferisse o *status* de nível superior aos esforços da GE no desenvolvimento de lava-louças, constituísse um modelo a ser seguido pelas demais fábricas de utensílios da GE e proporcionasse um sólido retorno financeiro para a corporação e seus acionistas. Assim, a gerência do setor de lava-louças se viu novamente às voltas com suas pranchetas de desenho.

Projeto C

Em resposta ao desafio de Welch, uma equipe composta por 13 membros reuniu-se para arquitetar e, uma vez aprovada, implementar uma grande mudança nos aspectos relativos ao produto, ao processo e à força de trabalho do negócio de lava-louças da GE. A equipe incluía representantes das divisões de *marketing*, produção, pesquisa e engenharia aplicadas e finanças do MABG, bem como integrantes-chave do setor de apoio ao pessoal envolvidos no negócio. Ao longo dos meses seguintes, a equipe finalizou uma proposta que exigia alterações fundamentais na linha de lava-louças GE produzidas em Louisville e um novo e avançadíssimo processo robotizado de fabricação, que renderia qualidade e produtividade, com a plena participação e contribuição de todos os segmentos da força de trabalho da fábrica. As significativas modificações propostas no processo de produção foram particularmente importantes.

Mudanças na produção

Sob a direção de Homer Moeller, gerente da fábrica de lava-louças de Louisville, e sua equipe de produção, idéias foram coletadas ao longo de toda a GE e também de fabricantes considerados líderes mundiais. Disso resultou a proposta de refazer totalmente as principais seções da fábrica de lava-louças de Louisville, a fim de que se complementassem plenamente e de que fossem integradas no redesenho da linha de produto das máquinas de lavar louça, que incorporariam portas e tanques em PermaTuf. A automação era uma meta a ser perseguida agressivamente – não apenas para reduzir custos, mas também para melhorar a qualidade –, e o *design* de produto devia ser modificado de acordo com as capacidades e limitações do novo processo. A este também deveriam ser agregados um maior controle dos operários e tempos menores de processamento fabril, e os testes de produto deveriam ser completamente integrados à produção, em vez de serem delegados a uma organização de controle de qualidade inteiramente separada.

ESTUDO DE CASO

Ao desenvolver sua parte da proposta, a divisão de produção adotou diversos princípios que considerava apropriados para obter liderança mundial em qualidade de processo, produtividade e qualidade de vida no trabalho. O primeiro princípio era concentrar-se na fábrica de lava-louças de Louisville, em sua produção dos modelos PermaTuf C da marca GE. Em 1983, a fim de que se obtivesse um fluxo de produção integrado e racional, nas instalações dessa fábrica, os produtos de menor volume foram transferidos para a fábrica de Milwaukee (com o consentimento do sindicato). Esse princípio também teve conseqüências para o grande número de componentes utilizados nos artigos produzidos na fábrica, sendo a meta reduzi-los de 4 mil para 800.

O segundo princípio era adotar um sistema celular para cada uma das quatro grandes etapas de produção. Enquanto as células de produção precisavam estar conectadas por uma esteira transportadora com estoques operacionais limitados e rigorosamente controlados, um sistema celular permitiria aos operários atuar mais como uma equipe e facilitaria a automação, a melhoria do processo e o teste das principais montagens parciais e da montagem final das lava-louças. Anteviam-se na fábrica algumas dessas células primárias (ver **Ilustração 3**).

Mudanças na força de trabalho

Propunha-se, como parte do Projeto C, uma série de mudanças significativas na força de trabalho. Embora as relações com o sindicato não raro fossem tensas nas instalações do MABG em Louisville, propôs-se no projeto que as atitudes dos empregados – com respeito ao seu trabalho, ao ambiente e à sua contribuição para o sucesso do negócio de lava-louças da GE – se tornassem um importante foco para o progresso. Isso exigiria a coleta sistemática de dados referentes a suas atitudes diárias, seguida por atualizações periódicas, tendo em vista medir o progresso feito até então. Conforme previsto pela equipe gerencial do Projeto C, o sindicato participaria desde cedo das discussões do projeto, no intuito de dar seu consentimento e apoio. Essa era uma medida especialmente decisiva, porque transferir a parte de pequeno volume da linha de produto da GE de Louisville para Milwaukee exigiria a aprovação do sindicato, algo que normalmente ele relutaria em conceder.

Uma segunda exigência para o consentimento do sindicato estava relacionada ao fato de que, com o foco reduzido na fábrica e com automação e a maior produtividade proporcionadas pelo Projeto C, a demanda por trabalhadores horistas na fábrica de lava-louças de Louisville provavelmente cairia de 15 a 25% entre 1979 e o primeiro ano de plena fabricação da nova linha de produtos. Previu-se que a maior aceitação do novo produto no mercado acrescentaria um volume de produção que, dentro de dois a quatro anos, compensaria esse declínio; no final das contas, portanto, o total de empregados na fábrica de lava-louças seria tão grande, ou possivelmente maior, que aquele do início de 1979. Garantir que o sindicato compreendesse e concordasse com essas flutuações na força de trabalho era crucial para o sucesso do projeto. (A gerência desejava evitar, durante o lançamento do novo produto, qualquer possibilidade de greve ocasionada por surpresa ou discordância do sindicato quanto aos níveis de emprego na fábrica.)

ESTUDO DE CASO

ILUSTRAÇÃO 3

Plano da fábrica de lava-louças de Louisville (Projeto C)

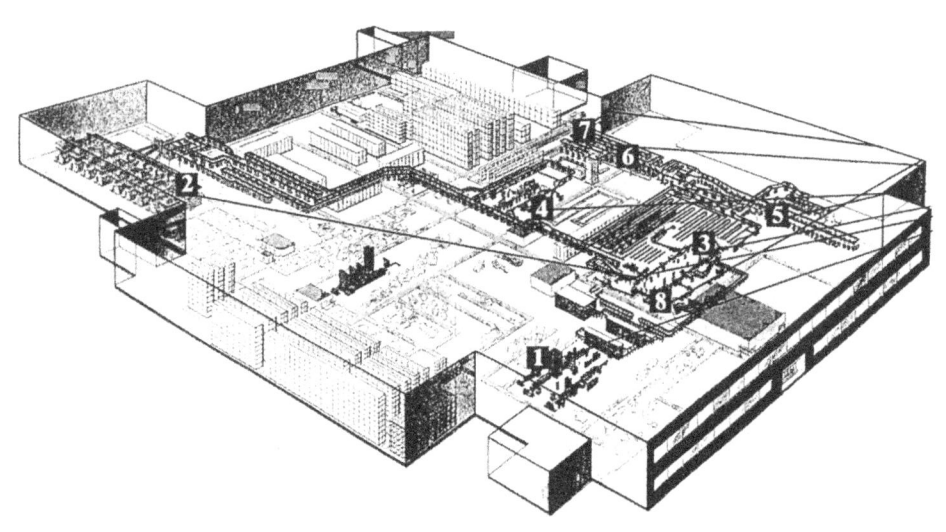

A área da fábrica de lava-louças é de aproximadamente 120 m × 180 m.

(1) *Célula de peças:* As peças seriam fabricadas para uso nas montagens da porta interna e do tanque. A produção nesse departamento envolveria maior automação e controle de processos, bem como significativas reduções de configuração (*set-up*), tendo em vista garantir um mínimo de estoques de produtos em elaboração.

(2) *Célula de tanques e portas PermaTuf:* Máquinas de injeção em molde para porta, cada qual comandada por um controlador programável GE, permitiriam o controle realimentado de diversas variáveis de processo e asseguraria não apenas tolerâncias consistentes, mas elevada produtividade e ciclos curtos nessa célula.

(3 e 4) *Célula de submontagem de tanques e célula de submontagem de portas:* Os componentes de metal e de PermaTuf seriam em grande parte reunidos de modo automatizado em submontagens. Os tanques e portas não seriam descarregados e carregados manualmente, pois a gerência acreditava que quando os produtos eram assim manejados surgiam variações e os custos aumentavam. O plano exigia, no caso de algumas peças, uma filosofia do tipo "produza um – utilize um", fazendo com que as peças fossem colocadas na próxima estação de submontagem.

(5) *Célula de montagem final:* As submontagens de tanques e portas seriam acrescidas de peças compradas de alguns fornecedores externos e recebidas dentro do sistema *just-in-time* (JIT). Os operadores retirariam uma unidade da esteira transportadora e a colocariam em seu espaço de trabalho. Após concluírem satisfatoriamente suas tarefas, eles retornariam a unidade à esteira. Isso fazia os trabalhadores serem diretamente responsáveis pela qualidade de seu trabalho.

(6) *Célula de teste final:* A célula de teste conduziria um rigoroso e completo teste de desempenho de cada unidade. Reparos seriam feitos imediatamente, e as informações relativas a eles seriam automaticamente enviadas de volta à estação de trabalho apropriada, a fim de garantir uma ação corretiva em tempo real.

(7) *Célula de empacotamento e remessa*

(8) *Centro de controle de computadores:* Situado de 12 a 15 metros do chão da fábrica, o centro monitoraria todos os processos de manufatura e em desenvolvimento, assim como forneceria relatórios de gerenciamento em tempo real e monitoramento visual das operações.

Enquanto as células seriam responsáveis por todas as atividades desempenhadas dentro de cada uma e contariam com os controles de processos e com as informações necessários para a execução de suas respectivas tarefas, dois atributos propostos como parte do Projeto C ligavam a fábrica como um todo e integravam suas operações. Primeiro, o sistema de transporte físico, que conectava as áreas de trabalho *upstream* às *downstream* dependentes de sua produção. Como havia um número limitado de posições de transporte nessas esteiras, o *design* e o plano do sistema fixavam limites específicos para a quantidade de estoques operacionais. Segundo, um sistema Kanban (cartão) seria utilizado para ligar as necessidades do departamento *downstream* às áreas de abastecimento *upstream*. Conforme as regras do JIT, um número limitado de Kanbans estaria no sistema a qualquer momento, e os departamentos *upstream* só poderiam iniciar a produção quando os departamentos *downstream* emitissem esses Kanbans.

ESTUDO DE CASO

Uma terceira exigência, e ainda mais importante no âmbito humano, proposta para o Projeto C era a mudança da condição dos trabalhadores, que deixariam de ser meras peças substituíveis no processo de produção, tornando-se fonte substancial de valor agregado. Isso exigia um envolvimento sistemático dos empregados, bem como um esforço de treinamento dos mais de mil trabalhadores horistas previstos para constar da folha de pagamento da fábrica de lava-louças ao final de 1983. Para tanto, era necessário que a força de trabalho não apenas conhecesse o Projeto C e seus objetivos, como também demonstrasse aceitação, envolvimento, comprometimento e, por fim, responsabilidade pelos resultados finais. A meta da equipe gerencial do projeto era fazer dos operários parte integrante do sucesso comercial das lava-louças.

Mudanças no desenvolvimento de produto

Por fim, os gerentes da divisão de pesquisa e engenharia aplicadas envolvidos no ramo das máquinas lava-louça foram solicitados a repensar grande parte do esforço proposto para o *design* de produto. Embora já estivessem comprometidos com a idéia de estender os tanques e portas em PermaTuf a toda a linha de lava-louças da marca GE, eles precisavam considerar algumas revisões que incorporassem facilidade de fabricação, foco na fábrica e na linha de produtos e menos peças no *design* do produto. Os setores de engenharia e *design* precisavam concentrar-se em embutir em seus *designs* qualidade e menor custo de aquisição (determinado tanto pelo custo original de compra quanto pelos custos com garantia e serviços).

Aprovação do Projeto C

No final de 1979, a equipe de gerenciamento do Projeto C – com coordenação e moderação de Corcoran – preparara um plano de desenvolvimento detalhado que contemplava o produto, o processo de produção e as pessoas envolvidas. Ele consistia de vários elementos fundamentais e deveria proporcionar resultados consideravelmente melhores em três esferas: qualidade, produtividade e oportunidade (ver **Ilustração 4**). Talvez ainda mais importante que isso (tendo em vista o modo como a aprovação dos projetos e a autorização para investimento de capital acontecia na GE), ele melhoraria significativamente a participação da empresa ao posicionar o produto no mercado, bem como o desempenho financeiro do negócio de lava-louças.

Conforme proposto ao conselho de administração em dezembro de 1979, o Projeto C demandava alterações fundamentais na linha de lava-louças embutidas GE, um novo processo de produção robotizado e com qualidade superior, além de uma melhoria significativa nas relações profissionais com a força de trabalho da fábrica de Louisville. Como resumido no pedido de autorização, o plano consistia em utilizar o *design* com base de PermaTuf em lava-louças da marca GE, com os objetivos a seguir:

1. Substituir, em toda a linha GE, os tanques e portas em Plastisol por tanques e portas em PermaTuf, oferecendo um produto de maior durabilidade que elevaria a qualidade real e percebida das lava-louças GE.

ESTUDO DE CASO

ILUSTRAÇÃO 4

Elementos fundamentais do Projeto C

Produto	Processo produtivo	Pessoal
Maior qualidade, menor custo dos produtos	Racionalizado, esteira liga áreas funcionais da fábrica	Envolvimento sindical
PermaTuf® como material dos tanques/portas	Princípios de JIT	Retreinamento para novos processos e TQM*
Linha de produtos mais simples (menos produtos e peças)	Tolerâncias mais estreitas (para GE e fornecedores)	Equipe de gerenciamento interfuncional do Projeto C
Projetos integrados de produtos e processos	Estoque mínimo	Foco em metas comerciais, não em metas funcionais ou sindicais
	Menos manuseio de materiais	
	Automação	
	Rigoroso teste final de produtos	

Áreas projetadas dos resultados

Qualidade	Produtividade	Oportunidade
Garantia estendida	Menor mão-de-obra indireta	Menor *work in process*
Menos defeitos	Menor mão-de-obra direta	Processamento mais rápido
Menos falhas encontradas no teste final	Volume agregado	Produza um – utilize um
Menos chamadas de serviço/menores índices de reclamações	Maior giro de estoque	Desenvolvimento mais rápido de novos produtos futuros, porque é conhecido o processo
	Maior tempo operacional dos equipamentos	

2. Implementar um programa de desenvolvimento de qualidade compatível com as alterações na linha de produto e no processo produtivo. Essa melhoria de qualidade derivaria primeiramente, dos ganhos com a uniformidade do processo, obtida mediante automação, tolerâncias mais estreitas nos produtos fornecidos externamente e naqueles fabricados/montados internamente, bem como de uma maior preocupação com a qualidade entre a gerência e os empregados.

3. Obter reduções de custo significativas nestas três áreas:

    a. Menos custos com produtos – incluindo materiais, mão-de-obra, sobras e retrabalho – e uso mais eficiente do capital investido (equipamento e estoque). [Economia por unidade em relação ao *design* em Plastisol = US$ 8,52.]

    b. Menos custos com transporte, pelo fato de as unidades acabadas pesarem 12 libras menos que os atuais modelos em Plastisol. [Economia por unidade em relação ao *design* em Plastisol = US$ 0,91.]

    c. Menos custos com serviço, devido a índices menores de solicitação de serviço durante os primeiros 90 dias de aquisição do produto (todas as unidades terão sido testadas rigorosamente antes da remessa) e menos gastos com reclamações de garantia.

---

* N. de T.: Total Quality Management: gestão da qualidade total.

ESTUDO DE CASO

Essas reduções – totalizando US$ 11,43 – seriam em parte contrabalançadas pelo custo adicional de oferecer uma garantia de 10 anos para os tanques e portas de todos os modelos PermaTuf, restando *uma economia líquida de US$ 9,43 por unidade*.

De acordo com essa proposta, a produção de artigos de menor volume – os modelos PermaTuf B e a linha de lava-louças portáteis – seria transferida para Milwaukee em 1982. Ainda que a produção desses modelos na nova localidade viesse a adicionar um custo de US$ 7 por unidade, a medida era considerada conveniente para aguçar o foco da fábrica de Louisville. Os modelos PermaTuf C seriam introduzidos por etapas em 1983. Em 1985, os modelos PermaTuf B seriam convertidos ao novo *design*.

O investimento exigido para a implementação do Projeto C estava estimado em US$ 28 milhões, dos quais US$ 1,9 milhão já havia sido gasto no desenvolvimento de modelos prototípicos e na experimentação de avançadas técnicas de montagem. Do total de US$ 28 milhões, US$ 5 milhões estavam reservados para o desenvolvimento de produto, US$ 4 milhões para o desenvolvimento de processo, US$ 3 milhões para a transferência de alguns produtos para a fábrica de Milwaukee, US$ 14,5 milhões para equipamento e US$ 1,5 milhão para a qualidade e o treinamento de cada trabalhador horista. A equipe de gerenciamento do Projeto C acreditava que a mudança total para a linha de produtos PermaTuf C renderia à GE maior participação no mercado varejista de 1983 em diante, porque estaria oferecendo um produto de melhor qualidade (ver **Ilustração 5** para a reprodução do anúncio promocional proposto com a foto do produto). A equipe projetava para 1983 um crescimento líquido de 0,4% em participação no mercado de varejo, subindo para 2,0% em 1989. Em razão da limitada capacidade de produção da fábrica proposta (1,02 milhão de unidades previsto para 1985), o aumento da participação de mercado seria de, no máximo, 1,2% em 1986.

Ao prever as vendas do setor, a equipe deu por certo que o aumento da penetração de aparelhos domésticos no mercado resultaria num crescimento médio anual, por unidade, de 5% de um ano normal na metade dos anos 1970 em diante. Assim, projetou-se que, em 1986, o tamanho do mercado americano de lava-louças seria de 4,7 milhões de unidades. O aumento da contribuição com a participação no mercado de varejo foi calculado em US$ 23,5 milhões até 1989, como indicado na **Ilustração 6**.

No cenário mais provável previsto pela equipe, o projeto prometia economias no custo do produto de US$ 75 milhões em 1989. Esses números baseavam-se em uma análise detalhada das economias de custo projetadas (**Ilustração 7**) e num exame meticuloso das projeções de receita e fluxo de caixa (ver **Ilustração 8**).

No intuito de ser tão meticulosa (e, ao mesmo tempo, franca) quanto possível, a equipe do Projeto C também compartilhara com a alta gerência as áreas com as quais tinha preocupação. Elas incluíam:

1. O desafio de convencer os consumidores de que o PermaTuf era um material melhor que a porcelana que revestia os tanques e portas e, assim, de que toda a linha de produtos da marca não apenas era diferente da concorrência, mas também de qualidade superior.

ESTUDO DE CASO

ILUSTRAÇÃO 5

Reprodução em tamanho real de um potencial modelo PermaTuf

ILUSTRAÇÃO 6

Impacto da participação de mercado prevista – Projeto C

Ano	Tamanho do mercado varejista relevante em unidades (em milhares)[1]	Participação de mercado varejista incremental	Volume incremental de unidade GE (em milhares)	Margem de contribuição média por unidade GE incluindo economias de custo com produção do Projeto C	Contribuição incremental (US$ em milhares)
1983	1.525	0,40%	6,1	US$ 115,73	US$ 706
1984	1.650	0,80%	13,2	131,82	1.740
1985	1.810	1,10%	19,9	145,54	2.896
1986	2.000	1,20%	24	161,37	3.873
1987	2.000	1,20%	24	178,37	4.281
1988	2.000	1,20%	24	198,01	4.752
1989	2.000	1,20%	24	219,16	5.260
Total					US$ 23.508

[1] Inclui apenas volume de segmentos servidos pelo PermaTuf C. (Não inclui, por exemplo, segmentos de portáteis e outros.)
Fonte: registros da empresa.

ESTUDO DE CASO

ILUSTRAÇÃO 7

Economias de custo previstas do projeto – Projeto C

	1982	1983	1984	1985	1986	1987	1988	1989	Total
Volume (em milhares)									
Plastisol em relação a PermaTuf C	—	300	690	761	866	866	866	866	5.215
PermaTuf B em relação a PermaTuf C	—	—	—	80	173	173	173	173	772
Portáteis em relação a Milwaukee	50	50	50	50	50	50	50	50	400
Melhoria de custo por unidade: PermaTuf vs. Plastisol									
Material, sucata e retrabalho	—	US$ 5,22	US$ 5,63	US$ 6,08	US$ 6,57	US$ 7,10	US$ 7,66	US$ 8,28	
Mão-de-obra, outros	—	3,30	3,58	3,84	4,15	4,48	4,84	5,23	
Transporte de saída[1]	—	0,91	0,98	1,06	1,14	1,23	1,33	1,44	
Garantia de 10 anos para tanques e portas[2]	—	(2,00)	(2,00)	(2,00)	(2,00)	(2,00)	(2,00)	(2,00)	
Redução das chamadas de serviço, concessões	—	2,00	2,16	2,33	2,52	2,72	2,93	3,17	
Total	—	9,43	10,33	11,31	12,38	13,53	14,76	16,12	
Melhoria de custo por unidade: PermaTuf C vs. PermaTuf B									
Material, sucata e retrabalho	—	—	—	US$ 5,30	US$ 5,73	US$ 6,19	US$ 6,68	US$ 7,22	
Mão-de-obra	—	—	—	2,51	2,71	2,93	3,16	3,42	
Despesas gerais/outros	—	—	—	1,31	1,42	1,53	1,65	1,78	
Transporte de saída	—	—	—	2,64	2,86	3,08	3,33	3,60	
Total	—	—	—	11,76	12,72	13,73	14,82	16,02	
Custos indiretos referentes a rearranjos na produção	(US$ 7,00)	(US$ 7,00)	(US$ 7,00)	(US$ 7,00)	(US$ 7,00)	(US$ 7,00)	(US$ 7,00)	(US$ 7,00)	
Economia (em milhares)									
Material, sucata e retrabalho	—	US$ 1.566	US$ 3.885	US$ 5.051	US$ 6.681	US$ 7.219	US$ 7.789	US$ 8.420	US$ 40.611
Mão-de-obra, outros	—	990	2.456	3.123	4.063	4.387	4.738	5.121	US$ 24.878
Despesas gerais/outros	—	—	—	105	246	265	285	308	US$ 1.209
Transporte externo	—	273	676	1.018	1.482	1.598	1.728	1.870	US$ 8.645
Garantia	—	(600)	(1.380)	(1.522)	(1.732)	(1.732)	(1.732)	(1.732)	(US$ 10.430)
Redução de chamadas de serviço, concessões	—	600	1.490	1.773	2.182	2.356	2.537	2.745	US$ 13.683
Custos indiretos referentes a rearranjos na produção	(350)	(350)	(350)	(350)	(350)	(350)	(350)	(350)	(US$ 2.800)
Total	(US$ 350)	US$ 2.479	US$ 6.777	US$ 9.198	US$ 12.572	US$ 13.743	US$ 14.995	US$ 16.382	US$ 75.796

Nota: Utilizou-se um coeficiente de 8%/ano para incrementar gradativamente as economias de custo de produto/unidade.

[1] PermaTuf C pesa oito libras menos que uma unidade de Plastisol e 20 libras menos que o PermaTuf B.

[2] Representa o mesmo acréscimo *(accrual)* em vigor para todas as lava-louças PermaTuf B.

Fonte: registros da empresa.

ESTUDO DE CASO

ILUSTRAÇÃO 8

Receita e fluxo de caixa previstos – Projeto C (em milhares de US$)

Aumento da Receita líquida	1979	1980	1981	1982	1983	1984	1985	1986	1987	1988	1989	Total
Impacto da participação de mercado (Ilustração 6)	—	—	—	—	706	1.740	2.896	3.873	4.281	4.752	5.260	23.508
Economias de custo com produto (Ilustração 7)	—	—	—	(350)	2.479	6.777	9.198	12.572	13.743	14.995	16.382	75.796
Custos de implementação												
Investimento em relação à despesa	(21)	(232)	(324)	(4.412)	(1.261)	(701)	(39)	—	—	—	—	(6.990)
Depreciação	—	(1)	(2)	(839)	(2.071)	(2.183)	(2.022)	(1.999)	(1.800)	(1.780)	(1.776)	(14.473)
Lançamento	—	—	(10)	(170)	(490)	(330)	—	—	—	—	—	(1.000)
Economia com manutenção	—	—	—	—	50	50	50	50	50	50	50	350
Total	(21)	(233)	(336)	(5.421)	(3.772)	(3.164)	(2.011)	(1.949)	(1.750)	(1.730)	(1.726)	(22.113)
Receita/(Perda) antes dos impostos	(21)	(233)	(336)	(5.771)	(587)	5.353	10.083	14.496	16.274	18.017	19.916	77.191
Imposto federal (48%)	10	107	155	2.655	270	(2.462)	(4.638)	(6.668)	(7.486)	(8.288)	(9.161)	(35.506)
Crédito de investimento (10%)	1	—	16	1.972	195	36	0	0	0	0	0	2.220
Receita líquida/(Perda)	(US$ 10)	(US$ 126)	(US$ 165)	(US$ 1.144)	(US$ 122)	US$ 2.927	US$ 5.445	US$ 7.828	US$ 8.788	US$ 9.729	US$ 10.755	US$ 43.905
Fluxo de caixa–ano corrente												
Receita líquida/(Perda)	(US$ 10)	(US$ 126)	(US$ 165)	(US$ 1.144)	(US$ 122)	US$ 2.927	US$ 5.445	US$ 7.828	US$ 8.788	US$ 9.729	US$ 10.755	US$ 43.905
Depreciação	—	1	2	839	2.071	2.183	2.022	1.999	1.800	1.780	1.776	14.473
Investimento capitalizado	(10)	(4)	(163)	(19.719)	(1.950)	(354)	—	—	—	—	—	(22.200)
Reduções de estoque	—	—	—	—	60	750	190	50	50	50	50	1.200
Reserva de garantia	—	—	—	—	172	535	754	736	694	566	430	3.887
Impostos atrasados sobre reserva	—	—	—	—	(79)	(246)	(347)	(339)	(319)	(260)	(198)	(1.788)
Total	(US$ 20)	(US$ 129)	(US$ 326)	(US$ 20.024)	US$152	US$ 5.795	US$ 8.064	US$ 10.274	US$ 11.013	US$ 11.865	US$ 12.813	US$ 39.477
Fluxo de caixa cumulativo	(US$ 20)	(US$ 149)	(US$ 475)	(US$ 20.499)	(US$20.347)	(US$ 14.552)	(US$ 6.488)	US$ 3.789	US$ 14.802	US$ 26.667	US$ 39.477	

Fonte: registros da empresa.

2. Ao apostar toda a linha de lava-louças da marca GE no PermaTuf, sua reputação poderia estar em risco em função de um concorrente com produtos de qualidade inferior que poderia obter tanques e portas de plástico barato no exterior, os quais rachariam e vazariam com o uso.

3. Altas significativas nos preços do petróleo em 100% acima dos níveis de 1979 adicionaria US$ 3 por unidade aos custos previstos do PermaTuf.

4. O investimento de US$ 28 milhões em fundos adicionais para uma moderna fábrica em Louisville, controlada por computadores, daria ao sindicato ainda mais influência e alavancagem sobre todo o local.

ESTUDO DE CASO

5. O sucesso do programa como um todo depende claramente de que o sindicato e os trabalhadores se comprometam integralmente e se apropriem dos custos e da qualidade do produto na fábrica de lava-louças.

6. Para certos gerentes do MABG, o mercado de lava-louças era demasiado pequeno e suas perspectivas de crescimento eram muito baixas para justificar um investimento da ordem de US$ 28 milhões. Eles argumentavam que para a GE seria melhor aplicar esses recursos financeiros e administrativos em algo como a fábrica de geladeiras de Louisville, já que produzia várias vezes o montante anual de receitas de vendas e lucros. Tal posição era geralmente contestada pelos gerentes do setor de lava-louças, os quais argumentavam que os US$ 28 milhões impulsionariam de tal forma o negócio de lavadoras de louça que nenhum outro investimento adicional – a não ser, possivelmente, a agregação de capacidade na segunda metade da década de 1980 – seria necessário por mais uma década.

Depois de uma discussão meticulosa e produtiva sobre a proposta do Projeto C, seus propósitos e seus resultados e riscos previstos, a alta gerência e o conselho de administração deram sua autorização em dezembro de 1979. Ao final de 1980, consideráveis progressos haviam sido feitos na implementação da parte referente ao *design* de produto, assentando as bases para o envolvimento do sindicato e da força de trabalho, preparando planos de processo e permitindo contratos para capital de equipamento e engenharia de instalações na fábrica de lava-louças de Louisville.

Possíveis modificações no Projeto C (novembro-dezembro de 1980)

Nos últimos meses, a equipe de gerenciamento do Projeto C identificou algumas importantes modificações na proposta original e agora se esforça para saber que procedimento adotar. A necessidade de tomar uma resolução quanto a essas questões tem gerado debates acalorados e emoções cada vez mais fortes. Corcoran procurou reunir os prós e os contras externados pela equipe a respeito de cada uma das cinco modificações, assim os resumindo no início de dezembro de 1980:

1. *Melhorar a qualidade do ambiente da fábrica.* Essa modificação na fábrica de lava-louças exigia um investimento adicional de US$ 1,5 milhão, que seria aplicado na instalação de uma cozinha, na renovação dos banheiros e na construção de um aposento multifuncional para os empregados. Havia um forte consenso entre os membros do Projeto C, os funcionários, o sindicato e outros do ramo de lavadoras de louça quanto à atratividade desse investimento; afinal, tratava-se de uma resposta positiva às sugestões dos trabalhadores, proporcionando um ambiente condizente com os esforços do Projeto C para o desenvolvimento de processos e produtos de qualidade e alinhando as ações da gerência à sua retórica. A desvantagem era que outras fábricas do complexo de Louisville certamente se veriam pressionadas pelo sindicato a implantar instalações com as mesmas ca-

ESTUDO DE CASO

racterísticas. Como essas fábricas representavam 90% da força de trabalho horista do complexo, tais melhorias poderiam elevar consideravelmente o investimento fixo do MABG em Louisville.

2. *Treinamento de habilidades para a solução de problemas técnicos.* Esse treinamento destinava-se a 20% dos principais horistas, e sua implementação demandaria US$ 1,5 milhão. O objetivo era ensinar os empregados a identificar, solucionar e eliminar problemas técnicos a fim de que, durante a abertura de uma fábrica e posteriormente, eles pudessem contribuir de modo significativo com contínuos esforços de aprimoramento. A proposta recebeu apoio dividido, com a equipe da fábrica de lava-louças, líderes sindicais e alguns dos melhores operários mostrando-se fortemente favoráveis. O pessoal da fábrica a via como uma espécie de seguro para um acabamento de produto mais tranqüilo em 1983 e além. Os líderes sindicais a apoiavam porque assim antecipavam a negociação, como parte de seu contrato de trabalho, de uma nova e mais alta classificação para sua categoria de trabalho, com uma melhor remuneração – de US$ 0,25 a US$ 0,50 por hora – aos cerca de 200 empregados que receberiam o treinamento. A gerência da fábrica não se opunha a esse custo adicional com mão-de-obra: acreditava que reduziria os "choques", já que, quando outras fábricas do MABG em Louisville mudavam os níveis da força de trabalho, aqueles que eram afetados só podiam almejar empregos na mesma categoria ou em categorias inferiores.

   Mas três grupos se opunham a essa alteração. Primeiro, a equipe de apoio (manutenção, engenharia de processos, planejamento de materiais e controle de qualidade) da organização, que via no treinamento um voto de desconfiança em sua capacidade de iniciar a fábrica sem percalços no desenvolvimento do PermaTuf C. Nisso era apoiado, ao menos informalmente, pela maior parte da força de trabalho, para quem essas eram tarefas de responsabilidade da gerência, e não, de horistas. Por fim, os gerentes das outras fábricas da GE em Louisville contrapunham-se ferrenhamente à proposta porque ela criava uma categoria de trabalho mais bem-remunerada (que eles seriam pressionados a incorporar) e, assim, dificultava sua missão de impedir que seus melhores horistas migrassem para a fábrica de lava-louças com o tempo.

3. *Revisões nos sistemas de informação e suporte da GE.* Essa alteração contemplava mudanças nos sistemas de contabilidade da fábrica, no rastreamento de materiais e no relatório de qualidade da GE. Garantia que as atividades do Projeto C seriam complementadas, reforçadas e facilitadas pelos sistemas de informação e suporte. Ainda que exigisse um investimento de capital da ordem de US$ 2,8 milhões e compromissos de tempo adicionais por parte da equipe de gerenciamento do Projeto C (já que estaria arquitetando algumas das mudanças do sistema), ela assegurava que esses sistemas não se tornariam obstáculos às melhorias subseqüentes na fábrica. Ao incorporar mudanças de sistema durante o Projeto C, identificadas pelos gerentes mais inteirados dos objetivos do projeto, essa proposta de alteração também possibilitaria revisões posteriores mais extensivas desses sistemas, de tal modo que eles promoveriam comportamentos condizentes com o Projeto C.

ESTUDO DE CASO

Embora os gerentes de linha encarassem a mudança como uma questão crucial de longo prazo e temessem que nada aconteceria se ela não se tornasse parte integral do Projeto C, havia pouco apoio à sua incorporação imediata: ela não era essencial para o sucesso do projeto, pois, durante sua fase de implementação, a equipe não precisaria utilizar os sistemas de gerenciamento da GE, de modo que tal mudança só faria aumentar a complexidade e a carga do trabalho designada à equipe.

4. *Acrescentar um ciclo de desenvolvimento de engenharia de valor*. Essa modificação exigia acrescentar mais um ciclo de protótipo (iteração) ao esforço de desenvolvimento de produtos e processos *antes* do lançamento no mercado da linha PermaTuf. Essa iteração adicional possibilitaria futuras novas melhorias, depurações e a integração dos *designs* de produtos e processos. Os custos diretos desse ciclo de engenharia de valor totalizariam US$ 1,2 milhão, e a proposta provavelmente exigiria mais três ou quatro meses para o projeto, retardando o lançamento da linha PermaTuf. O pessoal da fábrica era plenamente favorável à modificação; sentiam que a economia no custo do produto poderia chegar a US$ 1 por unidade e, com isso, sua melhor qualidade proporcionaria ganhos em participação de mercado de até 0,5%. Nos últimos meses, o setor de operações descobrira que ainda tinha muito a aprender sobre o "envolvimento inicial com a produção" e sobre como integrar efetivamente o desenvolvimento de produtos e processos. Ademais, os membros do grupo de desenvolvimento avançado do MABG eram favoráveis ao adiamento; eles apresentaram uma série de idéias sobre atributos e desempenhos aperfeiçoados que, a seu ver, poderiam ser incorporados à linha, desde que mais um ciclo de engenharia fosse disponibilizado.

   Contudo, o setor de *marketing* era contrário ao adiamento, pois não queria correr o risco de lançar o novo produto tardiamente. O departamento de finanças, por sua vez, estava convencido de que o custo de oportunidade associado a um atraso aniquilaria toda e qualquer economia de custo possível. Fora isso, ambos os grupos entendiam que, uma vez identificado um número suficiente de idéias para melhorias, um pequeno projeto de aperfeiçoamento poderia ser implementado no período de 1984 a 1985, obtendo os mesmos benefícios de custo (mesmo que exigisse um pouco mais de recursos), mas sem a desvantagem de um lançamento de mercado atrasado. Eles concordavam que um descuido nesse sentido, ainda que por uma boa causa, tornaria o Projeto C semelhante a muitos outros projetos passados da GE que perderam seus prazos de conclusão.

5. *Abandonar (adiar) a construção de uma sala de controle de computadores integrados*. Essa modificação economizaria US$ 1 milhão em capital não-consumido, mas aprovado, que poderia ser então aplicado em outras alterações propostas. A gerência de operações sugerira a modificação por estar cada vez mais cética quanto ao valor da sala de controle, privilegiando a delegação de mais responsabilidade e controle aos trabalhadores em detrimento de uma equipe centralizada. Para esses gerentes, mesmo que uma sala de controle se mostrasse atraente, seria melhor implementá-la mais tarde, quando se tivesse maior conhecimento das exigências específicas, em vez de tentar prever e construir o "sistema de

ESTUDO DE CASO

controle ideal" com base em pouca ou nenhuma experiência. Os obstáculos para adiar essa parte do projeto, ou mesmo para abandoná-la por completo, estavam no fato de que a alta gerência já havia divulgado a sala de controle como parte integral do "esforço de classe superior" da GE para o setor de lava-louças. Além disso, após longas discussões o sindicato aceitara esse conceito, e as equipes do SIG (Sistema de Informações Gerenciais) e do controle financeiro o concebiam como a melhor maneira de garantir uma coordenação e um controle mais rigorosos da fábrica de lava-louças automatizada.

Na visão de Corcoran, a tarefa agora consistia em decidir quais dessas modificações, se é que alguma, deveriam ser incorporadas ao Projeto C. Se as escolhidas exigissem um investimento adicional líquido superior a 10% (US$ 28 milhões), a equipe teria de recorrer à alta gerência e ao conselho de administração a fim de obter sua aprovação formal. Enquanto ninguém apreciara essa expectativa, ainda mais depois de ter gasto um ano procurando "fazer a coisa certa" e responder de modo consistente à determinação de Welch, "faça certo de primeira", Corcoran e sua equipe queriam garantir que o projeto e seus resultados não fossem comprometidos por sua incapacidade de proceder adequadamente. Para manter as coisas em ordem, essas questões precisavam ser resolvidas de uma vez por todas na metade do mês, de modo que os recursos e as energias pudessem se voltar para o desenvolvimento exitoso do Projeto C.

ESTUDO DE CASO

General Motors: Divisão Packard Electric

David Schramm, engenheiro-chefe do departamento de *Design* de Cabos e Componentes (CCD*) da Packard Electric, lançou um rápido olhar sobre o anel isolante RIM** que tinha na mão e pôs-se a refletir sobre seus riscos e benefícios (ver glossário no **Apêndice**). A Packard Electric desenvolvera a peça como uma inovação tecnológica que permitia, nos automóveis de passeio, a passagem dos fios do compartimento do motor através da parede de isolamento até o compartimento de passageiros.

O Comitê de Produtos, Processos e Confiabilidade (PPR***), a quem cabia a responsabilidade final pelo processo de desenvolvimento dos novos produtos, solicitara a Schramm sua análise e recomendação, a fim de definir se a Packard Electric deveria ou não introduzir o anel isolante RIM num dos modelos automotivos com lançamento previsto para 1992. Era já 1º de março e, devido ao intervalo de tempo entre o recebimento do equipamento e sua operação, a decisão tinha de ser tomada dentro de uma semana (ver **Ilustração 1** para o cronograma do projeto). Por maior que fosse o entusiasmo do pessoal do departamento de desenvolvimento de produto com as possibilidades do anel RIM, muitos do setor de manufatura eram seus ferrenhos opositores.

Histórico da Packard Electric

Em fins do século XIX, os irmãos Packard fundaram a Packard Company com vistas à produção de lâmpadas de filamento de carbono e transformadores. Em 1899, a empresa transferiu-se para a incipiente indústria automotiva. Posteriormente, apesar da venda de seu negócio automotivo, a Packard seguiu como fornecedora de sistemas de ignição. Adquirida pela General Motors em 1932, a empresa transformou-se na Divisão Packard Electric da GM.

Com o passar dos anos, a gerência da divisão conservara-se razoavelmente autônoma. Em suas primeiras nove décadas de vida, a Packard só tivera sete gerentes-gerais. Embora o grosso de suas vendas se destinasse às divisões da GM, a empresa fazia negócios significativos com outras companhias automotivas.

Nos anos 1980, a GM viu-se diante de uma expressiva concorrência – particularmente das importações japonesas. Sua participação de mercado nos Estados Unidos caíra de 45%, em 1980, para cerca de 34%, em 1989. Em que pesem os problemas da matriz, as receitas e a lucratividade da Packard Electric cresceram de forma constante nessa década, alcançando uma taxa anual de 8 a 9%. Tal crescimento era atribuído a dois fatores: o aumento das vendas para outros fabricantes automotivos e o conteúdo eletrônico cada vez mais presente nos automóveis. Em 1989, a Packard registrava mais de US$ 2 bilhões em vendas, das quais 25% destinavam-se a consumidores de outras empresas que não a GM.

Este caso foi preparado por Geoffrey K. Gill (sob supervisão do professor Steven C. Wheelwright).
Copyright © 1990 by the President and Fellows of Harvard College. Harvard Business School case 691-030.
* N. de T.: Cable and Component Design. Ver Apêndice.
** N. de T.: Reaction Injection Molded (moldado por injeção reativa). Ver Apêndice.
*** N. de T.: Product, Process, and Reliability. Ver Apêndice.

ESTUDO DE CASO

ILUSTRAÇÃO 1

Cronograma do projeto RIM (1/3/90)[1]

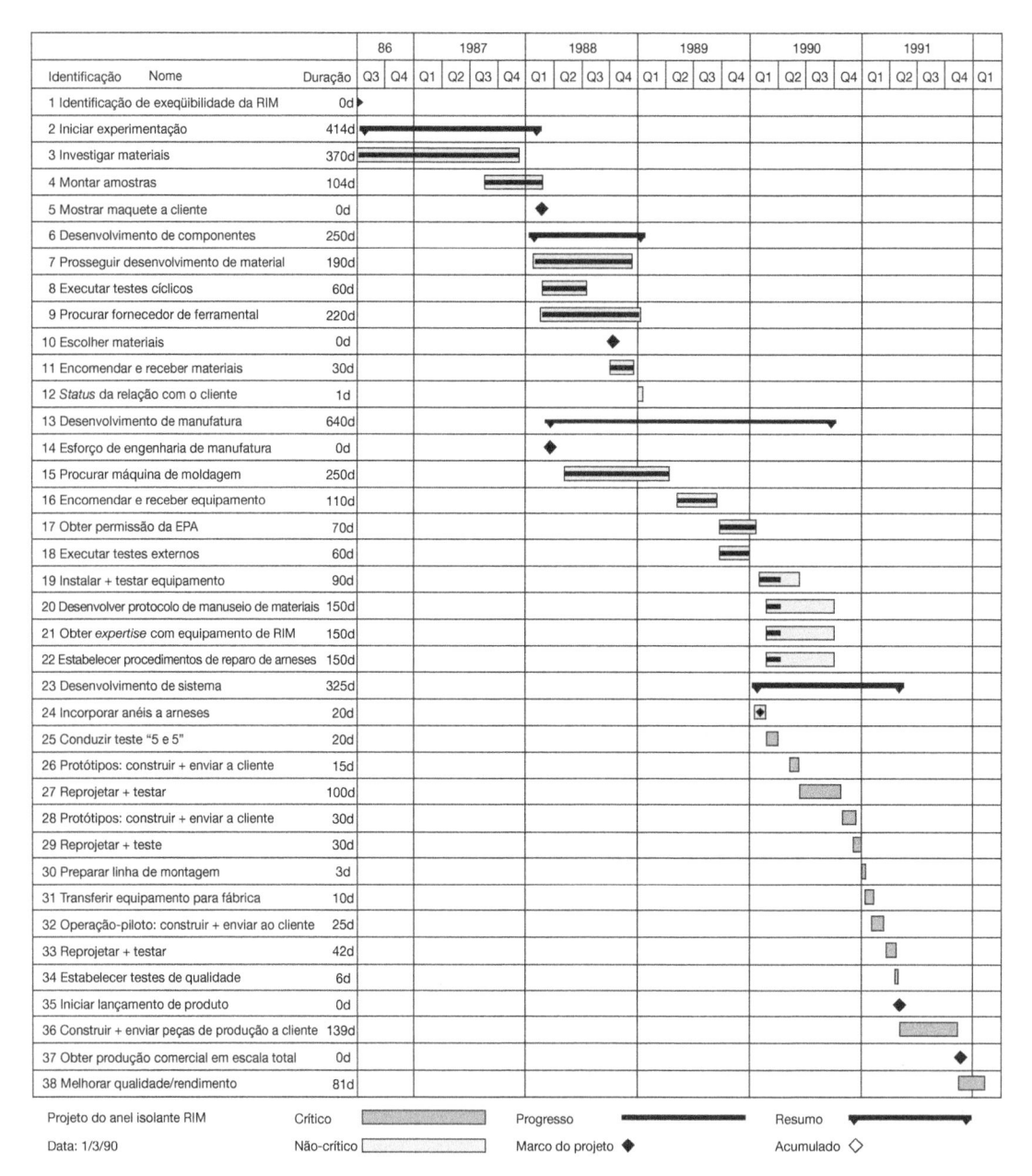

Identificação Nome	Duração
1 Identificação de exeqüibilidade da RIM	0d
2 Iniciar experimentação	414d
3 Investigar materiais	370d
4 Montar amostras	104d
5 Mostrar maquete a cliente	0d
6 Desenvolvimento de componentes	250d
7 Prosseguir desenvolvimento de material	190d
8 Executar testes cíclicos	60d
9 Procurar fornecedor de ferramental	220d
10 Escolher materiais	0d
11 Encomendar e receber materiais	30d
12 *Status* da relação com o cliente	1d
13 Desenvolvimento de manufatura	640d
14 Esforço de engenharia de manufatura	0d
15 Procurar máquina de moldagem	250d
16 Encomendar e receber equipamento	110d
17 Obter permissão da EPA	70d
18 Executar testes externos	60d
19 Instalar + testar equipamento	90d
20 Desenvolver protocolo de manuseio de materiais	150d
21 Obter *expertise* com equipamento de RIM	150d
22 Estabelecer procedimentos de reparo de arneses	150d
23 Desenvolvimento de sistema	325d
24 Incorporar anéis a arneses	20d
25 Conduzir teste "5 e 5"	20d
26 Protótipos: construir + enviar a cliente	15d
27 Reprojetar + testar	100d
28 Protótipos: construir + enviar a cliente	30d
29 Reprojetar + teste	30d
30 Preparar linha de montagem	3d
31 Transferir equipamento para fábrica	10d
32 Operação-piloto: construir + enviar ao cliente	25d
33 Reprojetar + testar	42d
34 Estabelecer testes de qualidade	6d
35 Iniciar lançamento de produto	0d
36 Construir + enviar peças de produção a cliente	139d
37 Obter produção comercial em escala total	0d
38 Melhorar qualidade/rendimento	81d

Projeto do anel isolante RIM — Crítico — Progresso — Resumo
Data: 1/3/90 — Não-crítico — Marco do projeto ♦ — Acumulado ◊

[1] No início de 1988, o anel isolante RIM tornou-se projeto oficial destinado a um cliente específico.

ESTUDO DE CASO

Produtos da Packard Electric

Os executivos da Packard Electric referiam-se à divisão como um negócio de "distribuição de energia e sinais". A divisão comercializava todos os cabos e conectores necessários à interconexão dos aparelhos elétricos de um veículo (ver **Ilustração 2**). O negócio dividia-se em duas áreas: componentes e montagens. A área de componentes envolvia as peças individuais que constituem o sistema elétrico automotivo. Desses componentes constavam cabos, conectores e conduítes (revestimentos para manter unida e organizada uma série de cabos). A divisão os vendia a empresas automotivas e a outras divisões da GM (como a Delco Electronics e a Harrison Radiators), que integravam os componentes da Packard em subsistemas para fábricas de montagem automotiva e revendedores de peças de reposição.

Os produtos de montagem eram arneses completos ou subsistemas que podiam ser instalados diretamente no automóvel. Regra geral, a Packard vendia essa fiação elétrica completa (denominada arnês), que era então instalada pelo fabricante automotivo em sua linha de montagem final. Os arneses variam grandemente em complexidade, dependendo das especificações do automóvel; um arnês completo dispõe de muitas centenas de componentes e de quase dois quilômetros de fios.

O projeto dos arneses era complicado pelo fato de que os engenheiros tinham de garantir que eles seriam instalados na linha de montagem como uma só unidade. Normalmente, eles continham chicotes com até 150 fios. Por eles serem muito rígidos, era necessário que os engenheiros determinassem um caminho de roteamento que não apenas se ajustasse ao *design* do carro, como também pudesse ser embalado organizadamente para sua remessa e instalação.

Já o processo de instalação dos arneses era complicado porque os cabos que o compunham abarcavam o veículo em toda a sua extensão e largura e porque as conexões precisavam ser feitas em cada etapa do processo de montagem do automóvel. Das 20 a 30 horas necessárias para completar a montagem final de um automóvel típico, esse processo de instalação consumia de 60 a 90 minutos. Como observou um engenheiro da Packard Electric:

> O pessoal da fiação conhece todos em uma empresa automotiva, do projeto à manufatura. Eles participam de cada etapa do processo e têm que dar conta de uma série de detalhes. O mais fácil de mudar num carro é a fiação; por isso, sempre que há um problema de produção, a fiação é a primeira coisa a mudar. Além disso, os consumidores só se dão conta da fiação quando surge algum problema – e aí é um desastre. A maioria das empresas odeia o sistema elétrico por causa de todos os detalhes que envolve e pelo fato de que nunca se recebe um *feedback* positivo, mas na Packard Electric é isso o que fazemos e adoramos.

Devido à relativa facilidade com que um *designer* automotivo podia modificar um arnês, os pedidos de mudança de engenharia (ECOs*) representavam um dos principais esforços da Packard Electric. A cada ano, mesmo o arnês de um carro antigo era objeto,

---

* N. de T.: Engineering Change Order. Ver Apêndice.

ESTUDO DE CASO

ILUSTRAÇÃO 2

Sistema automotivo de distribuição de energia e sinal

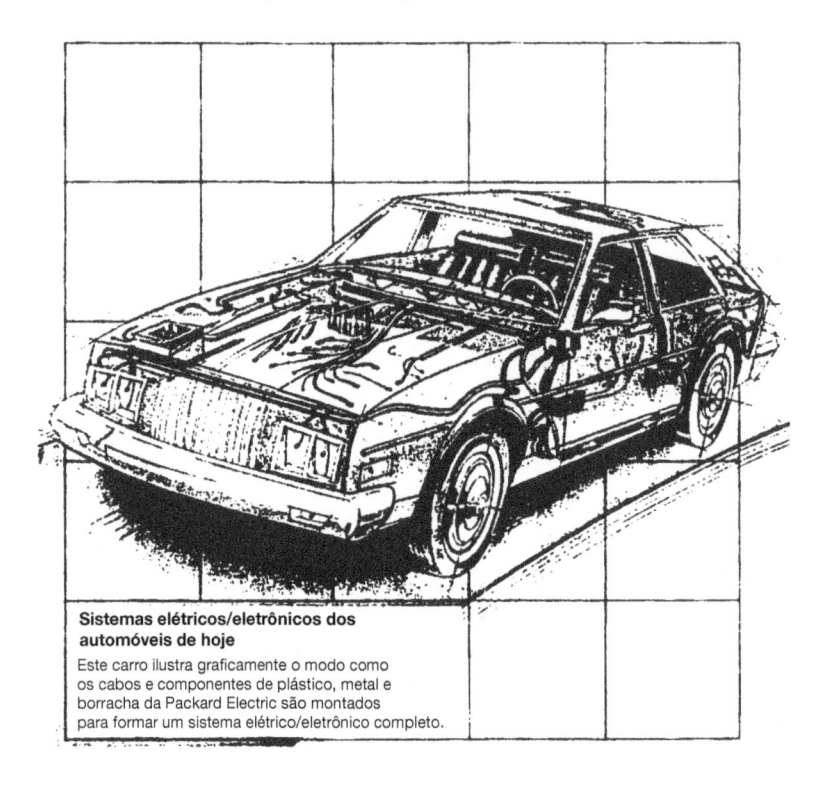

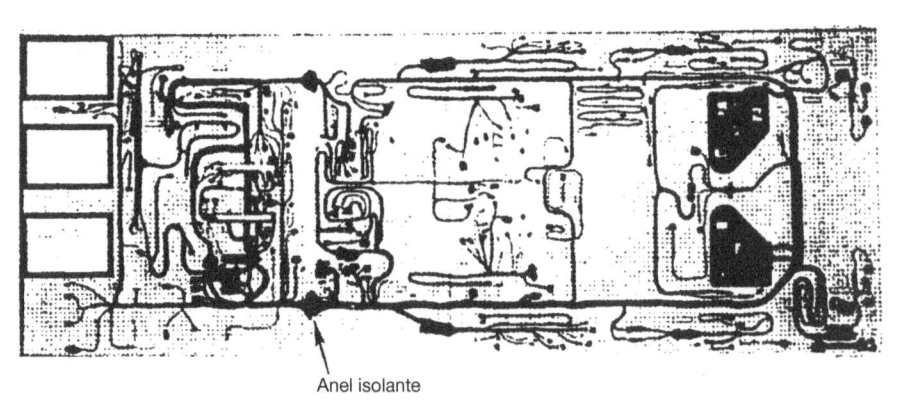

Sistemas elétricos/eletrônicos dos automóveis de hoje

Este carro ilustra graficamente o modo como os cabos e componentes de plástico, metal e borracha da Packard Electric são montados para formar um sistema elétrico/eletrônico completo.

Anel isolante

ESTUDO DE CASO

em média, de dois grandes ECOs, assim como de uma dezena de ECOs menores. Esses ECOs consumiam enorme tempo da engenharia; conforme estimativa da Packard, aproximadamente 50% do tempo de seus 500 engenheiros eram gastos em ECOs. A proliferação de peças causada por essas constantes mudanças era impressionante (ver **Ilustração 3**). Como a divisão tinha de fabricar peças de reposição para cada componente que produzisse, eram necessários esboços e ferramental para mais de 45 mil peças. Embora Schramm jamais tivesse obtido dados satisfatórios sobre o custo de manutenção dessas peças, ele estava certo de que era significativo.

Reduzir o custo dos ECOs e da manutenção do número de peças eram duas das principais metas da Packard Electric. Nos últimos anos, a divisão aprimorara sua capacidade de impor modificações ao *design* inicial do processo e de reduzir as alterações subseqüentes por peça. Contudo, o número total de ECOs permanecera razoavelmente constante, porque a complexidade dos arneses (conforme medido pela extensão total do cabo e pelo número de conectores) crescia de 6 a 8% ao ano, em combinação com o crescente conteúdo elétrico dos automóveis.

Organização do desenvolvimento de novos produtos

Três grupos funcionais estavam envolvidos no desenvolvimento de novos produtos: as áreas de *engenharia de produto*, *engenharia de manufatura* e *confiabilidade* (ver **Ilustração 4**). O departamento de engenharia de produto encarregava-se do projeto e da engenharia dos produtos; o de engenharia de manufatura era responsável pelo desenvolvimento dos processos de manufatura dos componentes, cabos e arneses. A missão do departamento de confiabilidade consistia em supervisionar o comprometimento da Packard Electric com a qualidade e a excelência dos produtos em todas as fases de produção. A *Engenharia de Envolvimento Cooperativo* (CIE*) reportava-se ao diretor de confiabilidade e tinha por atribuição abrir um caminho direto para o *feedback* do cliente até as operações

ILUSTRAÇÃO 3

Estatística da proliferação de peças (SKUs) e recursos destinados a ECOs

Estatísticas referentes a unidades mantidas em estoque (SKUs)[1]	Engenharia de Aplicação	Engenharia de Componentes
Número de SKUs ativas	2.800	45.000
Número de SKUs adicionados anualmente	1.200	2.400
Número de SKUs eliminadas anualmente	1.100	300
Tempo de vida de uma SKU típica	2 anos	10 anos
Estatística referente ao esforço de engenharia		
Recursos para o desenvolvimento de novos SKUs	40%	65%
Recursos destinados a ECOs	60%	35%

[1] Para a Engenharia de Aplicação, um SKU era um arnês montado, pronto para a instalação; para a Engenharia de Componentes, era um componente individual.

* N. de T.: Cooperative Involvement Engineering. Ver Apêndice.

ESTUDO DE CASO

ILUSTRAÇÃO 4

Estrutura organizacional do desenvolvimento de produto da Packard Electric

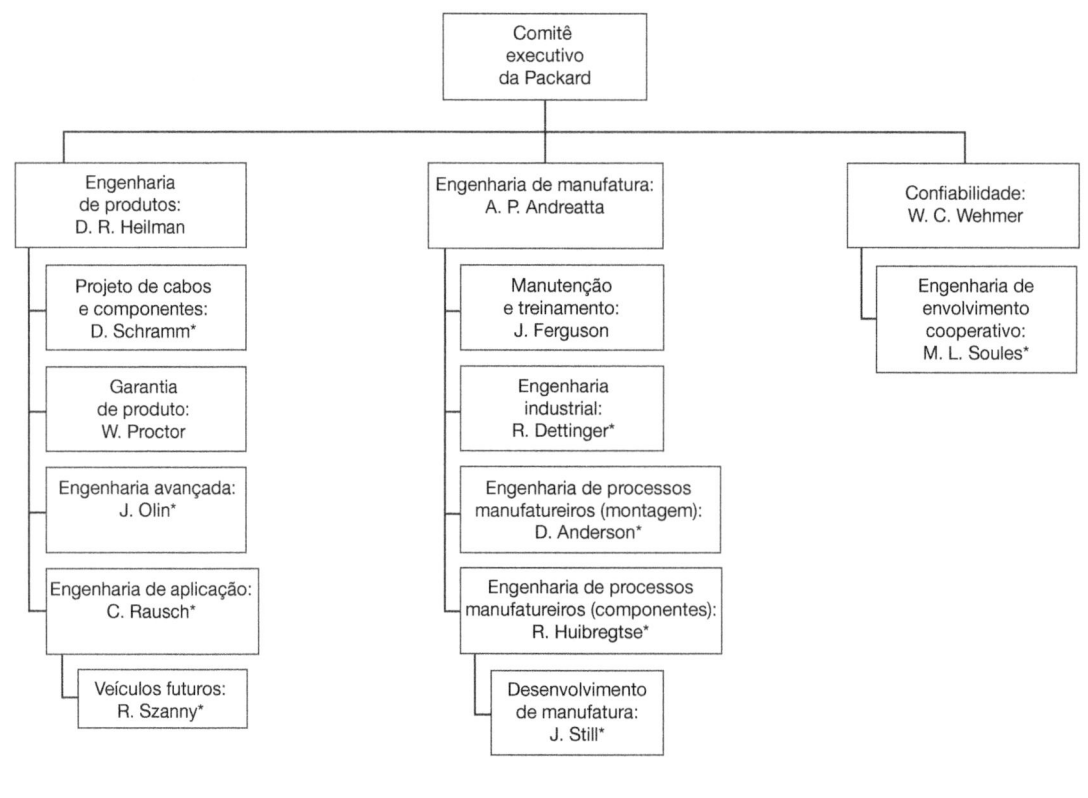

```
                        Comitê executivo da Packard
         ┌──────────────────────┼──────────────────────┐
   Engenharia            Engenharia de manufatura:   Confiabilidade:
   de produtos:          A. P. Andreatta              W. C. Wehmer
   D. R. Heilman
         │                       │                         │
   Projeto de cabos        Manutenção              Engenharia de
   e componentes:          e treinamento:          envolvimento
   D. Schramm*             J. Ferguson             cooperativo:
                                                    M. L. Soules*
   Garantia                Engenharia
   de produto:             industrial:
   W. Proctor              R. Dettinger*

   Engenharia avançada:    Engenharia de processos
   J. Olin*                manufatureiros (montagem):
                           D. Anderson*

   Engenharia de aplicação: Engenharia de processos
   C. Rausch*              manufatureiros (componentes):
                           R. Huibregtse*

   Veículos futuros:       Desenvolvimento
   R. Szanny*              de manufatura:
                           J. Still*
```

*Membro do Comitê de Produtos, Processos e Confiabilidade (PPR).

manufatureiras, a engenharia e a alta gerência. Sua função era a de advogado dos clientes, e para isso examinava toda e qualquer decisão da Packard Electric que lhes dissesse respeito.

A área de engenharia de manufatura era dividida em vários subgrupos. Destes, os departamentos de engenharia de processos manufatureiros e engenharia industrial desempenhavam um papel particularmente importante durante o processo de desenvolvimento dos produtos. A engenharia de processos manufatureiros executava o primeiro passo no desenvolvimento desse processo, a fim de obter um processo replicável, e depois levava adiante os refinamentos e sua respectiva documentação. A engenharia industrial era responsável por treinar os operadores, ajustar o processo à fábrica como um todo e coordenar a evolução do processo.

ESTUDO DE CASO

Quatro departamentos englobavam a função de engenharia de produto. O departamento de *Projeto de Cabos e Componentes* (CCD), como o próprio nome sugere, era responsável pelo projeto dos componentes (p. ex., os conectores e anéis de passagem) e dos cabos. O projeto desses últimos incluía definir o calibrador de arame necessário à aplicação, o número de fios a serem unidos para formar um cabo e o tipo de material isolante a utilizar. O setor de *Engenharia de Aplicação* incumbia-se do projeto dos arneses como um todo – determinando o número e a largura dos cabos, bem como o tipo de conectores e outros componentes. Muitas vezes, esse departamento necessitava de um componente que não existia e que, portanto, teria de ser desenhado pelo CCD. O esforço de desenvolvimento de produto de longo prazo era empreendido pelo grupo de *Engenharia Avançada*. Por fim, cabia ao departamento de *Garantia de Produto* assegurar que todos os projetos de produto atendessem aos padrões de qualidade da Packard Electric.

Os departamentos de CCD e de Engenharia de Aplicação contavam com um "programa de engenheiro exclusivo". Engenheiros exclusivos eram técnicos da Packard Electric designados para determinado cliente, em cuja fábrica ou centro de *design* eram alocados. Enquanto os engenheiros exclusivos do CCD interagiam com o grupo de *design* principalmente nas instalações dos fornecedores de sistemas elétricos internos ou externos da montadora, os engenheiros exclusivos de aplicação trabalhavam com esse grupo de *design* dentro da própria montadora. A missão dos engenheiros exclusivos era integrar os *designs* da Packard Electric às necessidades dos clientes. Ao assumir a responsabilidade por uma parte cada vez maior do projeto do sistema elétrico, a Packard desobrigava o cliente dos custos referentes a esse trabalho e, ao mesmo tempo, integrava-se mais plenamente com o processo.

O programa de engenheiro exclusivo obtivera bastante sucesso, chegando a incluir quase cem engenheiros. Com efeito, os clientes estavam ansiosos para reduzir suas despesas de engenharia, ainda que em princípio alguns se mostrassem um tanto céticos quanto ao sentido do programa, acreditando que os engenheiros tomariam suas decisões com base no que fosse bom para a Packard Electric, e não para eles, os clientes. No entanto, desde o início a Packard enfatizara que a responsabilidade desses técnicos era fazer o que fosse certo para o cliente. Além disso, a Packard beneficiava-se porque se esperava que seus engenheiros garantissem que a divisão sabia exatamente quais eram as necessidades do cliente e, portanto, podia oferecer a melhor solução.

O programa ajustava-se à tendência, por parte dos clientes das montadoras, de delegar cada vez mais a tarefa de projeto à Packard Electric. Carl Rausch, diretor do departamento de Engenharia de Aplicação, assim descreveu essa tendência:

> Uma maneira de pensar a respeito disso é dividir em três níveis os tipos de especificações de projeto que podemos receber dos clientes. O nível 1 consiste numa especificação ampla e funcional, em que o cliente nos diz o que deseja fazer, mas somos nós que nos encarregamos de todo o sistema de distribuição de potência e sinais. O nível 2 é uma especificação do sistema, em que o cliente

ESTUDO DE CASO

realizou o projeto do sistema como um todo, mas nos deixou a escolha dos componentes. O nível 3 é uma especificação detalhada, em que tudo o que há a fazer é produzir os componentes para especificá-los e montá-los no produto. Costumávamos receber de nossos clientes essencialmente projetos do nível 3, mas temos nos direcionado às especificações do nível 1; esse nível nos propicia mais liberdade e alavancagem – podemos integrar nossas operações muito melhor e desenvolver meios padronizados para enfrentar os problemas. Isso nos permite aumentar a qualidade e reduzir os custos totais do sistema.

Com o objetivo de integrar os esforços de todos esses departamentos funcionais, fora instituído o Comitê de Produtos, Processos e Confiabilidade (PPR), composto pelos gerentes das áreas de Projeto de Cabos e Componentes, Engenharia de Aplicação, Engenharia Avançada, Engenharia de Envolvimento Cooperativo, Desenvolvimento de Manufatura, Engenharia de Processos Manufatureiros e Engenharia Industrial. Seu propósito era fornecer uma estratégia e um processo geral para o esforço de desenvolvimento, orientar as principais decisões tecnológicas e contribuir para a coordenação das atividades entre os grupos funcionais.

O anel isolante RIM

Grande parte dos cabos do arnês de um automóvel devia passar através da área correspondente ao painel de instrumentos do veículo, entre o compartimento do motor e o compartimento de passageiros. Um anel isolante (ou alojamento) era utilizado para passar os cabos através da parede de isolamento. Ele tinha três propósitos: (1) manter os cabos no lugar, de modo que não se soltassem ou se desconectassem ou enfraquecessem o isolamento; (2) abafar o ruído do motor e manter silencioso o compartimento de passageiros; e (3) evitar a entrada de água ou vapores do compartimento do motor no compartimento do passageiro.

O principal anel isolante da Packard Electric, o anel injetável de casca dura, ou IHG* (ver **Ilustração 5**), fora desenvolvido no final dos anos 1970. O IHG era essencialmente uma casca de plástico duro provida com um pente, no qual eram fixados os cabos, e que servia para separá-los. Uma cola de resina plástica era injetada na área do pente para vedá-lo, impedindo a penetração de água através do anel. Contudo, por ser muito viscosa, a cola não conseguia vedar perfeitamente a região em torno dos fios. A vedação resultante, embora altamente resistente aos esguichos d'água, não era totalmente impermeável: fracassava nos testes de vazamento mais rigorosos, como o da água estática, que testava um dos lados da vedação com uma coluna de quatro polegadas de água durante cinco minutos (verificação conhecida como teste "cinco e cinco").

Nos anos 1990, os vazamentos de água no compartimento do passageiro eram fonte de constantes reclamações dos clientes às montadoras, razão pela qual os engenheiros da Packard Electric procuraram encontrar uma solução para o problema. Em julho de 1986, Bob McFall, engenheiro de processos da Packard, teve a idéia de usar a tecnologia de moldagem por injeção reativa (RIM) para formar um anel em torno dos cabos. A RIM era

---

* N. de T.: Injectable hardshell grommet. Ver Apêndice.

ESTUDO DE CASO

ILUSTRAÇÃO 5

Comparando as opções: IHG e anel RIM

IHG

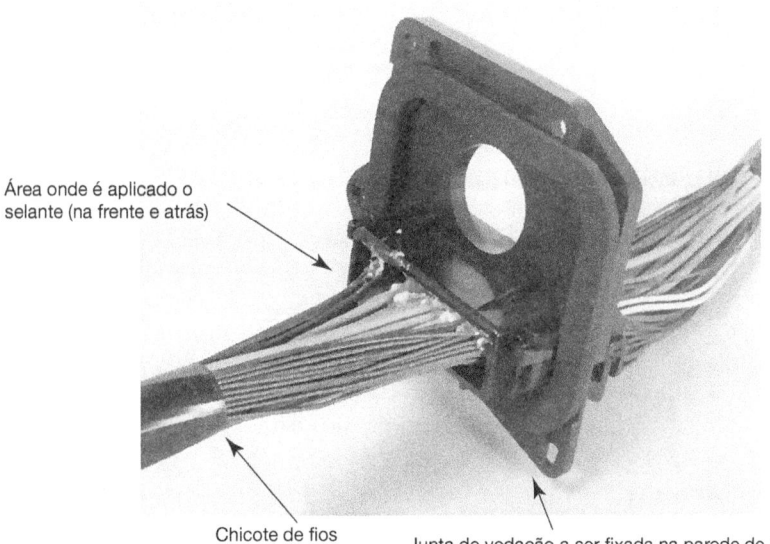

Área onde é aplicado o selante (na frente e atrás)

Chicote de fios

Junta de vedação a ser fixada na parede de isolamento

Anel RIM

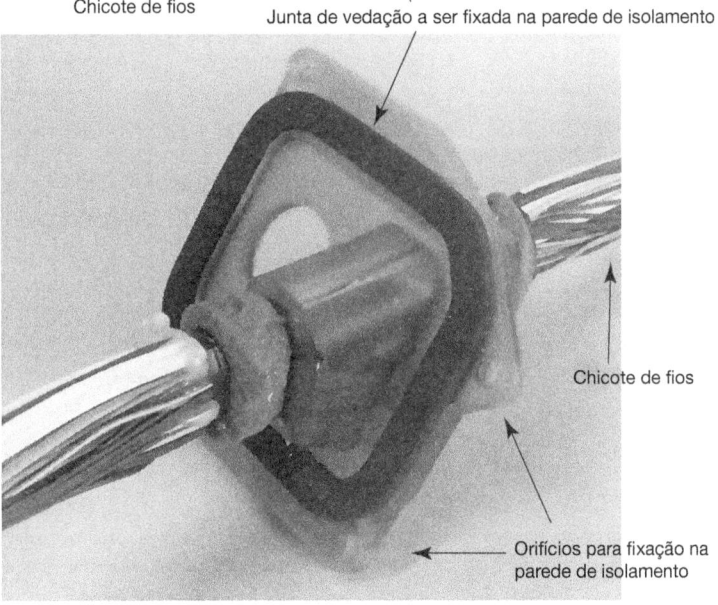

Chicote de fios

Orifícios para fixação na parede de isolamento

ESTUDO DE CASO

um tipo de tecnologia de moldagem por injeção havia muito utilizada em grandes aplicações, como painéis de portas e pára-lamas automotivos. O princípio por trás da RIM era semelhante ao do epóxi: quando dois materiais líquidos eram misturados, eles endureciam em menos de um minuto, formando um sólido semelhante à borracha (ver **Ilustração 6**). Antes de endurecer, a mistura apresentava uma viscosidade muito baixa (mais ou menos a mesma da água), o que lhe permitia penetrar entre os cabos e, assim, formar uma excelente vedação.

Desenvolvimento do anel isolante RIM

De julho de 1986 a fins de 1987, McFall trabalhou num anel isolante RIM como ocupação secundária (cerca de 10% de seu tempo), experimentando uma série de materiais diferentes nos laboratórios da Packard Electric. Já no começo de 1988 ele desenvolvera várias combinações diferentes. Durante esse período, sua principal atividade fora contribuir com o projeto de componentes para os sistemas elétricos de um sofisticado cliente automotivo. McFall trabalhou junto a Keith Turnbull, engenheiro residente da Packard, que permanecia em tempo integral no centro de desenvolvimento do cliente e com cuja equipe trabalhava

ILUSTRAÇÃO 6

Esquema da máquina para RIM

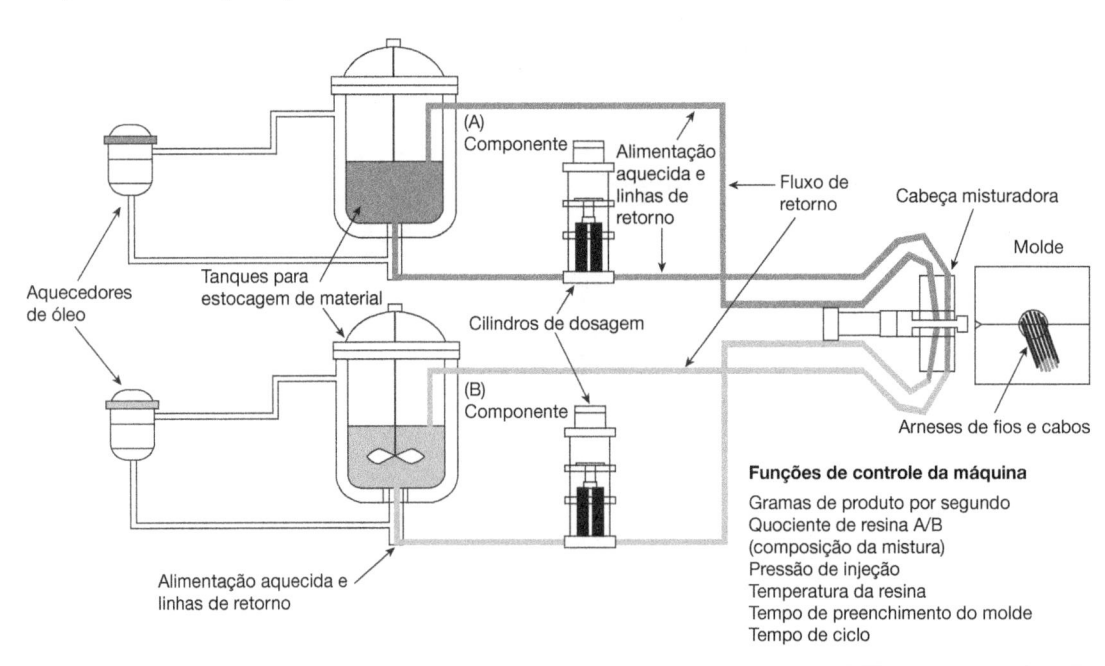

ESTUDO DE CASO

no projeto de lançamento de um novo veículo planejado para 1992. Sabendo que esse cliente estava bastante preocupado com a possibilidade de vazamento de água para o compartimento dos passageiros, McFall, numa de suas freqüentes visitas a Turnbull e ao cliente, apresentou-lhes um modelo do anel RIM.

No fabricante automotivo, tanto a equipe do projeto de sistemas elétricos e acabamento como a de engenharia de processos de montagem mostraram-se empolgadas com a nova tecnologia. Turnbull localizara as reclamações das montadoras dos clientes e sabia que as ocasionais rupturas do frágil IHG durante a montagem e os vazamentos detectados no fim da linha, durante a montagem final dos automóveis, eram problemas recorrentes (ver **Ilustração 7** para detalhes sobre os vazamentos). Turnbull também tomara conhecimento, por meio do sistema de relatório de garantia, das queixas dos mecânicos das revendas. O conserto dos anéis após sua instalação era uma incumbência e tanto, fosse ao final da montagem do veículo (o que demandava pelo menos duas horas de trabalho a US$ 45/hora) ou nas oficinas mecânicas dos revendedores (mais de quatro horas de trabalho, a um custo de garantia equivalente a US$ 35/hora).[1]

Na esperança de eliminar esses problemas em modelos futuros, o cliente (instigado por Turnbull) perguntou a McFall se o anel estaria disponível para o sofisticado modelo de 1992. Embora não gozasse de autoridade para concordar ou não com esse prazo, McFall não o considerou exagerado. Estimulado pela reação do cliente, ele começou a fazer com que outros grupos da Packard tomassem parte nesse esforço. Durante o ano seguinte, o CCD ampliou seu nível de empenho, enquanto o setor de engenharia de manufatura diminuiu o seu. Turnbull monitorava o progresso do RIM, mas dedicava a maior parte de seu tempo a outros projetos. Até perceber que "o anel era definitivamente um sucesso".

Durante os muitos meses seguintes, McFall e outros se debruçaram sobre vários aspectos do projeto do RIM. Trabalharam no desenvolvimento de materiais, tendo em vista encontrar um material moldado por injeção reativa que oferecesse maior resistência aos constantes ciclos de aquecimento e resfriamento, sem se deformar ou tornar-se frágil. Por fim, concluíram que o anel RIM precisava do reforço de uma chapa de aço interna e começaram a examinar o ferramental. O progresso, contudo, era bastante lento, uma vez que todos os engenheiros estavam envolvidos em projetos que consumiam a maior parte de seu tempo.

Em janeiro de 1989, o cliente solicitou um relatório do *status* do projeto do RIM, pois estava insatisfeito com o que ouvira. O projeto não havia feito grandes avanços, e não estava claro se ficaria pronto a tempo para o lançamento do modelo de 1992. Os principais fabricantes dos equipamentos RIM ainda não haviam desenvolvido uma peça que fosse suficientemente pequena para ser usada de maneira prática nessa aplicação.

---

[1] Dependendo da causa do dano, essas despesas eram cobradas do fabricante automotivo, da Packard Electric ou rateadas entre ambos.

ESTUDO DE CASO

ILUSTRAÇÃO 7

Dados sobre vazamentos na montadora de Rayville

MEMORANDO
De Keith Turnbull, engenheiro residente, Engenharia de Aplicação
A Bob McFall, engenheiro de processos
Data: 12 de fevereiro de 1988

Nossas fiações elétricas que utilizam o IHG continuam tão boas quanto quaisquer outras do setor, mas a questão dos vazamentos de água é um problema sério para Rayville. Se resolvermos esse problema, seu projeto pode nos garantir uma vantagem em relação aos produtos futuros. Alguns de meus contatos encarregados do programa do novo automóvel seguem me perguntando sobre os progressos do anel RIM.

O pessoal da montadora nos passou alguns dados representativos sobre vazamentos de água verificados no veículo em que estão trabalhando, o qual utiliza nosso IHG. De tantas ECOs, o arnês do modelo de 1987 era praticamente um arnês novo. Cada automóvel é submetido a um teste de borrifo ao final da linha de montagem; depois, o controle de qualidade separa os veículos mal vedados para determinar a causa dos vazamentos. As duas tabelas a seguir dão o quadro geral da situação.

MONTADORA DE RAYVILLE: VAZAMENTOS DE ÁGUA DIÁRIOS (1987)[1]

	Semanas decorridas desde o lançamento do modelo do ano		
	Semana 4	Semana 26	Semana 48
Portas	57	21	11
Janelas	13	2	1
Porta-malas	7	3	1
Sob o painel de instrumentos			
Dutos de aquecimento/ar	10	7	6
Coluna de direção	2	0	0
Fiação elétrica	30	11	3
Pedais	3	1	0
Taxa total de construção/dia	60 Carros	300 Carros	300 Carros

MONTADORA DE RAYVILLE: CAUSAS APONTADAS PELO CONTROLE DE QUALIDADE – VAZAMENTOS DE ÁGUA SOB O PAINEL, FIAÇÃO ELÉTRICA, ANÉIS RIM (1987)[1]

	Semanas decorridas desde o lançamento do modelo do ano		
	Semana 4	Semana 26	Semana 48
Anéis desalinhados	14	2	0
Metal empenado	7	1	0
Orifícios de parafusos desalinhados	5	1	0
Junta ausente ou rasgada	2	0	1
Anel rachado	7	3	2
Nenhum selante nos pentes	5	1	0
Selante insuficiente nos pentes	8	1	0
Outros vazamentos através dos chicotes	4	7	1
Parafusos de conexão ausentes	6	1	0
Número de veículos com vazamentos	30 (de 60)	11 (de 300)	3 (de 300)

[1] Um só veículo podia conter uma série de defeitos; dados referentes a um dia de produção.

ESTUDO DE CASO

Todas as alternativas conhecidas eram caras, incômodas, além de exigir trabalho intensivo. O cliente deixou bem claro que queria o anel RIM e que pretendia utilizá-lo no veículo de 1992, a ser produzido na fábrica Rayville. Com essa pressão mais intensa por parte do cliente, o nível de esforço da Packard Electric em relação ao projeto do RIM cresceu consideravelmente, com Turnbull passando a trabalhar mais de perto com a equipe da Packard.

Por um momento, tinha-se a impressão de que o projeto estacaria por falta de uma máquina para moldagem adequada à aplicação do anel. Em geral, as máquinas para moldagem por injeção reativa eram grandes e caras, pois eram projetadas para produzir componentes grandes e de valor relativamente alto. Logo, era impossível justificar o custo de tamanho mecanismo para fins de experimentação. O projeto estava prestes a ser cancelado, quando o engenheiro-chefe do departamento de Engenharia de Aplicação encontrou uma pequena máquina para RIM numa exposição.

Essa máquina havia sido desenvolvida por uma empresa composta por oito pessoas. Custava apenas US$ 80 mil e era mais ou menos do tamanho apropriado para a aplicação da Packard Electric. Encomendada em junho de 1989, ela chegou em outubro. Infelizmente, porém, a Packard não pôde testá-la de imediato, porque se descobriu que, devido à toxidade dos materiais moldados por injeção reativa, era necessário permissão da EPA* (agência de proteção ao meio ambiente) para operá-la. Obtida a permissão, os testes começaram em janeiro de 1990. Durante esse período, o desenvolvimento de produtos e processos seguiu utilizando equipamento RIM fora da Packard Electric.

Status atual do projeto da RIM

No final de 1990, vários anéis RIM haviam sido fixados exitosamente em arneses do tipo exigido pelo sofisticado cliente supracitado. Embora, em termos de vedação, o desempenho desses anéis fosse decididamente superior ao dos IHGs, ainda não era suficiente para passar no teste "cinco e cinco". De qualquer forma, os engenheiros da divisão estavam confiantes de que poderiam aprimorá-lo e obter a aprovação final. Também o cliente mostrava-se bastante favorável à utilização do componente – supondo que pudesse ser produzido com segurança –, apesar de o custo do RIM por unidade ser significativamente superior ao do IHG (em princípio, US$ 7 contra US$ 4,40, respectivamente). A **Ilustração 8** contém detalhes dessa diferença de custos.

Contudo, o processo de produção dos anéis RIM apresentava ainda uma série de problemas a resolver, dos quais os mais sérios provavelmente envolviam o manuseio dos materiais. Manter separados os dois materiais utilizados na RIM era essencial. Por exemplo, se o tambor do "material A" fosse conectado à mangueira do "material B", toda a máquina poderia solidificar-se para sempre. Essa não era uma preocupação à-toa: verificara-se, em outras empresas, alguns incidentes envolvendo caminhões-tanque que haviam sido abastecidos a partir do tanque errado, de modo que o caminhão, a mangueira e o tanque acabaram todos solidificados num único bloco.

---

* N. de T.: Environmental Protection Agency. Ver Apêndice.

ESTUDO DE CASO

ILUSTRAÇÃO 8

Diferenças de custo operacional para a Packard entre o anel RIM e o IHG (estimativa de janeiro de 1990)

	Anel RIM vs. IHG	
Custos adicionais recorrentes do RIM por veículo	**1992**	**1994**
Mão-de-obra	(US$ 0,80)	(US$ 0,80)
Materiais	US$ 0,65	US$ 0,65
Despesas gerais*	US$ 2,75	US$ 0,95
Total de custos adicionais do RIM/veículo	US$ 2,60	US$ 0,80
Investimento adicional necessário para a RIM:	US$ 350.000	US$ 450.000

*A taxa de despesas gerais baseia-se em encargos indiretos, tais como salários da gerência, engenharia, mão-de-obra indireta, custos de manutenção da fábrica, impostos e depreciação fabril.

Suposições:

1. 1992: 66 mil veículos por ano, consertados pelas duas linhas de montagem final, produzindo fiação para 300 veículos ao dia.
2. 1994: 220 mil veículos por ano, consertados por quatro linhas de montagem final, produzindo fiação para 940 veículos ao dia
3. Instalação completa do anel RIM ou do IHG para cada linha de montagem da fiação elétrica.
4. Um sistema de moldagem redundante (*backup*) para cada fábrica.
5. Nenhuma alteração de ferramental exigida.

Um problema adicional era que, antes da mistura, o "material A" congelava a uma temperatura de 64°F (18°C), e uma vez congelado, estava perdido. Era importante, pois, manter sua temperatura bem acima dos 64°F. Por fim, por serem ambos os materiais extremamente tóxicos, eles exigiam monitoramento especial. Em razão dessas peculiaridades, a Packard Electric teve de desenvolver e aderir a uma série de rigorosos procedimentos de manuseio.

Um segundo conjunto de problemas girava em torno dos riscos de uma falha no sistema de produção. Um insucesso na fabricação dos arneses poderia levar ao fechamento definitivo da usina de montagem do cliente – na opinião geral, o que de pior poderia acontecer. Como os clientes da Packard exigiam entregas *just-in-time* e buscavam prazos cada vez menores, havia pouca margem para erros. Era extremamente importante que a máquina pudesse operar 16 horas por dia sem falhas. No entanto, a limitada experiência da divisão com o novo sistema tornava difícil garantir, até aquele momento, operações à prova de falhas.

O terceiro conjunto de problemas envolvia o conserto dos arneses existentes. A fixação do anel RIM ao arnês acarretava certos riscos a esse último, na medida em que, para evitar vazamento do material, o molde tinha de ser apertado fortemente contra o arnês. Se nesse ponto um cabo fosse rompido, ou se o anel não fosse completamente preenchido, o arnês tinha de ser consertado, pois, em razão de seu alto valor (cerca de US$ 180), ele não podia simplesmente ser descartado.

ESTUDO DE CASO

Além de desenvolver um processo de conserto conveniente às fábricas da Packard Electric, havia também a necessidade de estabelecer um processo de reparo de arneses tanto para as montadoras como para os revendedores varejistas. Como o anel isolante RIM era fortemente selado em torno dos fios, um cabo defeituoso, uma vez fixado, não podia mais ser removido. A solução implicava necessariamente lançar mão de mais um cabo, passando-o por um orifício perfurado no anel; mas havia ainda muitos detalhes a resolver. Schramm estimava que os quatro engenheiros precisariam trabalhar aproximadamente cinco meses para tratar dessas questões específicas do anel RIM.

Opiniões sobre o anel isolante RIM

Schramm sabia que para muitas pessoas o anel RIM já se tornara uma questão sentimental. Em sua maioria, os engenheiros do setor de desenvolvimento de produto estavam bastante confiantes em relação ao componente; entendiam que, além de apresentar uma maior capacidade de vedação, ele oferecia muitas outras vantagens, como, por exemplo, reduzir consideravelmente a complexidade do projeto inicial do alimentador de passagem. Como para separar os fios no IHG era necessário dispor de um pente, mais de 150 medidas tinham de ser especificadas, em comparação com as cerca de 30 do anel RIM.

Além disso, o anel RIM reduzia a variedade das opções de alimentadores necessários para dar conta de uma ampla gama de modelos automotivos. Embora houvesse alguma flexibilidade no número de fios que podiam ser fixados no pente do IHG, a peça normalmente era reprojetada a cada dois ou três anos devido às mudanças no número de cabos contidos no arnês. Esses reprojetos eram quase tão dispendiosos quanto o projeto inicial, geralmente exigindo cerca de 600 horas de engenharia (a US$ 50 por hora, aproximadamente) e US$ 13 mil em custos com novo maquinário e ferramental.

Em contrapartida, como o anel RIM era mais simples, seu projeto inicial consumia não mais que aproximadamente cem horas de engenharia (e cerca de US$ 7 mil em custos com ferramental). Além disso, o componente era muito mais flexível, pois o número de fios que podia passar através da parede de isolamento era limitado pela área disponível. No *design* atual, a Packard Electric podia duplicar o número de fios sem ter de reprojetar o anel. Ademais, essa maior flexibilidade significava a possível utilização do mesmo anel para diferentes modelos de automóveis – atributo desconhecido no caso dos IHGs. Ainda que jamais viesse a existir um só anel para todos os modelos automotivos, compartilhar o mesmo entre três ou quatro deles era uma possibilidade singular.

Outra vantagem estava no fato de que o anel RIM poupava espaço na área de passagem entre os compartimentos do veículo. Para chegar a uma vedação aceitável, o IHG precisava ser alongado cada vez que aumentava o número de fios. Naquele momento, ele era 80 milímetros maior que o RIM. Assim, além de preencher um espaço escasso, estava mais suscetível a rachaduras (e vazamentos). Com a preferência cada vez maior pelo uso de mais fios no arnês, esse era um problema que tendia a se agravar.

ESTUDO DE CASO

Outro argumento dos engenheiros em favor do anel RIM era que se tratava de uma nova tecnologia. À medida que a Packard obtivesse mais experiência com ela, poderia esperar a queda significativa de seus custos, o que afetaria tanto o componente RIM quanto outros futuros projetos relacionados à moldagem por injeção reativa.

De um modo geral, os engenheiros de manufatura tinham opinião diversa quanto a esse processo de moldagem, argumentando que ele não reduzia os vazamentos de forma significativa. Para Kitza Airazas, engenheiro de processos manufatureiros, o cliente não compreendia bem as causas dos vazamentos:

> O problema é que os engenheiros [do cliente] realizam o teste "Dixie Cup"*, que consiste em encher um copinho de papel com água e derramá-la por toda a extensão dos fios. É um teste semelhante ao da água estática; o problema é que não se submerge um carro na água. Na verdade, o anel só precisa passar em um teste de esguicho d'água, no final da linha de montagem – o que o IHG é perfeitamente capaz de fazer. Acho que os engenheiros do fabricante automotivo entenderiam isso se lhes fosse explicado adequadamente; acontece que eles formaram uma opinião sobre o IHG que é difícil de mudar.

Um engenheiro de projeto de componentes contesta a opinião de Airazas:

> Lá vamos nós outra vez! Vejamos: a engenharia tem uma grande idéia em termos de produto e processo, o cliente a adora, mas certos tipos da manufatura procuram reprová-la. Ora, se vamos esperar por eles, jamais conseguiremos introduzir uma nova tecnologia.

Os engenheiros de manufatura logo frisaram que qualquer engenheiro sensato perceberia as óbvias conseqüências do anel RIM sobre a confiabilidade do processo, cujos parâmetros de controle eram várias vezes mais complexos que os da moldagem do IHG. Desenvolver e implementar os rigorosos procedimentos de manuseio de materiais exigido pela moldagem por injeção reativa demandaria muito empenho e aumentaria substancialmente a complexidade do processo. Além do mais, mesmo a colocação do arnês na máquina para RIM acarretava algum risco, pois toda vez que ele era movido, corria-se o risco de danificá-lo.

A própria máquina era motivo de preocupações adicionais. Dado o porte do fornecedor, era provável que a Packard Electric agiria em grande parte por conta própria. Embora as máquinas para IHG e RIM tivessem aproximadamente a mesma capacidade (cada uma podia operar cerca de 70 mil arneses por ano), a de RIM era muito maior – exigindo aproximadamente 250 pés quadrados contra 100 da máquina para IHG. A um custo anual de US$ 25 por pé quadrado, esse diferencial traduzia-se em US$ 3.750 ao ano por máquina. Pelo fato de as estimativas de volume para essa aplicação específica do modelo de 1992 serem de 50 mil a 70 mil carros por ano, uma máquina de cada tipo era suficiente.

Além disso, a máquina para RIM era de deslocamento muito mais difícil. Como tendia a ser transferida regularmente de uma fábrica para outra, sua portabilidade era um fator

---

* N. de T.: Marca registrada de copos de papel descartáveis.

ESTUDO DE CASO

crucial. O maquinário para RIM seria transferido de Warren, a fábrica de Ohio onde era realizado o desenvolvimento de processos, para a fábrica de Mississipi, onde se esperava a realização da etapa inicial da manufatura. Daí era provável que o equipamento fosse transferido, por fim, para o local de montagem final dos arneses. Ron Szanny, gerente do departamento de Engenharia de Aplicação, destaca um aparente conflito com a estratégia da Packard Electric:

> O anel RIM é um bom produto, mas não sei até que ponto ele se encaixa na estratégia de manufatura que a Packard Electric tem adotado, qual seja, a de manter nos Estados Unidos um processo de manufatura de componentes tecnologicamente avançado e depois embarcá-los para o México, onde a montagem é realizada conforme um sistema tecnológico inferior. A máquina para RIM, um equipamento de tecnologia relativamente avançada, eventualmente precisa ser utilizada no México. As dificuldades com o idioma e a distância intensificam consideravelmente os problemas de controle, tão importantes para a tecnologia de moldagem por injeção reativa.

Airazas, ao dizer o que segue, fala em nome de muitas pessoas ligadas ao processo de manufatura:

> As empresas automotivas e nossa própria gerência têm enfatizado a necessidade de reduzir custos. Passamos por diminuições das jornadas de trabalho, congelamento das contratações e até mesmo por dispensas temporárias. E agora eles falam em gastar quase o dobro num componente que complica o processo, aumenta os riscos e talvez nem melhore o desempenho. Não nego que a RIM seja uma importante tecnologia para certos componentes, mas essa não é a sua aplicação correta. Concordar com o anel RIM seria passar uma mensagem muito ruim.

> Quero deixar bem claro minha crença de que, se quisermos, podemos produzir e pôr para funcionar o anel, só que isso exigiria muito trabalho, dor e sofrimento. E acho que não é esse o nosso desejo, pois os custos nos arrasariam. Os engenheiros de projeto do fabricante automotivo podem até estar entusiasmados com a possibilidade, mas qualquer um sabe que, no final, a empresa vai querer o anel RIM ao preço do IHG.

Schramm, por sua vez, resume o sentimento de muitos dos seus subordinados, os engenheiros de produto:

> Olha, no mínimo o cliente quer o anel RIM e está disposto a pagar por ele. Considero de extrema importância manter sua liderança tecnológica, e o RIM vai contribuir para isso. O engraçado é que estive recentemente em nossa subsidiária Reinshagen e vi o pessoal de lá fazendo experiências com o anel RIM para uma montadora alemã de ponta. Eles nem perguntaram quanto custava a peça, apenas disseram: "Se melhora o desempenho, mãos à obra".

> Além do mais, há economias de custo que ninguém considera porque são difíceis de calcular. Por exemplo, com o IHG, cada operário em nossa linha de montagem de instalações elétricas precisa inserir seu fios e cabos no pente

ESTUDO DE CASO

do IHG. O anel RIM elimina essa tarefa. Não sei como calcular os benefícios disso, pois se trata de uma pequena quantidade de trabalho distribuído entre uma série de operários, mas há algumas economias aí (ver **Ilustração 9** para o processo de montagem dos arneses).

As opções de Schramm

A decisão relativa ao anel isolante RIM constitui um bom exemplo do tipo de situação que a Packard Electric pretendia evitar. Uma grande decisão precisava ser tomada às pressas, mas as opiniões das partes interessadas estavam profundamente divididas. Não importa qual fosse a resolução, era bastante provável que um grupo ou outro estaria diante de um desafio: dizer "não" ao cliente ou desenvolver e implementar um processo dentro de um prazo exíguo. O último memorando de Turnbull reafirmava que o cliente contava com a Packard Electric para solucionar problemas relacionados tanto às suas operações quanto às da divisão (ver **Ilustração 10**).

ILUSTRAÇÃO 9

Processo de montagem da fiação elétrica na Packard

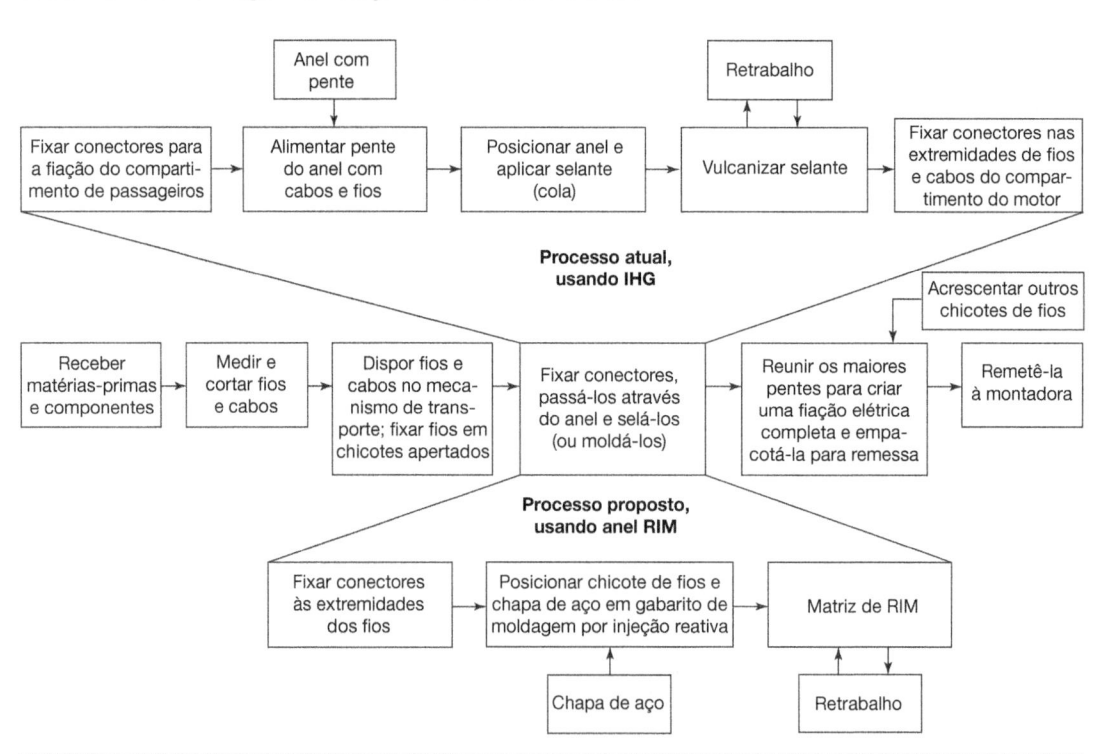

ESTUDO DE CASO

ILUSTRAÇÃO 10

Defeitos do anel da Packard e dados do revendedor automotivo

MEMORANDO

De Keith Turnbull, engenheiro-residente, Engenharia de Aplicação
A David Schramm, engenheiro-chefe, CCD
Assunto: Substituição do IHG
Data: 30 de janeiro de 1990

Quero reafirmar a disposição de nosso cliente em substituir o atual IHG pelo anel RIM no modelo automotivo de 1992. Tratando-se desse automóvel luxuoso, consertos remendados de anéis defeituosos no sistema elétrico não constituem uma solução viável. O cliente procura livrar-se de todo tipo de falhas, e os vazamentos de água são um problema desnecessário.

Consultei o gerente de controle de qualidade de nossa fábrica no México, para quem a qualidade dos processos que mantém em muito supera a de outros construtores, entre os quais os que utilizam o anel RIM. Ainda que considere útil a realização do teste "Dixie Cup" quando do lançamento de uma nova fiação elétrica, ele crê que esse exame não reflete o que realmente ocorre durante o uso. Ele acha que seu sistema elétrico não apresenta vazamentos. Eis os dados relativos às suas remessas para a montadora Rayville neste ano. Podemos interpretá-los facilmente: ele não é capaz de produzir fiações livres de vazamento mesmo após um ano inteiro de testes.

Fiações elétricas para a montadora Rayville (1989): Dados da montadora da Packard no México – Causas determinadas pelo Controle de Qualidade, inspeção anterior à remessa [IHG].

	Semanas decorridas desde o lançamento da nova fiação elétrica*			
	Semana 4	Semana 13	Semana 26	Semana 52
Localização do anel através do chicote (fora de tolerância ± ¼")	15	3	3	2
Distribuição imprópria de fios nos pentes	14	7	3	3
Necessidade de substituir fios e de vedá-los novamente	3	0	0	1
Excesso de selante	8	0	1	0
Distribuição não-uniforme do selante	19	4	3	0
Bolhas de ar no selante	7	4	4	3
Ausência de selante em um dos lados	6	3	1	1
Ausência de selante em ambos os lados	4	1	0	0
Vazamentos através do chicote de fios (teste Dixie Cup)	60	94	54	42
Total de fiações produzidas por dia	70	285	320	350

*Dados de um dia típico da semana indicada.

Essa controvérsia me aborrecia de tal forma que decidi fazer uma visita a duas das maiores revendas da grande Detroit, para verificar se elas encontravam problemas nos sistemas elétricos da Packard. Seus arquivos ainda não estavam concluídos, mas mesmo assim consegui obter alguns registros de reparos em vazamentos. Procurei classificar os defeitos de acordo com comentários anotados à mão em pranchetas de conserto referentes aos últimos seis meses do modelo do ano (semanas 27 a 52). Os gerentes de serviços não gostam quando aparecem esses problemas de vazamento sob o painel, pois exigem muitas horas de conserto e os clientes sempre reclamam.

Reparos do revendedor: Causa dos vazamentos sob o painel de instrumentos – sistema elétrico IHG

    Anel rachado   2   Vazamentos através dos fios   1
    Junta rasgada   1   Parafusos de conexão ausentes   1

Estimo que essa amostragem represente algo em torno de 1 a 2% dos veículos modelo 1989 vendidos por esses revendedores a atualmente em conserto. Espero que o projeto RIM seja um sucesso e passe a fazer parte de vários outros programas para carros novos.

ESTUDO DE CASO

Para Schramm, havia essencialmente três opções a recomendar. A primeira era a adoção exclusiva do anel RIM para o modelo de 1992 do referido cliente; essa era a escolha mais arriscada, pois, se a nova tecnologia sofresse um revés significativo, afetando a linha de produção do cliente, as repercussões se fariam sentir por todos aqueles investidos de alguma responsabilidade. Uma maneira de minimizar esse risco era recomendar a compra de duas máquinas para RIM, uma das quais poderia ser usada como *backup*, mas Schramm não via essa alternativa com bons olhos; além de aumentar a despesa, ela de certa forma eliminava a saudável pressão para que os processos operacionais fossem aperfeiçoados.

Uma segunda opção viável era o "desenvolvimento paralelo". Nesse caso, um IHG podia ser preparado paralelamente ao anel RIM, conforme as exigências do mesmo cliente. As desvantagens desse plano eram muitas e óbvias. Se a Packard fosse surpreendida em meio ao projeto do anel RIM, um IHG precisaria ser projetado rapidamente. Além disso, quando o automóvel começasse a ser produzido, essa alteração dos planos significaria um pesadelo logístico. Dois grupos de matérias-primas teriam der ser encomendados e rastreados, e tanto a montadora quanto a fábrica da Packard teriam de lidar com dois arneses diferentes na linha de montagem.

A opção final era a mais simples e a menos arriscada. Schramm poderia recomendar que a Packard Electric adotasse o IHG em todos os modelos de 1992. Contudo, não lhe agradava a idéia de abrir mão da nova tecnologia, que, a seu ver, poderia proporcionar uma série de benefícios. Ele temia que, se àquela altura a RIM não fosse adotada efetivamente, perderia força e não seria aplicada em 1993 e além.

Schramm suspirava. Ele tinha de apresentar ao Comitê de Produtos, Processos e Confiabilidade, no final daquela semana, suas recomendações a respeito do anel isolante RIM; precisava não apenas ser claro quanto à sua decisão entre um modelo ou outro, mas também estar preparado para lhes dizer como reestruturar o processo de desenvolvimento da empresa, a fim de evitar semelhantes problemas no futuro.

ESTUDO DE CASO

Apêndice

Glossário

Anel isolante – Acessório plástico que contém e sustenta os fios e cabos elétricos à medida que atravessam a parede de isolamento do veículo.

Arnês – Conjunto de fios e cabos que conduzem os sinais elétricos para e a partir dos componentes eletrônicos e elétricos do veículo.

CCD (Cable and Component Design) – Departamento de desenvolvimento de produtos.

CIE (Cooperative Involvement Engineering) – Departamento que se reporta ao diretor do setor de confiabilidade, abrindo caminho para o *feedback* do cliente.

ECO (Engineering Change Order) – Prescrições formais para a alteração das especificações de um produto ou processo.

EPA (Environmental Protection Agency) – Agência governamental que monitora e controla o uso de substâncias tóxicas.

Gabarito – Artefato para manter a fiação e a chapa de aço no molde enquanto as resinas são moldadas a seu redor por injeção.

IHG (Injectable Hardshell Grommet) – Anel isolante produzido por moldagem por injeção de *pellets* de polímero.

Juntas – Material leve e maleável localizado entre o anel e a parede de isolamento; estabelece a vedação entre o metal e o anel isolante.

Painel de instrumentos – O console defronte ao motorista e ao passageiro do assento dianteiro; contém o rádio, as saídas de ar etc.

Parede de isolamento – Parede metálica localizada atrás do painel de instrumentos; separa os compartimentos do motor e dos passageiros.

PPR (Product, Process, and Reliability Comittee) – Gerencia os processos de desenvolvimento de novos produtos da Packard.

RIM (Reaction Injection Molding) – Processo que consiste em injetar, dentro de um molde, duas resinas extremamente fluidas (produtos químicos poliméricos), que reagem entre si para formar um plástico sólido com a consistência de uma borracha dura.

Selante – Resinas e colas usadas para unir materiais e torná-los impermeáveis à água.

SKU (Stock Keeping Unit) – Cada componente, submontagem ou montagem com um número de identificação e identidade no sistema de produção da Packard Electric.

ESTUDO DE CASO

Malásia nos anos 1990 (A)

Em princípios do outono de 1991, o primeiro-ministro malaio Mahathir bin Mohamad preparava-se para visitar a cidade de Nova York, onde discursaria na Assembléia Geral das Nações Unidas e se reuniria com executivos norte-americanos interessados em investir no país asiático. Durante as três décadas que sucederam à sua independência, a Malásia gozara de rápido crescimento econômico e relativa estabilidade política. O primeiro-ministro estava disposto a manter esse quadro de estabilidade, em parte com a concretização de objetivos econômicos ainda mais ambiciosos para o futuro.

No entanto, a reputação internacional do país poderia ser manchada por relatos de que o governo malaio não mostrava o devido respeito para com os valores ambientais. A imprensa ocidental mostrava-se especialmente crítica quanto àquilo que considerava um desmedido desmatamento em Sarawak, estado situado a leste da Malásia, na parte setentrional da ilha de Bornéu (ver **Ilustrações 1** e **2**). De acordo com um grupo ambientalista britânico, a floresta tropical de Sarawak "está sendo desmatada com tal rapidez que, em oito anos, estará extinta".[1] Organizações ambientalistas ocidentais pressionavam seus governos a proibir as importações de produtos feitos com de madeira da Malásia, cuja política florestal procuravam mudar apelando a organismos internacionais como a Organização Internacional de Madeiras Tropicais.

Esse ativismo ambiental complicou ainda mais o já intrincado conjunto de problemas econômicos e políticos em torno do desenvolvimento de riquezas naturais na Malásia. As exportações de madeira e de outros recursos naturais representavam uma importante fonte de divisas. A integração vertical *downstream* – da produção de *commodities* derivadas de recursos naturais à manufatura de bens acabados – era parte da estratégia de crescimento econômico do país. A preocupação com valores ambientais manifestada na Europa e nos Estados Unidos poderia reduzir a demanda por produtos malaios, e interferir nos planos econômicos do governo. Em seu discurso à ONU, no que dizia respeito à formulação de suas políticas, o primeiro-ministro Mahathir precisava considerar as conexões entre a ambiciosa estratégia econômica de seu governo, o uso de recursos naturais, como florestas, e as relações de seu país com os ambientalistas e outros grupos estrangeiros.

Malásia

No correr do século XVIII, os britânicos assumiram o controle da colônia da Malaia, situada ao sul da Tailândia, na Península Malaia; a região estivera anteriormente sob o domínio de portugueses e holandeses. Mais tarde, os britânicos agregaram a suas posses as partes setentrionais da ilha de Bornéu, cerca de 640 quilômetros a leste da Malaia, através do Mar da China Meridional.

O professor Forest Reinhardt preparou este caso. É uma adaptação de "Forest Policy in Malaysia" (HBS case No. 792-099). Copyright © 1997 by the President and Fellows of Harvard College. Harvard Business School case 797-074.

[1] London Rainforest Movement e Singaporean and Malaysian British Association, "Sarawak: The Disposable Forest" (Londres, 1991).

ESTUDO DE CASO

ILUSTRAÇÃO 1

Sudeste asiático

[Mapa do Sudeste asiático mostrando Mianmar, Tailândia, Camboja, Vietnã (Saigon), Filipinas (Manila), Malásia Peninsular (Penang, Kuala Lumpur, Melaka), Cingapura, Brunei, Sabah (Kota Kinabalu), Sarawak (Kuching), Bornéu, Sumatra, Kalimantan, Celebes, Indonésia (Jacarta), Mar da China Meridional, Equador. Escala: 0–200 Milhas.]

    Durante o período colonial, com os olhos voltados para o trabalho nas novas plantações de borracha, os britânicos trouxeram para o território malaio mão-de-obra oriunda da Índia. Embora a etnia chinesa tivesse vivido na região por séculos, grandes levas de imigrantes da China chegaram, durante o período de hegemonia britânica, para trabalhar nas minas e plantações. Assim, indianos e chineses passaram a integrar uma população que já revelava considerável heterogeneidade étnica: malaios de origem islâmica habitavam a península, enquanto a Bornéu setentrional era povoada por numerosos grupos étnicos indígenas.

    Durante a Segunda Guerra Mundial, toda a região, incluindo Malaia, Cingapura, Bornéu, Sumatra e Java, caiu em mãos japonesas. Em 1957, a Malaia tornou-se independente da lei britânica, e em 1963 foi integrada por Cingapura na nova federação denominada Malásia. Os estados de Sarawak e Sabah, localizados na Bornéu setentrional, também se uniram à federação. Cingapura, contudo, só permaneceu na união por

ESTUDO DE CASO

ILUSTRAÇÃO 2

Área e população

	Malásia (total)	Península	Sarawak	Sabah
Área em milhares de milhas quadradas	127	50	48	29
População em milhões:				
1980	13,7	11,4	1,3	1,0
1990	18,0	14,7	1,7	1,5
Densidade populacional (pessoas por milha quadrada), 1990	142	294	36	49
Índice anual de crescimento populacional, 1980-1990	2,8%	2,6%	2,5%	3,9%

Nota: As somas podem não corresponder ao total porque os números foram arredondados.

Fontes: The Economic Intelligence Unit, "Malaysia, Brunei Country Profile" (September 1991); Governo da Malásia, "Sixth Malaysia Plan 1991-1995" (Kuala Lumpur, 1991).

dois anos, retirando-se em 1965. (A ex-colônia da Malaia é hoje denominada "Malásia Peninsular" ou "Malásia Ocidental"; Sabah e Sarawak receberam a designação unificada de "Malásia Oriental".)

Estratégia econômica

A nova nação da Malásia estava bem situada para a produção de borracha e era ricamente dotada de recursos naturais, particularmente madeira e estanho. A partir de 1960, quase metade de suas receitas com exportações provinha da borracha, mas essas cifras acabariam caindo com a diversificação da economia exportadora. Ao longo dos anos 1960 e 1970, o estanho contribuiu substancialmente para os ganhos das exportações; após a crise do petróleo de 1973, as exportações de petróleo e gás natural também passaram à condição de importantes fontes de receita: em 1980, os combustíveis respondiam por uma fatia similar da receita total do governo federal.[2]

A exemplo de muitas outras nações em desenvolvimento, ao final dos anos 1950 e durante a década de 1960 a Malásia adotou a estratégia de substituição de importações, em parte a pedido do Banco Mundial.[3] Pondo-a em prática no final dos anos 1960, o governo deslocou seu foco para a promoção de exportações, embora as restrições às importações e os incentivos para que as empresas investissem na produção voltada ao mercado doméstico não tivessem desaparecido de todo. O governo malaio valia-se de uma variedade de instrumentos políticos para estimular o crescimento baseado em exportações. Dentre esses instrumentos constavam o estabelecimento de uma dezena de zonas de livre comércio, onde componentes e matérias-primas podiam ser importados sem impostos ou restrições especiais; reduções fiscais e outros incentivos a investimentos; bem como exigências menos rígidas quanto ao compartilhamento e à troca de tecnologias.

---

[2] Fong Chan Onn, *The Malaysian Economic Challenge in the 1990s* (Singapore: Longman, 1989), pp. 98, 159, 203, 177-178.

[3] Mohamed Ariff, *The Malaysian Economy: Pacific Connections* (Singapore: Oxford University Press, 1991), p. 10.

ESTUDO DE CASO

Os baixos salários e o uso relativamente difundido do inglês complementaram essas iniciativas políticas no sentido de criar um ambiente atraente para o investimento externo direto. Durante as décadas de 1970 e 1980, a Intel, a National Semiconductor e outras empresas de alta tecnologia estabeleceram fábricas de montagem na Malásia Ocidental, com o setor de semicondutores do país crescendo 20% entre 1975 e 1985.[4]

Ao mesmo tempo, a Malásia procurava diversificar ainda mais seu *portfolio* de recursos naturais. A produção e as exportações de madeira cresceram de maneira estável durante os anos 1960 e 1970.[5] Além disso, os malaios plantavam vastas quantidades de dendezeiro, árvore cujas sementes são esmagadas para produzir óleo comestível; ao final dos anos 1980, o dendezeiro estava gerando mais receitas de exportação que a borracha. Tanto as seringueiras como os dendezeiros eram cultivados em plantações após as florestas originais serem removidas.

Além dessa diversificação de *commodities*, a Malásia encorajou seus setores de recursos naturais a promover uma integração *downstream*, para evitar expor-se às flutuações no preço das mercadorias. Mediante reduções fiscais e outros incentivos, além de restrições às exportações de matérias-primas, o governo incitou a produção doméstica de madeira serrada, madeira compensada, molduras de madeira, móveis, pneus, luvas de látex e produtos similares, tendo em vista substituir a exportação de madeira crua e de borracha natural. No final dos anos 1980, porém, mais da metade dos produtos provenientes das florestas da Malásia ainda era exportada sob a forma de toras, e a borracha, por sua vez, como matéria-prima, em vez de produto acabado.[6]

As autoridades malaias criticavam os modelos alternativos de desenvolvimento econômico, incluindo não apenas o de substituição de importações, mas também o modelo, atribuído ao Banco Mundial e ao Fundo Monetário Internacional, que forçava as exportações de *commodities* como meio de obter divisas com as quais comprar bens de consumo e de capital das nações industrializadas. Do ponto de vista do primeiro-ministro Mahathir, um programa nesses moldes levaria à superprodução de *commodities* agrícolas e naturais, bem como à queda das condições de comércio entre as nações em desenvolvimento. "Hoje em dia assistimos às ruínas desse modelo em várias partes do mundo, especialmente na África", observa ele.[7]

O governo malaio, em vez disso, planejava elevar continuamente as exportações de bens manufaturados, enquanto a importância das matérias-primas derivadas de recursos naturais era comparativamente cada vez menor. Ao longo dos anos 1990, os planos do governo exigiram um aumento quatro vezes superior nas exportações de manufaturados; durante o mesmo período, esperava-se que as receitas provenientes da exportação de combustíveis e de estanho sofressem uma leve queda, enquanto previa-se que as receitas relativas às exportações de toras e de madeira serrada cairiam cerca de 50%.[8] (As **Ilustra-**

---

[4] Keith Colquhoun, "Malaysia: The Struggle for Survival", *The Economist*, January 31, 1987, Survey, p. 9.
[5] Raj Kumar, *The Forest Resources of Malaysia* (Singapore: Oxford University Press, 1986), pp. 38-39.
[6] Ministério das Indústrias Primárias da Malásia, "Profile: Malaysia's Primary Commodities" (Kuala Lumpur, 1990), pp. 117-119, 223ff.; Bank Negara Malaysia, "Annual Report 1990" (Kuala Lumpur), pp. 211-212.
[7] Ai Leng Choo e Nayan Chandra, "Prime Minister of Malaysia Criticizes Western Model for Economic Growth", *The Wall Street Journal*, September 30, 1991, p. A5B.
[8] Governo da Malásia, "The Second Outline Perspective Plan" (Kuala Lumpur, 1990), p. 80.

ESTUDO DE CASO

ILUSTRAÇÃO 3

Produto Interno Bruto (números em bilhões de ringgits malaios de 1978)

	1980	1981	1982	1983	1984	1985	1986	1987	1988	1989	1990
PIB	44,5	47,6	50,4	53,6	57,7	57,1	57,8	60,9	66,3	72,1	78,9
Consumo privado	24,4	25,7	26,5	27,4	29,1	29,2	26,3	26,9	31,2	35,6	39,4
Consumo do governo	7,8	8,8	9,6	10,0	9,5	9,4	9,5	9,7	10,1	10,9	11,6
Investimento	13,9	16,5	17,8	19,2	19,8	17,9	14,6	14,0	16,1	21,2	25,4
Mudanças de estoque	−0,3	−0,5	0,5	0,4	1,0	−1,3	−0,2	0,1	1,2	−0,1	−0,5
Exportações	22,6	22,4	24,8	27,9	31,7	31,9	35,6	40,8	45,6	53,9	62,2
Importações	23,9	25,3	28,7	31,3	33,3	30,1	28,1	30,5	38,0	49,4	59,2
Frações do PIB:											
Consumo interno	55%	54%	53%	51%	50%	51%	46%	44%	47%	49%	50%
Consumo do governo	17	18	19	19	16	16	17	16	15	15	15
Investimento	31	35	35	36	34	31	25	23	24	29	32
Mudanças de estoque	−1	−1	1	1	2	−2	0	0	2	0	−1
Exportações	51	47	49	52	55	56	62	67	69	75	79
Importações	54	53	57	58	58	53	49	50	57	69	75
Agricultura, silvicultura e pesca	23%					21%					19%
Mineração e exploração de pedreiras	10					11					10
Manufatura	20					20					27
Construção	5					5					4
Eletricidade, gás e água	1					2					2
Serviços	41					43					39

Nota: As somas podem não corresponder ao total porque os números foram arredondados.

Fontes: Banco Asiático de Desenvolvimento (BAD), "Key Indicators of Developing Asian and Pacific Countries", Volume XXII (1991); The Economic Intelligence Unit, "Malaysia, Brunei Country Profile" (1991).

ções 3 a 7 mostram dados econômicos da Malásia durante os anos 1980, incluindo renda nacional, balanço de pagamentos, composição de exportações e distribuição de renda; a **Ilustração 8** apresenta dados econômicos comparativos da Malásia e outras nações.)

A ambiciosa agenda malaia incluía a promoção dos automóveis Proton Saga, cujo primeiro modelo foi produzido em 1985. Uma *joint venture* entre a Mitsubishi Motors e uma companhia estatal era a responsável pelo projeto e pela produção dos veículos, que respondiam pela maioria dos carros comercializados na Malásia. A Mitsubishi era quem oferecia grande parte do *expertise* em engenharia e gerenciamento. A empresa assumiu em 1988 a administração da fábrica Proton, que no ano seguinte registrou seu primeiro lucro. O orgulho dos feitos tecnológicos alcançados pela *joint venture* e o otimismo quanto às perspectivas de sucesso do automóvel no mercado estrangeiro eram atenuados pela dúvida de a produção automotiva ser ou não um esforço apropriado para a Malásia. Essa dúvida era alimentada, em parte, pela contínua cobrança de altas

ESTUDO DE CASO

ILUSTRAÇÃO 4

Balanço de pagamentos (em bilhões de US$)

	1980	1981	1982	1983	1984	1985	1986	1987	1988	1989	1990
Exportações de mercadorias	US$ 12,9	US$ 11,7	US$ 12,0	US$ 13,7	US$ 16,4	US$ 15,1	US$ 13,5	US$ 17,8	US$ 20,9	US$ 24,8	US$ 29,0
Importações de mercadorias	–10,5	–11,8	–12,7	–13,3	–13,4	–11,6	–10,3	–11,9	–15,3	–20,9	–26,5
Balanço comercial	2,4	–0,1	–0,8	0,4	3,0	3,6	3,2	5,8	5,5	3,9	2,5
Outros bens, serviços e receita[a]	–2,7	–2,3	–2,8	–3,9	–4,6	–4,2	–3,4	–3,3	–3,9	–4,2	–3,8
Transferências unilaterais	0,0	0,0	0,0	0,0	0,0	0,0	0,0	0,1	0,2	0,1	0,1
Balanço corrente	–0,3	–2,4	–3,6	–3,5	–1,7	–0,6	–0,1	2,6	1,8	–0,2	–1,2
Investimento direto	0,9	1,3	1,4	1,3	0,8	0,7	0,5	0,4	0,7	1,8	3,1
Investimento de *portfolio*	0,0	1,1	1,8	1,4	1,0	0,3	0,6	–0,9	–1,0	–0,2	[b]
Outros capitais de longo prazo	0,1	0,2	0,4	1,3	1,0	0,7	0,2	0,0	–1,0	–0,8	–0,9
Outros capitais de curto prazo	0,4	0,0	0,1	–0,1	–0,1	0,4	0,0	–1,0	–1,1	0,3	0,4
Erros e omissões	–0,7	–0,6	–0,4	–0,4	–0,9	–0,1	0,5	0,1	0,1	0,2	0,2
Balanço total	0,5	–0,5	–0,3	0,0	0,1	1,3	1,7	1,1	–0,4	1,2	1,6

[a]Dos valores totais mostrados, a receita de investimento líquido era de –0,6 bilhão em 1980, –2,2 bilhões em 1984 e –1,8 bilhão em 1990 (*Fonte*: IMF Balance of Payments Statistics, vários anos).

[b]Investimento de *portfolio* para 1990 incluído em outros capitais de longo prazo.

Fonte: Banco Asiático de Desenvolvimento.

ILUSTRAÇÃO 5

Composição das exportações

Como uma fração do total	1980	1981	1982	1983	1984	1985	1986	1987	1988	1989	1990
Borracha	16%	14%	9%	11%	10%	8%	9%	9%	10%	6%	4%
Estanho	9	8	5	5	3	4	2	2	2	2	1
Toras e madeira de lei	14	13	16	13	10	10	11	13	11	11	9
Azeite de dendê	9	10	10	9	12	10	9	7	8	7	6
Petróleo	24	26	27	24	23	23	15	14	11	12	13
Outros[a]	28	29	32	38	43	45	54	55	59	63	67

[a]"Outros" consiste principalmente de bens manufaturados. Também inclui pequenas quantidades de alimentos e bebidas.

Fonte: Banco Asiático de Desenvolvimento.

ESTUDO DE CASO

ILUSTRAÇÃO 6

Indicadores econômicos e finanças governamentais

	1980	1981	1982	1983	1984	1985	1986	1987	1988	1989	1990
Taxa de desemprego	5,6%	4,7%	4,6%	5,2%	5,8%	6,9%	8,3%	8,2%	8,1%	7,1%	6,3%
Taxa de câmbio (M$/US$)	2,22	2,24	2,32	2,34	2,43	2,43	2,60	2,49	2,72	2,70	2,70
Mudança no Índice de Preços ao Consumidor	6,8%	9,7%	5,7%	3,7%	3,6%	0,4%	0,6%	0,8%	2,5%	2,8%	3,1%
Mudança no M1	15,0%	12,8%	13,3%	7,7%	–0,6%	1,7%	2,8%	13,0%	14,6%	17,6%	14,0%
Finanças do governo federal (em bilhões de M$):											
Receita	US$ 13,9	US$ 15,8	US$ 16,7	US$ 18,6	US$ 20,8	US$ 21,1	US$ 19,5	US$ 18,1	US$ 22,0	US$ 25,3	US$ 27,2
Despesas correntes	13,7	15,7	16,7	18,4	19,8	20,1	20,1	20,2	21,8	24,8	26,0
Superavit corrente	0,2	0,1	0,0	0,2	1,0	1,0	–0,6	–2,0	0,2	0,4	1,2
Despesas de capital	7,3	11,1	11,2	9,4	8,1	6,8	7,0	4,1	4,0	5,7	8,0
Superavit total	–7,1	–11,0	–11,2	–9,2	–7,1	–5,7	–7,5	–6,2	–3,9	–5,3	–6,8
Dívida interna líquida	2,3	4,1	6,0	4,5	3,2	3,6	5,0	8,7	7,9	2,5	3,8
Dívida externa líquida	0,3	3,4	4,9	4,6	3,1	1,0	1,3	–2,4	–3,1	–1,0	–0,8
Outros[a]	4,5	3,5	0,2	0,1	0,8	1,2	1,2	–0,1	–0,9	3,8	3,8
Produto Interno Bruto	53,3	57,6	62,6	70,4	79,6	77,5	71,6	79,6	90,6	101,5	115,0
Fluxos financeiros governamentais como fração do PIB											
Superavit corrente	0,4%	0,2%	0,0%	0,3%	1,3%	1,4%	–0,8%	–2,6%	0,2%	0,4%	1,1%
Superavit total	–13,3	–19,1	–17,8	–13,0	–8,9	–7,4	–10,5	–7,7	–4,3	–5,2	–5,9
Empréstimo externo líquido	0,6	5,9	7,8	6,5	3,9	1,2	1,9	–3,1	–3,4	–1,0	–0,7

[a]Inclui recibos especiais, uso de saldos de caixa e venda de ativos.
Fonte: Banco Asiático de Desenvolvimento.

tarifas sobre as importações automotivas. A exemplo de muitas outras nações asiáticas, a Malásia protegia um amplo leque de setores produtivos como parte de sua estratégia de desenvolvimento econômico.[9]

O país pertencia à Associação de Nações do Sudeste Asiático (ASEAN), cujos membros incluíam ainda Brunei, Indonésia, Filipinas, Cingapura e Tailândia. A ASEAN foi estabelecida em 1967 como um fórum consultivo para questões envolvendo relações exteriores e de segurança, mas, após a Guerra do Vietnã, voltou sua atenção para a cooperação econômica. A título de ilustração, a partir do início dos anos 1990, a Malásia e seus vizinhos começaram a discutir a criação de uma zona de livre comércio da ASEAN, onde a comercialização de mercadorias estaria sujeita a tarifas baixíssimas e a outras restrições mínimas. No entanto, para alguns observadores a proposta era inútil e contraproducente. "Os países da ASEAN mantêm com o resto do Pacífico [p. ex., com os EUA e o Japão] ligações econômicas mais sólidas que entre si próprios... As economias

---

[9] Banco Mundial, *The East Asian Miracle: Economic Growth and Public Policy* (New York: Oxford University Press, 1993), Chapter 6.

ESTUDO DE CASO

ILUSTRAÇÃO 7

Renda familiar média mensal por área e grupo étnico, 1976 e 1990
(números em *ringgits* malaios de 1990)

		1976 Valor	1976 Porcentual da média nacional	1990 Valor	1990 Porcentual da média nacional	CAGR 1976-1990
Malásia	Total	850	100%	1.167	100%	2,3%
	Bumiputras	571	67	829	71	2,7
	Chineses	1.340	158	1.631	140	1,4
	Indianos	904	106	1.201	103	2,0
	Outros	1.677	197	3.292	282	4,9
Sarawak	Total	719	85	1.208	104	3,8
	Bumiputras	485	57	932	80	4,8
	Chineses	1.192	140	1.754	150	2,8
	Outros	4.905	577	4.235	363	-1,0
Sabah	Total	864	102	1.148	98	2,1
	Bumiputras	579	68	895	77	3,2
	Chineses	2.005	236	2.242	192	0,8
	Outros	2.382	280	2.262	194	-0,4

Fontes: Governo da Malásia, "The Second Outline Perspective Plan, 1991-2000 (1991); Banco Mundial, "World Tables 1991"; Banco Asiático de Desenvolvimento.

da ASEAN são em geral concorrentes, e não complementares. Sob tais circunstâncias, qualquer tentativa de incremento do comércio intra-regional mediante reduções discriminatórias nas tarifas provavelmente resultaria em um substancial desvio do comércio, transferindo as fontes de importação de países terceiros de baixos custos para parceiros de custos elevados".[10] (Em 1988, US$ 5,1 bilhões das exportações de mercadorias malaias destinaram-se à ASEAN, mas US$ 4,1 bilhões desse total foram para Cingapura. No mesmo ano, a Malásia enviou exportações no valor de US$ 4,2 bilhões para o Japão e de US$ 3,7 bilhões para os Estados Unidos.[11])

Condições sociais

Os líderes da Malásia encaravam o rápido crescimento econômico como pré-condição para a estabilidade política. Para muitos malaios e observadores estrangeiros, as tensões étnicas e religiosas constituíam o problema central para os políticos malaios e, de fato o centro da vida malaia. Para ilustrar, o jornal *The Economist* publicou, em 1987, que "a Malásia permanece sendo uma inquietante mistura racial, onde as tensões possivelmente têm sido mantidas sob controle devido aos altos índices de emprego e mais dinheiro no conjunto pagamentos a cada ano".[12]

---

[10] Ariff, pp. 164-165.
[11] Ariff, p. 16.
[12] Colquhoun, p. 13.

ESTUDO DE CASO

ILUSTRAÇÃO 8

Quadro comparativo de indicadores econômicos e sociais

	Malásia	Coréia do Sul	Taiwan	Indonésia	Tailândia	Filipinas	Japão	Estados Unidos
Área (em milhas quadradas)	128.400	38.031	12.456	782.659	198.772	116.000	143.750	3.618.769
População (milhões, 1990)	17,5	43,0	20,5	190,1	55,1	66,1	123,6	250,4
Densidade populacional (pessoas por milha quadrada)	136	1.132	1.650	243	277	570	860	69
Produto Interno Bruto (em bilhões de US$):								
1980	US$ 22,8	US$ 83,3	US$ 65,1	US$ 54,4	US$47,4	US$ 37,0	US$ 2.080,0	US$ 3.865,0
1988	32,3	168,9	119,4	76,2	58,0	40,4	2.856,0	4.881,0
PIB *per capita* (em 1988 US$):								
1980	US$ 1.659	US$ 2.184	US$ 3.659	US$ 351	US$ 1.012	US$ 727	US$17.810	US$ 16.970
1988	1.972	3.950	5.968	414	1.063	639	23.290	19.840
Taxas de crescimento anual compostas, 1980-1988:								
PIB	4,5%	9,2%	7,9%	4,3%	2,6%	1,1%	4,0%	3,0%
PIB *per capita*	2,2%	7,7%	6,3%	2,1%	0,6%	−1,6%	3,4%	2,0%
Expectativa de vida no nascimento, 1990	67,8	69,6	74,1	60,3	66,8	65,9	79,3	75,6
Telefones por 100 pessoas (meados de 1980)	9,1	25,5	35,9	0,5	1,9	1,5	55,5	76,0
Despesas militares (1988):								
em milhões de US$	US$ 908	US$ 7.202	US$ 6.156	US$ 1.400	US$ 1.718	US$ 680	US$ 28.870	US$ 307.700
Como porcentual do PIB	2,8%	4,3%	5,2%	1,8%	3,1%	1,7%	1,0%	6,3%

Fonte: Statistical Abstract of the United States.

Os malaios, juntamente com membros dos numerosos grupos étnicos indígenas da Bornéu setentrional, eram classificados pelo governo como *bumiputras* – literalmente, "filhos do solo". Juntos, esses grupos compunham um pouco mais da metade da população malaia em 1990, enquanto os chineses respondiam por cerca de um terço dela, e os indianos, pelo restante.

Os chineses fixados na Malásia constituíam o núcleo da moderna comunidade de negócios sob a lei britânica e seguiam dominando as atividades econômicas do país após sua independência.[13] Por sua vez, "os malaios permaneciam atrasados em tudo, desde a educação até os empreendimentos comerciais, e seu ressentimento finalmente explodiu numa série de levantes em 1969, quando os partidos de oposição chineses mais que dobraram seus assentos no Parlamento, ameaçando a primazia política malaia".[14] Centenas morreram durante esses tumultos.

---
[13] Ian Buruma, *God's Dust* (London: Vintage, 1991), pp. 113-114.
[14] Margaret Scott, "Where the Quota is King", *The New York Times*, November 17, 1991, VI, p. 63.

ESTUDO DE CASO

Em resposta, o governo instituiu sua Nova Política Econômica (NEP), que descreveu como "um exercício de engenharia social destinado a reduzir os desequilíbrios socioeconômicos entre os grupos étnicos e entre as regiões".[15] A NEP incluía cotas étnicas "em educação, empregos e propriedades, bem como uma variedade de subsídios, licenças e esquemas de crédito".[16] O plano convocava os malaios a aumentar sua participação no patrimônio privado de 1,5%, em 1971, para 30%, por volta de 1990. "Foram estabelecidas novas universidades e instituições técnicas para os estudantes malaios, e o malaio tornou-se a língua oficial do ensino acadêmico. Os chineses, por sua vez, tiveram negado o direito de ter sua própria universidade chinesa. Estabeleceram-se cotas para o ingresso universitário, e para a ocupação de cargos civis de nível superior e diplomáticos, a proporção exigida era de quatro malaios para um não-malaio."[17]

Com a NEP, diminuíram as disparidades de renda entre os vários grupos étnicos; se a renda média das famílias chinesas mais abastadas cresceu, a das famílias bumiputras também, mas com maior rapidez (ver **Ilustração 7**). Todavia, a NEP não erradicou as diferenças de renda entre os grupos étnicos, e também não conseguiu atingir algumas de suas principais metas numéricas, como os 30% de posse de patrimônio privado. Apesar disso, em 1991 o governo a declarou um sucesso total: "A Malásia é... um dos pouquíssimos países que, num breve período de 20 anos, conseguiu notavelmente não apenas crescer, mas também atacar de maneira mais efetiva os problemas de pobreza e o desequilíbrio econômico". O governo concluiu a NEP e instituiu a Política de Desenvolvimento Nacional (NDP), que incluía muitos objetivos idênticos, mas não continha metas numéricas explícitas.[18]

Conforme esses planos, as empresas de administração chinesa necessitavam de parceiros malaios para satisfazer às exigências de propriedade privada. Estas e outras regulações relacionadas possivelmente levaram a novas formas de expeculação e a ineficiências. Como observou um empresário malaio, "Meus parceiros são todos chineses; eles põem o capital e eu exijo 51% de participação. Certifico-me de que meus investidores estão com a facção política certa. Visito autoridades governamentais e políticos para garantir que tenhamos todas as licenças e aprovações de que precisamos. Eles fazem o que querem, e eu ganho muito dinheiro".[19]

Os defensores da NEP alegam que os críticos da política não foram capazes de compreender ou de avaliar a necessidade de redistribuir a riqueza do país entre os grupos étnicos a fim de aumentar a estabilidade política. "Estamos sentados sobre dinamite, e há uma porção de idiotas querendo encurtar o estopim", comentou um ministro, em 1991. "Nossa missão é impedir que eles se tornem atores importantes." O

---

[15] Malásia, "The Second Outline Perspective Plan", p. 8.
[16] Lucian Pye, *Asian Power and Politics: The Cultural Dimensions of Authority* (Cambridge: Belknap Press of Harvard, 1985), p. 262.
[17] Pye, p. 262.
[18] Malásia, "Second Outline Perspective Plan", pp. 45, 7-21.
[19] Citado por Scott, p. 67.

ESTUDO DE CASO

primeiro-ministro freqüentemente salientava a importância de erradicar a pobreza e de redistribuir a riqueza, para que cada cidadão se visse detentor de um quinhão da economia malaia. Investindo pesadamente em educação, modernizando ainda mais a infra-estrutura do país, continuando a atrair investimento externo direto e promovendo uma integração *downstream* a partir dos recursos naturais, a Malásia pretendia tornar-se "um país plenamente desenvolvido" por volta do ano 2020.

Estrutura política

Desde sua fundação, o governo parlamentar da Malásia fora dominado por uma coalizão de partidos políticos denominada coletivamente de Barisan Nasional (BN). O partido dominante dentro do BN era a Organização Nacional dos Malaios Unidos (UMNO), cujos membros eram todos malaios. Do BN constavam ainda vários outros partidos, entre os quais a Associação Malaia Chinesa, o Congresso Malaio Indiano e o partido Gerakan. Em Sarawak, o BN era representado pelo Partido Nacional de Sarawak, pelo Parti Pesaka Bumiputra Bersatu, pelo Partido dos Povos Unidos de Sarawak e pelo Parti Bangsa Dayak Sarawak. Na maioria dos casos, cada partido integrante do BN incluía membros de um único grupo étnico.

Conforme o *The Economist*, "A Malásia não é uma democracia no sentido exato da palavra. Todo adulto tem direito a voto, e as eleições são conduzidas de maneira quase imparcial... A coalizão UMNO pode vencê-las facilmente, ou nem tanto, mas sempre as vencerá. A oposição jamais poderá esperar a formação de um governo, embora, no caso de um partido de oposição sair-se bem, ele possa ser convidado a integrar a coalizão e a tomar parte nas decisões e usufruir as prerrogativas do poder".[20] O estilo de governo malaio – com uma ampla coalizão distribuindo assentos no legislativo e no ministério entre os partidos que integram sua base, e invariavelmente vencendo as eleições – era visto por alguns como semelhante ao modelo japonês.

Desempenho econômico

Mesmo que seus líderes concentrassem grande parte de seus esforços na distribuição de renda e na estabilidade política, a economia da Malásia, durante os anos 1970, crescia em média 7,6% ao ano,[21] tendo sofrido um baque em meados da década de 1980, quando os preços mundiais de itens como petróleo, estanho, borracha e azeite de dendê caíram vertiginosa e simultaneamente. Apesar disso, a Malásia terminou a década com três anos de Produto Interno Bruto crescendo em média 9%. No decorrer dos anos 1980, a taxa real de crescimento era de 5,9%. Esses impressionantes números pareciam respaldar a convicção do primeiro-ministro Mahathir de que a Malásia podia tornar-se um país plenamente desenvolvido em 30 anos, elevando o PIB *per capita* 10 vezes acima do nível de US$ 2.300 registrado em 1990. Outros observadores, porém, temiam que, com o aumento salarial dos malaios, o país permanecesse dependente de investidores estrangeiros, os quais procurariam mão-de-obra ainda mais barata na Tailândia, na Indonésia, na China ou no Vietnã.

---

[20] Colquhoun, p. 8.
[21] Ariff, p. 8.

ESTUDO DE CASO

Eles também, enfatizavam que a renda dos 5% mais ricos da população da Malásia ainda era 16 vezes superior à dos 5% mais pobres, o que tornava a distribuição de renda malaia menos eqüitativa que a de países como Coréia, Taiwan, Cingapura ou Indonésia.[22]

A indústria de produtos florestais da Malásia

Em 1991, a madeira de lei gerava mais divisas para a Malásia que o estanho e a borracha juntos (ver **Ilustração 5**). A indústria de produtos florestais era objeto de considerável atenção por parte do governo malaio, que via nisso o cenário ideal para uma industrialização baseada em recursos naturais. O setor também atraía a atenção da imprensa e dos ambientalistas ocidentais, que encaravam o projeto como uma história de horror ecológico cujo enredo envolvia desperdício, esgotamento do setor e destruição de culturas tradicionais.

A exemplo de muitos outros governos no mundo, o da Malásia interferiu fortemente no setor de produtos florestais. A maior parte da floresta malaia era de propriedade dos estados. Embora os estados da Malásia Peninsular tivessem de fato transferido muito de sua autoridade sobre a política florestal para o governo federal, os estados da Malásia Oriental de Sabah e Sarawak seguiram controlando diretamente a exploração dos recursos florestais dentro de suas fronteiras.

Classificação florestal e planejamento de silvicultura

Agências estatais fixaram níveis de colheita de madeira para suas terras mediante um complicado esquema de classificação e planejamento florestal. Autoridades do governo designaram áreas arborizadas de acordo com os usos a que pareciam mais apropriadas. A maior parte das florestas de propriedade estatal era classificada como Reserva de Floresta Permanente (PFE)*. As agências florestais governamentais foram solicitadas a gerenciar a PFE "com o objetivo de maximizar os benefícios sociais, econômicos e ambientais para a nação e seus habitantes, em conformidade com os princípios do gerenciamento florestal responsável".[23] Outras áreas foram designadas reservas florestais de vida selvagem ou parques nacionais, onde era proibida a produção de madeira de lei. As demais áreas de propriedade governamental eram denominadas florestas estatais e estavam destinadas tanto à silvicultura quanto à conversão em uso agrícola (a **Ilustração 9** mostra a área medida em acres de cada categoria na Malásia Peninsular, Sarawak e Sabah.)

Se determinada área da floresta estatal fosse destinada ao uso agrícola ou ao plantio de seringueiras ou dendezeiros, então a colheita de madeira de lei resultava na remoção de toda a floresta original (processo intitulado *clearcutting*)**. Em contrapartida, as florestas estatais pouco convenientes à agricultura eram cultivadas de modo a garantir que mais tarde pudessem ser realizadas novas extrações. O mesmo se aplicava às demais áreas

---

[22] Andrew Cowley, "Asia's Emerging Economies", *The Economist*, November 16, 1991, Survey, p. 17.
[23] Ministério das Indústrias Primárias da Malásia, "Forestry in Malaysia" (n.d.), p. 6.
* N. de T.: PFE – Permanent Forest Estate.
** N. de T.: Derrubada e remoção de árvores em dada área florestal.

ESTUDO DE CASO

ILUSTRAÇÃO 9

Uso da terra e extração de madeira de lei

	Península	Sarawak	Sabah	Total
Uso da terra (1988; em milhões de acres)				
Floresta natural:	15,2	23,3	11,0	49,4
explorada	7,5	7,9	7,3	22,6
inalterada	7,7	15,4	3,7	26,8
Safras de árvores	8,4	0,7	1,3	10,4
Plantações florestais	0,1	0,0	0,1	0,2
Demais	8,8	6,5	5,9	21,2
TOTAL	32,5	30,5	18,2	81,2
***Status* administrativo das terras governamentais (em milhões de acres)**				
Reserva de Floresta Permanente (PFE):	11,7	11,0	8,3	31,0
explorada	4,6	4,1	4,9	13,6
inalterada	7,1	6,9	3,5	17,6
Outras terras governamentais:	3,6	9,4	2,3	15,3
exploradas	3,2	6,1	2,2	11,4
inalteradas	0,4	3,4	0,1	3,9
"Áreas totalmente protegidas" (parques nacionais e reservas de vida selvagem)	1,5	0,7	1,2	3,4
TOTAL	16,8	21,2	11,8	49,7
Porcentagem inalterada	53,6%	52,1%	40,9%	50,1%
Extração	**Península**	**Sarawak**	**Sabah**	
Anos	1981-87	1983-90	1984-87	
Média anual de áreas exploradas (milhares de acres)	578	546	436	
Volume médio anual de colheitas (milhões de metros cúbicos) extrações	9,35	11,76	N/A	
Média anual de acres explorados/floresta total em acres	3,8%	2,3%	4,0%	

Nota: As somas podem não corresponder ao total porque os números foram arredondados.
Fontes: Ministério das Indústrias Primárias da Malásia, "Forestry in Malaysia" (n.d.); Departamento Florestal de Sarawak, "Forestry in Sarawak Malaysia" (1991).

pertencentes à PFE. De acordo com os silvicultores malaios, a extração da proteção natural da floresta tropical na PFE era realizada seletivamente, não ultrapassando três ou quatro árvores por acre. Após 25 a 30 anos, as maiores árvores remanescentes alcançavam o tamanho das árvores que haviam sido extraídas. Supunham os planejadores do governo que, passado esse período, a área poderia render nova extração, também de modo seletivo, e que o ciclo se repetiria indefinidamente.

O sistema de concessões

As agências governamentais que controlavam as áreas florestais reservadas à produção madeireira garantiam a certas entidades privadas concessões para a derrubada e o transporte de toras. Tais concessões conferiam a seu detentor o direito, mediante pagamento de taxas

ESTUDO DE CASO

e *royalties*, à retirada de certa quantidade de madeira, numa específica extensão de terra, durante certo período. De modo geral, os detentores das concessões terceirizavam essa atividade a outras empresas.

Os concessionários podiam vender suas toras a fábricas independentes ou processar a madeira por conta própria. Em 1990, mais de mil serrarias e 80 fábricas produtoras de madeiras folheadas e compensadas competiam por madeira crua na Malásia (além disso, outras 650 usinas de processamento de madeira fabricavam móveis, assoalhos de parquê, compensados, MDF, molduras, fósforos, lápis, entre outros produtos de madeira[24]).

No caso das florestas montanhosas, que encerravam o grosso da madeira comercial de Sarawak, os silvicultores estatais consideravam apropriados ciclos de retirada que girassem em torno de 25 a 30 anos. As licenças para a exploração das reservas florestais permanentes de Sarawak tinham validade de 10 a 15 anos, embora, quando de sua expiração, pudessem ser renovadas mediante a aprovação do departamento florestal do estado. Cada concessão relativa à PFE cobria uma área que variava de 50 mil a 250 mil acres. (Para fins de comparação, a área de Rhode Island corresponde a 776 mil acres.)

Os concessionários pagavam ao governo *royalties* baseados nos volumes de colheita. Essas compensações normalmente variavam de 15 a 30% do preço das toras, dependendo do tipo de madeira; os *royalties* sobre a madeira de lei respondiam por 40 a 45% das receitas totais do governo do Sarawak. Além dos *royalties* e permissões, os concessionários desembolsavam ainda compensações relativamente pequenas, as quais eram destinadas a serviços médicos e educativos para os habitantes da floresta tropical.[25]

No Ocidente, alguns observadores ficaram escandalizados com a maneira com que as concessões sobre a exploração madeireira eram distribuídas e executadas, acusando-as de contribuir para o rápido desmatamento da região. Em sua maioria, os concessionários eram entidades corporativas cujo único ativo substancial era a própria concessão, sendo que as identidades daqueles que controlavam essas concessões geralmente não eram divulgadas. O *The Economist* publicou em 1990 que "o primeiro-ministro distribuía as licenças de exploração madeireira a seu critério", que o primeiro-ministro anterior garantira em 1987 concessões compreendendo mais de 3 milhões de acres aos membros de sua própria família, e que o substituto desse ministro, ele próprio parente do predecessor, alocara outros 4 milhões de acres aos membros de sua família. O ministro do Turismo e do Meio Ambiente de Sarawak "não opõe restrições – e, além disso, detém ele próprio três grandes concessões", publicou o *The Economist*.[26]

A extração madeireira ilegal praticada por alguns concessionários, seus empreiteiros ou outras entidades era vista como um problema significativo. Com não mais que 1.600

---

[24] Ministério das Indústrias Primárias da Malásia, "Statistics on Commodities" (1991), pp. 156-157.
[25] Em "The dwindling forest beyond Long San", o *The Economist* (ago. 18, 1990, pp. 23ff.) relata que, em Sarawak, os *royalties* correspondiam a meros 2% do valor da madeira de lei. Em 1990, o governo de Sarawak recebeu 520 milhões de ringitts malaios (M$) em receitas provenientes de impostos sobre a madeira de lei, segundo documentos orçamentários do governo; naquele ano, as exportações de toras por parte do estado giraram em torno de M$ 2.800 milhões, e os vários prêmios totalizaram M$ 52 milhões.
[26] "The dwindling forest beyond Long San", *The Economist* (August 18, 1990), p. 23.

ESTUDO DE CASO

empregados no total, o Departamento Florestal de Sarawak policiava uma área acidentada, subdesenvolvida e extremamente intransitável do tamanho do estado de Nova York. Era difícil fazer cumprir as metas de retirada. Uma simples tora de meranti, a mais cultivada árvore de madeira maciça de Sarawak, poderia conter madeira equivalente a dois meses e meio da renda de um malaio médio.

As autoridades malaias argumentavam que o sistema vigente, por mais imperfeito que fosse, era melhor que qualquer alternativa imaginável. "Se as retiradas reais superam de 10 a 20% a quantidade permitida pelo Plano de Gerenciamento Florestal, tem-se aí um preço aceitável a pagar pela estabilidade política", observou um ministro sênior.

Estímulo aos setores *downstream*

Os governos da Malásia, Sarawak e Sabah valiam-se todos de subsídios e isenções fiscais para estimular a produção local de madeira serrada, compensado, móveis e outros produtos de madeira. Ao mesmo tempo, porém, restringiam o ingresso das empresas nas indústrias de processamento de madeira; para tanto, elas necessitavam de licenças para a construção de novas fábricas. Em que pesem todos os incentivos concedidos, a exportação de toras de Sabah e Sarawak permanecia, no início dos anos 1990, a mais valiosa operação do setor de produtos florestais da Malásia (ver **Ilustração 10**).

Em 1985, no intuito de incitar o processamento doméstico da madeira, o governo malaio proibiu a exportação de toras não-processadas oriundas da Malásia Peninsular. Em 1991, autoridades cogitavam elevar as obrigações referentes à exportação de madeira serrada e compensada, a fim de fomentar ainda mais a integração vertical. Por razões semelhantes, o governo federal da Malásia encorajou a aplicação de restrições à exportação de toras vindas de Sabah e Sarawak, embora fossem mantidas as exportações de toras da Malásia Oriental em princípios da década de 1990.

A integração *downstream* entre as indústrias de madeira serrada, compensado ou móveis libertaria a Malásia do suposto conluio de empresas comerciais japonesas que compravam a maioria das toras, bem como da tirania habitual dos preços inconstantes das *commodities*. A integração *downstream* elevaria os índices de emprego no setor de produtos florestais e, ao mesmo tempo, possivelmente diminuiria a pressão sobre as florestas, visto que a mesma quantidade de madeira de lei gerava mais postos de trabalho e receitas de exportação. (Em Sarawak, dizia-se que as indústrias de madeira de lei e afins empregavam cerca de 75 mil pessoas ou, aproximadamente, um décimo da força de trabalho total disponível no mercado.)

O governo de Sarawak abatia 80% dos *royalties* sobre as toras processadas dentro das fronteiras do estado. Por sua parte, o governo federal malaio oferecia generosos incentivos fiscais às empresas que investiam em fábricas de processamento de madeira. Empresas com "*status* de pioneira", que incluía a maioria das empresas de produtos florestais de Sarawak, recebiam isenções fiscais de cinco anos, e os créditos fiscais para investimento reduziam ainda mais a carga tributária federal das novas empresas de processamento madeireiro.[27]

---

[27] Ministério das Indústrias Primárias da Malásia, "Profile: Malaysia's Primary Commodities", p. 1.

ESTUDO DE CASO

ILUSTRAÇÃO 10

Produção e exportações de madeira

A. Produção e exportações de artigos de madeira (inclui madeira serrada, compensada e folheada)	Malásia Ocidental	Sarawak	Sabah	Total
Produção, 1980 (milhares de metros cúbicos)	6.112	380	646	7.138
Produção, 1990 (milhares de metros cúbicos)	7.529	781	2.375	10.685
Exportações, 1990 (milhares de metros cúbicos)	3.642	544	2.391	6.577
Exportações/produção, 1990	48%	70%	101%	62%
Taxa de crescimento anual, 1980-1990	2,1%	7,5%	3,9%	4,1%
B. Produção e exportações de toras	**Malásia Ocidental**	**Sarawak**	**Sabah**	**Total**
Produção, 1980 (milhares de metros cúbicos)	10.453	8.399	9.063	27.915
Produção, 1990 (milhares de metros cúbicos)	10.620	18.838	8.445	37.903
Exportações, 1990 (milhares de metros cúbicos)		15.898	4.564	20.462
Exportações/produção, 1990	0%	84%	54%	54%
Taxa de crescimento anual, 1980-1990	0,2%	8,4%	−0,7%	3,1%

C. Destino e valor das exportações de toras malaias	Japão	Coréia	Taiwan	Tailândia	Demais	Total
Volume, 1980 (milhares de metros cúbicos)	8.825	1.689	2.847	—	1.725	15.087
Volume, 1990 (milhares de metros cúbicos)	10.439	3.118	3.137	765	2.857	20.316
Valor médio, 1980 (M$/metro cúbico)	200	180	123	NA	114	173
Valor médio, 1990 (M$/metro cúbico)	222	194	149	208	171	199

Nota: Devido a inconsistências nos dados originais, os números relativos ao total de exportações de 1990 diferem ligeiramente entre as partes B e C.

Fontes: Ministério das Indústrias Primárias da Malásia, "Statistics on Commodities", pp. 150ff.; Departamento Florestal de Sarawak, "Forestry in Sarawak", p. 35.

Preocupações ambientais

Conforme relatório amplamente citado da Comissão Mundial sobre Meio Ambiente e Desenvolvimento (WCED*), cerca de 2,25 bilhões de acres de floresta tropical ainda existia no mundo nos anos 1980. Nessa época, porém, a atividade humana havia destruído a superfície florestal de 1,5 bilhão a 1,75 bilhão de acres. A cada ano, mais de 25 milhões de acres de floresta tropical eram eliminados, enquanto outros 25 milhões eram seriamente danificados.[28]

---

* N. de T.: World Commission on Environment and Development.
[28] Comissão Mundial sobre Meio Ambiente e Desenvolvimento, *Nosso Futuro Comum* [*Our Common Future*, também conhecido como "Relatório Brundtland"; doravante citada como "WCDE"] (Oxford: Oxford U. P., 1987), p. 151.

ESTUDO DE CASO

Por diversas razões, essa perda de florestas tropicais era profundamente inquietante para os ambientalistas. Em âmbito local, essa perda da superfície florestal poderia aumentar a erosão, o desgaste do solo e, por conseguinte, a possibilidade de inundações de proporções catastróficas. O desmatamento tropical também acelerava a extinção de certas espécies de plantas e animais. Embora cobrissem apenas 6% da área terrestre do globo, as florestas tropicais continham pelo menos metade – e possivelmente até 90% – das espécies vegetais e animais do planeta. Muitos biólogos acreditavam que a taxa de extinção de espécies causada pelo homem era centenas de milhares de vezes superior ao índice histórico.[29]

A perda dessas espécies, a maioria das quais insuficientemente estudada e muitas provavelmente jamais identificadas, significava que todo e qualquer potencial que pudessem ter para o desenvolvimento humano restaria inexplorado. Muitas espécies selvagens já se haviam mostrado úteis para produzir remédios, criar novas variedades de safras agrícolas ou contribuir com "gomas, óleos, resinas, taninos, gorduras e ceras vegetais, inseticidas e muitos outros compostos".[30] Inúmeras outras espécies desconhecidas poderiam mostrar-se igualmente úteis.

Imaginava-se também que a perda da superfície florestal contribuía para a elevação da temperatura média global, devido ao acúmulo de dióxido de carbono e de outros gases na atmosfera terrestre. Diferentes estudos sugeriam que entre 5 e 15% das mudanças climáticas poderiam decorrer do desmatamento.[31]

Embora a Malásia possuísse não mais que 2 a 3% das florestas tropicais do mundo, as densas florestas – ricas em recursos biológicos – que cobriam as colinas da Bornéu setentrional recebiam especial atenção dos grupos ambientalistas e da imprensa ocidental, além de ser o centro de uma controvérsia particularmente acalorada.

Obter dados confiáveis sobre a extração de madeira de lei e a perda florestal na Malásia e na maioria dos países tropicais era tarefa árdua. No entanto, ao que tudo indicava, a extração madeireira havia afetado entre 2 e 4% da área arborizada do país durante os anos 1980 (ver **Ilustração 9**). Grupos ambientalistas do Ocidente argumentavam que a quantidade de árvores retiradas superava o cultivo das restantes, de modo que as florestas estavam sendo "minadas". Assim, o fato de que a extração decaía suscitou algumas dúvidas quanto ao bem-estar econômico a longo prazo.[32]

As autoridades florestais malaias discordavam. Em primeiro lugar, argumentavam que os ambientalistas não conseguiam compreender que explorar um acre da floresta tropical não significava destruí-lo; as árvores seriam mantidas no local, de modo que o mesmo acre poderia ser explorado novamente 25 ou 30 anos depois. Em segundo lugar, embora reco-

---
[29] WCED, p. 150.
[30] WCED, p. 156.
[31] Ver "Global Climate Change" e suplementos (HBS Case Nos. 391-180 a 391-188).
[32] Ver "Sarawak: The Disposable Forest".

ESTUDO DE CASO

nhecessem que a extração de madeira da Malásia como um todo era praticada acima do nível sustentável, a autoridades julgavam despropositado incluir no cálculo do rendimento sustentável as florestas que seriam convertidas para uso agrícola.

Além disso, sentiam que uma conversão temporária e em pequena escala constituía um problema muito mais grave que a exploração comercial da madeira. Os ruralistas iriam desmatar e queimar pequenos pedaços de vegetação e plantações, fazendo o mesmo alguns anos mais tarde. Conforme o Departamento Florestal de Sarawak, uma agência estatal, a substituição do cultivo era responsável por grande parte da perda florestal verificada em Sarawak.[33]

Alguns grupos ocidentais argumentavam ainda que a extração madeireira violava os direitos de autodeterminação dos povos indígenas da selva de Bornéu. A atenção estava voltada para os Penans, habitantes nômades da floresta, cujo modo de vida era ameaçado por essa atividade; segundo estimativa da Sociedade Cingapurense e Malaia Britânica (SIMBA*), os Penans totalizavam 9 mil, embora as autoridades do governo malaio afirmassem que apenas 300 ainda seguiam o nomadismo. Sempre que povos indígenas tentavam impedir a extração madeireira, fosse incendiando pontes ou bloqueando estradas, eram julgados e encarcerados.[34]

Mudanças possíveis no gerenciamento ambiental

O Relatório da ITTO e suas recomendações

Em 1989 e 1990, os governos de Sarawak e da Malásia convidaram a Organização Internacional de Madeiras Tropicais (ITTO) a enviar a Sarawak um grupo de observadores a fim de visitar as áreas de produção madeireira, avaliar as práticas florestais e fornecer recomendações. A ITTO, cujos governos-membros eram exportadores e consumidores dos produtos originários das florestas tropicais, trabalhava em conjunto com grupos ambientalistas e associações comerciais. O propósito da entidade era "fazer o balanço entre a utilização e a conservação dos recursos provenientes das florestas tropicais mediante o aumento de benefícios, tendo em vista promover o gerenciamento sustentável dessas florestas".[35]

A missão divulgou seu relatório à ITTO em maio de 1990. Sua recomendação central era que a extração de madeira de lei em Sarawak fosse reduzida para 9,2 milhões de metros cúbicos ao ano: 6,3 milhões de metros cúbicos por ano da PFE e mais 2,9 milhões de terras estatais que aparentemente não eram necessárias para fins agrícolas e de plantio.[36] A missão baseou tal recomendação em seu próprio cálculo do rendimento anual sustentável da

---

* N. de T.: Singaporean and Malaysian British Society.
[33] Departamento Florestal de Sarawak, "Forestry in Sarawak" (Kuching, 1991), p. 8; ver também Ministério das Indústrias Primárias da Malásia, "Profile: Malaysia's Primary Commodities", p. 138.
[34] Associação Cingapurense e Malaia Britânica, "Attempts to Protect Land End in Severe Jail Terms", Press release, 1991.
[35] Organização Internacional de Madeiras Tropicais, relatório submetido ao Conselho Internacional das Madeiras Tropicais pela Missão Estabelecida Conforme a Resolução I (VI), "The Promotion of Sustainable Forest Management: A Case Study in Sarawak, Malaysia" (May 1990) [doravante "ITTO Mission Report"], p. 1.
[36] ITTO Mission Report, pp. 34, 71.

ESTUDO DE CASO

PFE e das terras estatais de Sarawak, após excluir as áreas florestais que julgara demasiado escarpadas para uma exploração ambientalmente aceitável. De acordo com os silvicultores do governo de Sarawak, as extrações de 1990 totalizavam cerca de 18 milhões de metros cúbicos, quase duas vezes o limite recomendado pela ITTO. Cerca de um terço desse total vinha do desmatamento de terras estatais, e o restante, da PFE. O governo de Sarawak declarou formalmente que "aceita, em princípio, as recomendações constantes do relatório da ITTO e irá implementar aquelas fundamentadas nos recursos disponíveis, com o apoio e a cooperação da comunidade internacional".[37]

As controvérsias persistiram após a divulgação do relatório da ITTO. Uma das principais recomendações da missão era que "o pessoal do Departamento Florestal precisa ser consistentemente reforçado".[38] Contudo, um ano e meio após o término da missão, praticamente nenhum silvicultor havia sido contratado. O governo de Sarawak precisava da permissão federal para incrementar seus postos de trabalho; de fato, oficiais do Departamento Florestal se diziam desejosos de contratar no mínimo 400 pessoas, mas as autoridades de Kuala Lumpur não liberavam a papelada necessária. Autoridades federais contra-argumentavam que a responsabilidade pela contratação de pessoal cabia na verdade a Kuching, capital do estado de Sarawak. Nesse meio-tempo, as extrações persistiam a um nível muito acima das recomendações da ITTO.

Outras medidas

Muitos observadores, entre os quais os integrantes da missão da ITTO, sugeriram que os governos de Sarawak e da Malásia aumentassem a extensão de suas Áreas Totalmente Protegidas (parques nacionais e reservas de vida selvagem). Sarawak concordara com quadruplicá-las em número de acres, o que a curto prazo significava uma enorme "dor de cabeça gerencial", na medida em que muitas pessoas seriam desalojadas de áreas cujas florestas tradicionalmente utilizavam; significava também abrir mão de receitas a longo prazo. Em resposta, alguns ocidentais sugeriram que, como as florestas tropicais de Sarawak constituíam de fato um ativo globalmente valioso, os habitantes de Bornéu deveriam de alguma forma ser compensados por mantê-las em um estado primitivo.

Proibição do Ocidente à madeira malaia?

Alguns ambientalistas mais impacientes sugeriam às nações ocidentais que proibissem as importações de produtos provenientes das florestas da Malásia até que o governo malaio reformasse suas políticas florestais.[39] Em resposta, os malaios afirmaram que a maior parte dos móveis que exportavam para os Estados Unidos e a Europa eram originários da Malásia Ocidental, enquanto as exportações de toras vinham da Malásia Oriental. Além disso, seus maiores consumidores estavam no Oriente Médio. Parecia pouco provável, pois, que eles viessem a tomar parte em algum tipo de boicote à madeira malaia.

Muitos malaios viam, por trás das restrições propostas ao comércio de madeira de lei, a mão sinistra dos fabricantes de madeira mole ocidentais. Autoridades do governo e

---
[37] "Statements by the State Government of Sarawak Malaysia on the ITTO Mission Report" (n.d.).
[38] ITTO Mission Report, p. 71.
[39] ITTO Mission Report, p. 71.

ESTUDO DE CASO

líderes do setor, afinados em suas convicções, mencionavam alianças entre os grupos ambientalistas do Ocidente e as companhias que produziam madeira serrada e compensada na América do Norte e na Escandinávia. "Eles estão preocupados em perder participação de mercado para a madeira de lei tropical; por isso, fundam grupos ambientalistas para promover campanhas contra a madeira dura tropical", observou uma autoridade. Além disso, os próprios redatores dos discursos do primeiro-ministro Mahathir haviam escrito no esboço da manifestação que ele faria perante as Nações Unidas, em setembro de 1991, que "a idéia de que as florestas tropicais só podem ser salvas pelo boicote à madeira tropical cheira muito mais à coerção que ao desejo real de salvá-las (...) É uma manobra que visa a nos manter pobres".[40]

---

[40] Embaixada Malaia nos Estados Unidos, "Statement by H. E. Data' Seri Dr. Mahathir Mohamad, United Nations General Assembly, New York, 24 September, 1991."

ESTUDO DE CASO

Whistler Corporation (A)[1]

No verão de 1987, Charles Stott, o recém-nomeado presidente da Whistler Corporation, constatou que a empresa passava por um momento crítico – a outrora rentável fabricante de detectores de radar estava perdendo US$ 500 mil por mês. Stott fora designado pela matriz da Whistler, a Dynatech Corporation, para recolocar a empresa no caminho da lucratividade. Nas semanas seguintes, ele deveria apresentar à Dynatech uma decisão referente ao futuro das operações de produção da filial.

Stott cogitava reestruturar radicalmente as operações de produção doméstica da Whistler, no intuito de fazer frente aos custos dos fabricantes estrangeiros (*off-shore*). Uma linha de produção experimental "*just-in-time*" (JIT) sincronizada, colocada em operação há menos de três meses, serviria de modelo para o novo sistema de manufatura. Se a escala de operações do sistema sincronizado crescesse proporcionalmente, a Whistler poderia esperar economias de custo significativas com redução dos estoques em processo (*work-in-process*), melhor qualidade dos processos, maior produtividade da mão-de-obra e utilização mais eficiente do espaço da fábrica. Importantes economias de custos fixos também seriam possíveis com o fechamento da fábrica da Whistler em Fitchburg, Massachusetts.

Uma segunda opção era, em vez disso, expandir o longo e exitoso relacionamento que a Whistler mantinha com uma empresa coreana de eletrônicos de consumo. Essa empresa já lhe fornecia detectores "*low-end*"[2] completos a preços bastante atraentes. Adquirir mais produtos *low-end* desse fornecedor coreano permitiria à Whistler oferecer custos mais competitivos nesse segmento do mercado. Além disso, aliviaria certos problemas de capacidade que a empresa vinha enfrentando em suas duas fábricas nacionais (em Westford e Fitchburg, Massachusetts). Uma terceira e mais radical opção também era seriamente considerada: transferir toda a produção para o estrangeiro e fechar suas duas fábricas nacionais. Esse fora o caminho trilhado por todas as concorrentes da Whistler, exceto uma, no mercado de detectores de radar.

Histórico

Os detectores de radar, conhecidos na língua inglesa como "Fuzz-busters"[TM3], são pequenos aparelhos que alertam os motoristas para a presença dos radares móveis usados pela polícia para rastrear a velocidade dos veículos (**Ilustração 1**). O equipamento contém três peças funcionais básicas (internas). O *dispositivo de microondas* é uma antena que capta sinais de microondas (emitidos pelos radares "pistola" da polícia) e os converte em sinais de rádio de freqüência mais baixa. Esses sinais são então processados e interpretados pelo *dispositivo de freqüência de rádio*. Se os sinais do radar policial forem detectados, o

---

Este caso foi preparado pelo professor Gary Pisano.
Copyright © 1990 by the President and Fellows of Harvard College. Harvard Business School case 690-011.
[1] Alguns dados confidenciais foram disfarçados.
[2] No mercado de detectores de radar, "*low-end*" significa um produto com atributos básicos, custos de engenharia relativamente baixos e modestas especificações de desempenho.
[3] "Fuzz-buster" é marca registrada da Electrolert, uma das maiores concorrentes da Whistler nos Estados Unidos.

ESTUDO DE CASO

ILUSTRAÇÃO 1

Produtos representativos da Whistler Corporation

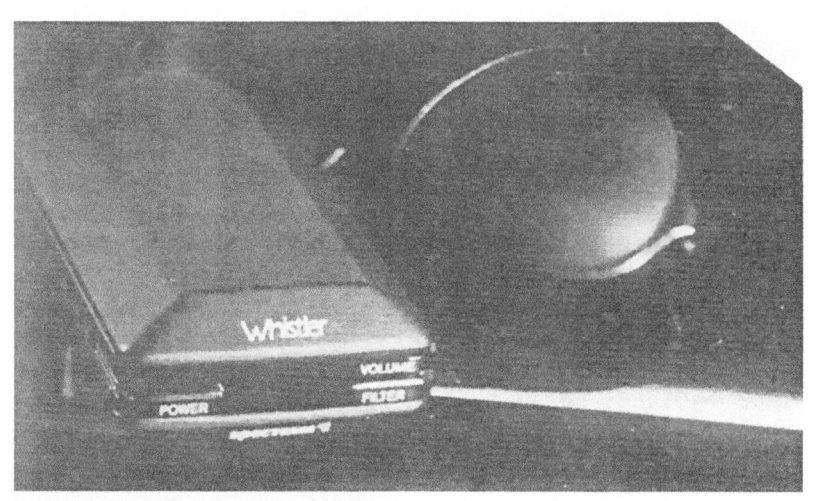

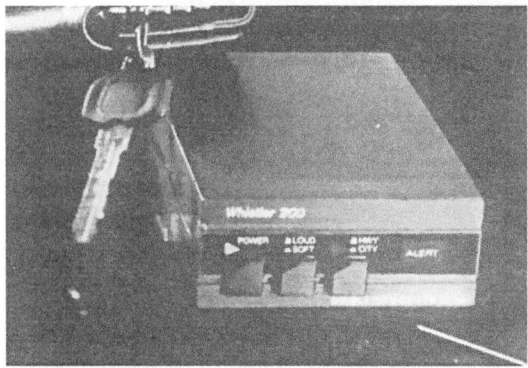

ESTUDO DE CASO

dispositivo de controle alerta o motorista por meio de luzes brilhantes, bipes ou alguma combinação de alertas visuais e de áudio.

Os primeiros detectores de radar foram introduzidos em 1972, quando a esmagadora maioria de seus usuários era composta por caminhoneiros. No final dos anos 1970, o uso desses aparelhos estendeu-se aos "entusiastas" automotivos, aos vendedores e a outros consumidores acostumados a percorrer longas distâncias em estradas. Tratava-se de um nicho de mercado ainda pequeno, especializado, quando a Whistler Corporation decidiu ingressar no setor, em 1978.

A Whistler foi fundada por Dodge Morgan no início da década de 1970. Em seus primórdios, a empresa projetava e fabricava produtos eletrônicos especiais (misturadores de voz, radares marinhos, detectores de fuga de gás) na garagem do próprio fundador. Com o crescimento das receitas, a empresa foi transferida primeiramente para um velho moinho e, depois, para uma fábrica maior e mais moderna, localizada em Westford, Massachusetts.

Graças a seu forte *design* e a suas capacidades de engenharia, a empresa rapidamente se tornou um ator dominante e lucrativo no pequeno, mas crescente, mercado de detectores de radar. Seu primeiro aparelho, desenhado em 1978, consagrou-se um campeão de vendas. Em 1982, a Whistler lançou dois novos modelos. Em 1983, era uma dentre as seis empresas que competiam naquele que era ainda um nicho de mercado um tanto especializado, embora rentável. No mesmo ano, a Whistler foi adquirida pela Dynatech, uma empresa de Burlington, Massachusetts, cuja estratégia era comprar empresas de pequeno e médio portes com posição dominante em nichos de mercado.

Crescimento explosivo: 1983-1987

Pouco depois de a Dynatech adquirir a Whistler, uma série de mudanças inter-relacionadas teve lugar no mercado de aparelhos para detecção de radar. Como indicado na Ilustração 2, a demanda por unidade agregada explodiu. Entre 1982 e 1987, o número total de detectores comercializados nos Estados Unidos aumentou em mais de 450%. Durante esse período, as taxas anuais de crescimento do mercado atingiram em média 35,6%.

Tamanho crescimento estava relacionado a uma mudança fundamental na composição da demanda: os ditos "consumidores de massa" passavam a ser o principal segmento comprador. O mercado segmentava-se conforme as seguintes categorias: preço, qualidade, desempenho e conveniência de compra. A distribuição estendeu-se das lojas especializadas em automóveis e caminhões para estabelecimentos de varejo geral (lojas de produtos eletrônicos, grandes redes varejistas e catálogos de venda por reembolso postal). Procurando servir o máximo possível de segmentos desse mercado em rápida evolução, a Whistler lançou nove modelos novos entre 1982 e 1987.

ESTUDO DE CASO

Como era esperado, o crescimento da demanda atraiu novos concorrentes. Em 1987, a Whistler coexistia com 19 deles. Embora muitos fossem empresas americanas, quase todos comercializavam detectores manufaturados por meio de acordos de terceirização com fornecedores asiáticos. A maioria terceirizava exclusivamente com a Ásia. Como resultado da intensa competição e do acesso a fabricantes estrangeiros de baixo custo, o preço médio dos detectores de radar caía constantemente (**Ilustração 2**).

Foi durante esse período de rápido crescimento que a Whistler enfrentou sérios problemas em suas operações de produção.

Operações de produção

A produção da Whistler dividia-se em dois conjuntos de operações: a submontagem e a montagem final. Antes de 1985, ambas as operações eram realizadas no espaço de 40 mil pés quadrados da fábrica de Westford. A partir de 1985, a companhia transferiu suas operações de montagem final para uma nova fábrica, de 20 mil pés quadrados, localizada em Fitchburg, Massachusetts (a cerca de 40 km das instalações de Westford).

Submontagem

Como mencionamos anteriormente, os detectores de radar consistem de três grandes subcomponentes internos: 1) um dispositivo de microondas; 2) um dispositivo de freqüência de rádio (FR); e 3) um dispositivo de controle. Todos os três subcomponentes eram proje-

ILUSTRAÇÃO 2

Mercado norte-americano de detectores de radar (unidades)

Ano	Número de unidades	% de crescimento	Preço médio no varejo
1980	473.000		
1981	583.000	23	
1982	618.000	6	
1983	985.000	59	US$ 150
1984	1.458.000	48	136
1985	1.910.000	31	125
1986	2.505.000	31	115
1987	2.840.000	13	95
1988*	2.982.000	5	90
1989*	2.684.000	−10	88
1990*	2.415.000	−10	85
1991*	2.295.000	−5	80

*Previsto

ESTUDO DE CASO

tados e produzidos na própria fábrica da Whistler. Tanto a submontagem de FR como a de controle consistiam de placas de circuito integrado contendo componentes eletrônicos soldados por meio de furos existentes nas placas, bem como montados na superfície destas. As placas de FR e de controle eram montadas a partir de componentes eletrônicos e placas de circuito integrado lisas, adquiridas junto a fornecedores estrangeiros. A submontagem de microondas era manufaturada utilizando zinco fundido sob pressão, provido por um fornecedor externo. Em geral, essas submontagens eram produzidas em lotes suficientemente grandes para atender às necessidades de um mês de montagem final.

A produção de placas de circuito integrado exigia a execução de uma série de etapas. Primeiramente, todos os componentes necessários à fabricação de um lote de uma dada placa de circuito integrado eram trazidos do estoque para a área de produção dessas placas. A partir daí, os componentes eletrônicos eram automaticamente montados na superfície de bancadas planas. Após essa "montagem em superfície" o lote era inspecionado, com vistas a garantir que todos os componentes apropriados haviam sido corretamente colocados. A seguir, o lote inteiro era deslocado até a área de "processamento manual", onde os componentes que não podiam ser automaticamente montados eram manualmente inseridos na placa. Esses componentes "processados à mão" eram então montados por uma máquina automatizada de soldagem por ondulação.

Todo o lote de placas era então examinado; as placas reprovadas no teste eram marcadas. A seguir, todos os painéis eram submetidos a um "fino jato d'água", cujo fluxo de alta pressão dividia o painel em placas de circuito integrado individuais – processo conhecido como "despaletização". Feita a despaletização, as placas defeituosas eram encaminhadas à área de retrabalho, enquanto as aprovadas na primeira etapa eram enviadas a outra estação de trabalho, para a sintonização da freqüência de rádio e a realização de testes de funcionamento. As placas reprovadas nesse segundo teste também eram encaminhadas à área de retrabalho. Por fim, todo o lote era submetido a um exame final de controle de qualidade, tendo em vista garantir que somente placas satisfatórias fossem encaminhadas ao estoque[4] e, por fim, à montagem final.

Os dispositivos de microondas eram montados em uma parte separada da fábrica. A exemplo das placas de FR e de controle, eles eram fabricados em lotes grandes o suficiente para atender às necessidades de um mês de montagem final.

Montagem final

O processo de montagem final consistia de seis etapas. Primeiro, as três principais submontagens internas eram ligadas entre si por fios. Segundo, efetuava-se um "teste rápido" do sistema eletrônico integrado; unidades defeituosas eram mandadas para a área de retrabalho. Terceiro, os recém-integrados sistemas eletrônicos eram fixados na metade inferior da caixa da unidade, feita de plástico moldado. Quarto, a metade superior da caixa externa

---

[4] Não era incomum que não houvesse espaço no estoque para bens acabados. Nesses casos, as placas concluídas eram estocadas no próprio chão-de-fábrica até que o lote fosse requerido para a montagem final.

ESTUDO DE CASO

era presa à metade inferior (agora contendo o sistema eletrônico). Quinto, toda a unidade era testada (unidades defeituosas eram enviadas à área de retrabalho). Finalmente, a unidade era empacotada com as respectivas instruções e mandada para a área de estocagem de bens acabados.

Controle da produção

O fluxo de materiais era controlado pelo que comumente se chamava método "lote e *kit*". Numa operação "lote e *kit*", todas as submontagens e montagens finais eram produzidas em lotes – na Whistler, normalmente lotes mensais. Por exemplo, se 5 mil detectores de radar Spectrum 1 tivessem sua produção programada para um mês, todas a 5 mil unidades seriam montadas num único lote.

Para que a montagem final de um lote tivesse início, todas as submontagens e peças exigidas tinham de estar disponíveis. Assim, várias semanas antes do início programado para a montagem final de um lote do Spectrum 1, as área de submontagem produziam 5 mil placas de FR apropriadas, 5 mil placas de controle apropriadas e 5 mil dispositivos de microondas apropriados. Os lotes finalizados eram então mandados para o estoque. Pouco antes da montagem final, todas as submontagens necessárias eram trazidas do estoque e organizadas em um "*kit*" – todas as peças requeridas para a montagem final de um lote de produtos acabados daquele modelo. O *kit* era então mandado para a montagem final.

A maior parte dos pequenos componentes eletrônicos utilizados pela Whistler era fornecida por empresas localizadas na Ásia. Para esses componentes, o tempo decorrido entre o pedido e a entrega girava em torno de dez semanas. Devido a esse longo intervalo e ao custo relativamente baixo dos componentes, a Whistler geralmente estocava matéria-prima suficiente para satisfazer aos dois meses seguintes de produção programada.

Tensões na produção

À medida que o volume de produção começou a crescer depois de 1983, as operações de manufatura passaram a enfrentar uma série de problemas. Enquanto a Whistler produzia quatro modelos em volumes relativamente baixos, a quantidade e o tamanho dos lotes produtivos eram administráveis. Entretanto, com o aumento do volume total da produção e do número de modelos, verificou-se também o aumento da quantidade e do tamanho dos lotes. Com um total de 13 modelos em produção, a fábrica não raro se via com vários lotes de unidades em processo enfileiradas e à espera entre as áreas de trabalho. Com o espaço de estoque totalmente lotado, não tardou para que as instalações de Westford ficassem abarrotadas de materiais em processo.

Mas a falta de espaço não era, com efeito, a única restrição da fábrica; havia ainda a concorrência de muitas outras empresas de eletrônicos na área de Westford-Lowell. Em razão dos investimentos em segurança e da expansão geral da economia, essas firmas experimentaram um surto de prosperidade em seus negócios. A demanda por montadores

ESTUDO DE CASO

semi-especializados era extremamente alta. Competindo por mão-de-obra com empresas como a Digital Equipment Corporation (DEC) e a Wang, a Whistler considerava difícil contratar empregados com os salários que podia lhes pagar.

Assim, tomou-se a decisão de alugar uma fábrica em Fitchburg, Massachusetts, onde tanto a mão-de-obra quanto o espaço eram mais viáveis economicamente. Para a gerência da Whistler, a fábrica de Fitchburg constituía um meio rápido de aumentar sua capacidade e de conseguir realizar alguns negócios que a empresa vinha deixando escapar. Em 1985 foi inaugurada a fábrica de Fitchburg, com as operações de submontagem e empacotamento permanecendo em Westford. Assim, o fluxo do processo sofreu a seguinte alteração: as placas de FR e as de controle, bem como os dispositivos de microondas, eram produzidos e testados em Wesford. Essas submontagens e outras peças necessárias à produção de um lote de determinado modelo eram organizadas em *kits* e depois transportadas por caminhão até Fitchburg. Em Fitchburg, os *kits* eram montados, tornando-se produtos finais, e testados. Por fim, o lote inteiro (ou múltiplos lotes) era da mesma forma transportado de volta a Westford, onde os bens acabados eram embalados e estocados.

Durante esse período, a Whistler começou a enfrentar problemas de qualidade na submontagem de placas de FR e de controle. Algumas dessas dificuldades se deviam a defeitos nos componentes adquiridos de fornecedores estrangeiros. No entanto, parte importante do problema era causada pela nova tecnologia de montagem em superfície (TMS). Os componentes que eram montados em superfície ocupavam menos espaço na placa de circuito integrado do que aqueles que precisavam ser inseridos e soldados nos furos. Como resultado, a montagem em superfície permitia agregar mais componentes a uma placa de circuito menor. Além disso, a tendência para detectores de radar menores tornava essa tecnologia desejável. Quando automatizado, o processo de montagem em superfície reduzia drasticamente o ciclo de produção. Dada a necessidade de elevar o volume da produção para preencher a demanda, assim como a maior demanda por detectores menores, a TMS era naturalmente a tecnologia a adotar, mesmo que constituísse um processo mais complexo que os métodos tradicionais.

O primeiro equipamento em TMS foi instalado no ano de 1986. Contudo, os retornos da nova tecnologia eram bastante modestos enquanto os operadores, *designers* e engenheiros de processos se inteiravam de suas sutilezas. No começo de 1987, o retorno de primeira passagem* (o porcentual de produtos "bons" acabados pela primeira vez, antes do retrabalho) subira para 75%. Mediante diligente inspeção e extensivo retrabalho[5], a qualidade dos produtos que chegavam ao consumidor continuava extremamente alta. No entanto, assegurar essa confiabilidade custava muito caro. A título de ilustração, no final de 1986 cem dos 250 trabalhadores do setor de produção da empresa foram recrutados para o conserto de placas defeituosas. Cerca de 30% da capacidade física da fábrica de Westford foi absorvida por atividades de retrabalho, que, de fato, respondia por aproximadamente 600 mil dos 2 milhões de dólares de estoques operacionais da empresa.

---

* N. de T.: No inglês, First-Pass Yield (FPY).
[5] As placas defeituosas eram retrabalhadas por serem valiosas demais para o descarte.

ESTUDO DE CASO

As placas defeituosas também dificultavam o fluxo contínuo dos materiais. Uma disciplina voltada estritamente para o fluxo de materiais em lotes exige que um número adequado de submontagens de cada tipo esteja disponível para completar um *kit*. Elevados índices de submontagens defeituosas dificultavam a disponilbilização de submontagens para os *kits* da montagem final. Na montagem final, *kits* incompletos podiam ficar semanas à espera de que as submontagens imperfeitas fossem retrabalhadas. A pressão para que os produtos fossem entregues era tão grande que peças comuns de outros lotes em processo eram às vezes utilizadas como substitutos. Infelizmente, porém, esse "empréstimo" de componentes freqüentemente não era registrado. Como resultado, as peças faltantes não estavam à disposição quando o lote a que originalmente pertenciam estava pronto para a montagem final. O elevado número de componentes defeituosos tornara-se tão comum que já fazia parte do cronograma de produção. Como exemplo, o Departamento de Controle da Produção, por motivos táticos, encomendava 20% a mais de submontagens que o exigido pela agenda de montagem final.

Os materiais em processo empilhavam-se por causa das inesperadas mudanças do cronograma de produção. Enquanto a Whistler fabricava tão-somente quatro modelos para um mercado um tanto limitado, o cronograma podia ser estabelecido com bastante antecipação. Todavia, o mercado "de massa" era bem mais inconstante. Como observa um dos responsáveis pelo cronograma,

> De uma hora para a outra, podíamos receber um pedido de 5 mil Spectrum 2 para algum grande varejista que estivesse oferecendo uma promoção de fim de semana. Se tivéssemos os produtos para enviar, ficávamos com o pedido; do contrário, o perdíamos. Não estávamos acostumados com esse tipo de coisa. Afinal, os caminhoneiros não saem por aí comprando detectores de radar só porque é aniversário de George Washington.

Mudanças no cronograma de produção não raro implicavam suspender o trabalho alocado em um lote a fim de liberar recursos para começar um outro. No início de 1987, o estoque em processo da Whistler havia chegado à cifra de US$ 2 milhões. Um *controller* que trabalhara na linha de produção da empresa descreve a cena: "O lugar era uma zorra total. As placas e unidades semimontadas formavam pilhas que iam do chão ao teto. Tínhamos mesmo de alugar três *trailers* para dar conta do excesso de fluxo".

Lidar com os materiais em processo tornara-se um verdadeiro pesadelo. Os *kits* mais volumosos permaneciam dispostos no chão-da-fábrica e, quanto mais eram rearranjados (para dar espaço a outros materiais em processo), maior era a probabilidade de haver danos às delicadas peças eletrônicas e maiores eram os problemas na montagem final. Em 1987, no momento em que uma unidade concluía a etapa de montagem final, ela havia passado uma média de 23 dias em processo, embora o tempo líquido de produção fosse de apenas oito horas.

ESTUDO DE CASO

ILUSTRAÇÃO 3

Alternativas de produção no estrangeiro: produção dos EUA *vs.* produção do Extremo Oriente (Spectrum 1)

	Estados Unidos atualmente (1/87)[1]	Extremo Oriente (em dólares americanos)
Material	US$ 31,90	US$ 30,48
Refugo	3,83	0,92
Mão-de-obra direta	9,00	1,88
Despesas gerais variáveis	6,30	7,46[2]
Tarifas de importação	—	0,30
Custos de coordenação EUA	—	2,40
Despesas gerais fixas	—	1,00
Westford (escritório da matriz)	3,38	3,38
Fábrica de Westford	9,28	—
Fábrica de Fitchburg	8,14	—
	US$ 20,80	US$ 3,38
Total	US$ 71,83	US$ 47,82

[1] Dados relativos ao sistema de produção tradicional; não inclui resultados estimados da LPM.
[2] Inclui as despesas gerais fixas, variáveis e a margem da empresa terceirizada.

Desempenho

Até fins de 1986, a produção era uma preocupação secundária para a gerência da Whistler: a combinação de *designs* inovadores e um bom *marketing* era, nas palavras de um executivo, "a bola da vez". As vendas vinham crescendo em ritmo acelerado, e a produção, apesar de seus problemas internos, mantinha-se em ordem. Em 1985, as margens de lucro pré-impostos correspondiam a 20% das vendas; a empresa auferia um retorno sobre os ativos pré-impostos de 40%. Nesse mesmo ano, era a líder em participação de mercado, respondendo por 21% do mercado doméstico de detectores de radar (unidades). A estratégia "produza tanto quanto puder, do jeito que puder" parecia estar funcionando.

Em 1986, contudo, o desempenho financeiro da empresa piorou rapidamente. Elevados custos de produção tornavam difícil a competição com fabricantes estrangeiros. Os custos de produção das empresas terceirizadas na Ásia eram consideravelmente inferiores aos da Whistler (**Ilustração 3**). Uma análise de *marketing* sugeria que, em razão do desempenho, da qualidade, da reputação e da imagem de marca dos produtos da Whistler, eles podiam tolerar um preço *premium* de 0% mais alto, mas não muito mais do que isso. No fim de 1986, a participação de mercado da empresa recuara para 12%. Ao final do verão do mesmo ano, pela primeira vez em sua história, a Whistler começou a perder dinheiro – à razão de quase US$ 500 mil por mês. Os problemas do setor de produção começavam a causar preocupação.

ESTUDO DE CASO

Segundo Jack Turner, vice-presidente de projeto e engenharia, à época responsável pela produção, "Sabíamos que a produção estava mal. Sabíamos que algo precisava ser feito. Só não sabíamos o quê".

Em setembro de 1986, foi contratada uma consultoria para analisar o processo produtivo da Whistler e apresentar sugestões de mudança.

O programa RACE-ME

A firma de consultoria sugeriu a criação de um abrangente programa de reforma das operações de produção da Whistler. O programa foi denominado RACE-ME (Restoring A Competitive Edge Through Manufacturing Excellence)* e tinha como propósito tornar, num período de 24 meses, a produção da Whistler tão eficiente quanto a de seus concorrentes do Extremo Oriente.

O programa RACE-ME incluía reformas nas práticas de manejo dos materiais, treinamento de operadores, desenho de processos, inspeção e controle de qualidade, maquinário e fluxo de produção. Uma linha de produção modelo (piloto) (LPM) foi estabelecida num canto da fábrica de Westford, tendo em vista implementar, avaliar e demonstrar várias reformas. A linha consistia numa série de bancadas de trabalho conectadas umas às outras. Para sinalizar, as bancadas eram de estilo e cores diferentes das encontradas nas demais operações de produção. O Spectrum 1, cujo volume de produção era relativamente alto, foi escolhido para ser fabricado na LPM.

A LPM foi projetada com o objetivo de alterar o fluxo de materiais e de trabalho em processo. Em vez de um fluxo de lotes, o modelo operaria como um processo fabril "repetitivo" ou sincrônico, somente com mínimos estoques de segurança entre etapas de produção adjacentes. No sistema tradicional, uma estação de trabalho recebia grandes lotes de componentes e submontagens conforme agendado, estivesse ou não preparado para operá-los. Na LPM, a estação de trabalho receberia apenas materiais ou materiais em processo quando os solicitasse. A segunda grande mudança dizia respeito à agenda de produção. A LPM estava programada para produzir a mesma quantidade de detectores dia após dia.

Após um processo de tentativa e erro, a LPM desenvolveu-se da seguinte forma: as placas de FR, de controle e os dispositivos de microondas eram produzidos com o mesmo equipamento e pelo mesmo processo de antes. No entanto, eliminaram-se os pontos de inspeção separados. Cada estação de trabalho passara a ser responsável por identificar e corrigir seus próprios problemas de qualidade.

O tamanho dos lotes e o fluxo de produção eram consideravelmente diferentes. Em vez de produzir placas em lotes para um mês, a TMS (tecnologia de montagem em superfície) operava tão-somente um número de placas suficiente para suprir um dia de

---

* N. de T.: Recuperando uma vantagem competitiva mediante excelência em produção.

ESTUDO DE CASO

montagem final. Os tamanhos dos lotes correspondiam a não mais que duas horas de montagem das placas, depois da TMS (processamento manual, soldagem por ondulação e despaletização).

O fluxo de produção era controlado por prateleiras "kanban"[6] dispostas entre cada estação de trabalho. Os operadores de cada estação eram instruídos a trabalhar num dado lote de placas somente quando uma bandeja vazia aparecesse entre sua estação e a seguinte. Quando determinada estação requeria mais de um certo tipo de placa, o operador colocava na prateleira uma bandeja vazia (contendo um cartão de controle de produção indicando o tipo e o número de placas requeridos). Isso sinalizava ao operador da estação precedente a necessidade de produzir um lote com tais placas. O operador que recebia esse "sinal de produção" primeiro checava o estoque contido na prateleira entre sua estação e a anterior; se ali estivessem os materiais em processo ou os componentes apropriados, ele podia então começar a processá-los imediatamente. Caso contrário, teria de solicitá-los à estação anterior, colocando na prateleira uma bandeja vazia com o cartão de controle de produção adequado. Mediante essa cadeia kanban, os materiais e componentes em processo fluíam, conforme necessário, entre as estações de trabalho *conectados*.

O fluxo de materiais através da submontagem era controlado de maneira similar pela linha de montagem final. Quando necessário, a montagem final retirava pequenos lotes de placas (um suprimento para 15 a 30 minutos) da prateleira kanban localizada após a área de despaletização. O pequeno lote era então testado. As placas reprovadas eram enviadas a uma área de retrabalho designada especialmente para a LPM. Quanto ao número máximo de placas permitido na área de retrabalho, fora fixado um limite. Uma vez alcançado, a operação de submontagem era interrompida até que a causa do problema de qualidade fosse identificada e corrigida. Esperava-se que esse procedimento, ao chamar a atenção para os defeitos dos produtos e compelir a administração das oficinas a lidar com suas causas, contribuiria para manter o processo sob controle.

A seguir, as placas passavam pela estação de integração de unidades, onde os três componentes principais eram unidos. A LPM operava como uma linha de montagem no ritmo dos trabalhadores. Concluída uma dada etapa de montagem, o operador movia a peça de trabalho através da bancada até a bandeja de trabalho da estação seguinte, alguns metros adiante. Essas bandejas comportavam no máximo seis peças de trabalho. Atingida sua capacidade total, o operador da estação anterior era instruído a interromper o trabalho, que só poderia ser retomado quando a bandeja contivesse menos de seis peças em processo. Ao fim da LPM, uma estação de trabalho selada[7] executava o teste final. As unidades reprovadas nesse teste eram mandadas para outra estação de retrabalho. Se nessa estação fosse verificado o equivalente a um dia de estoque acumulado, toda a linha de produção era interrompida.

Na LPM, cada operário recebia 15 horas de treinamento em métodos de trabalho, inspeção de qualidade e controle estatístico de processo.

---

[6] "Kanban" é uma palavra japonesa que significa "sinal". Refere-se aos cartões ou sinais afixados nos contêineres com trabalho em processo encontrados em algumas fábricas japonesas que utilizam o sistema *just-in-time*.
[7] Essa estação era selada para prevenir que o vazamento de microondas invalidasse a testagem.

ESTUDO DE CASO

Resultados da LPM: abril-junho de 1987

A LPM deu início à produção do Sprectrum 1 em 7 de abril de 1987. Ao final de junho, foi concluído um estudo da linha modelo (piloto). Os dados (resumidos na **Ilustração 4**) sugeriram à Whistler a possibilidade de obter melhorias substanciais na produtividade dos empregados, dos equipamentos e do espaço se os métodos de produção empregados na LPM fossem estendidos à produção de todos os detectores de radar da empresa. Fora isso, a LPM permitia à Whistler fabricar uma unidade do Spectrum 1 do começo ao fim em apenas um dia e meio, em comparação com os 23 dias exigidos pelo sistema tradicional.

Uma das opções era implementar os conceitos da LPM em toda a fábrica de Westford. Esperava-se que os ganhos previstos possibilitassem à Whistler fechar a fábrica de Fitchburg e, por conseguinte, reduzir sua força de trabalho total. No entanto, diversas questões permaneciam em aberto.

Alguns gerentes da empresa duvidavam que os resultados do projeto-piloto pudessem ser repetidos no âmbito da fábrica. Além disso, que linhas de produto seriam mais adequadas a um processo de produção repetitivo? Eis o que argumentava Ed Johnson, diretor de *marketing* da empresa:

> É uma medida extremamente arriscada. Estamos falando em mudar todo o sistema de produção e, talvez, em fechar uma das fábricas. Francamente, essa possibilidade me dá calafrios. Qualquer interrupção de grandes proporções em nossa produção pode nos prejudicar seriamente. Sei que no momento as coisas não vão bem, mas pelo menos estamos entregando os produtos. Concordo que as mudanças na produção são necessárias, mas devemos fazê-las de maneira mais lenta e gradual.

Larry Santos, gerente da fábrica de Fitchburg, também mostrava inquietação:

> Sei que vai parecer que só estou preocupado com meu emprego, mas sou obrigado a dizer que não tenho certeza de que fechar Fitchburg seja a melhor

ILUSTRAÇÃO 4

Resultados do projeto-piloto do RACE-ME (dois meses de operação)

Categoria	Janeiro de 1987*	Junho de 1987
Produção (unidades) por empregado direto	100	237
Produção (unidades) por pés quadrados	100	146
Trabalho em processo (unidades)	100	46
Placa de FR: rendimento de primeira passagem	100	114
Despesas gerais variáveis**	100	68
Sucata	100	17

*Nota: 100 = índice de cada categoria.
**A mão-de-obra indireta (operadores de materiais, empregados de estoque) respondia por praticamente todas as despesas gerais variáveis.

ESTUDO DE CASO

decisão. Em primeiro lugar, a fábrica está funcionando há apenas dois anos. As pessoas que lá trabalham têm mostrado verdadeiro comprometimento. Na verdade, a maioria dos problemas de qualidade e cronograma começou em Westford.

Sharon Katz, diretor de planejamento de operações, também estava preocupado com o fechamento de Fitchburg:

> Tenho que concordar com Larry sobre o fechamento de Fitchburg, mas por uma razão diferente. Se nosso plano for crescer, vamos acabar precisando da capacidade extra que a fábrica de Fitchburg nos oferece. Será muito caro iniciar uma nova fábrica em poucos anos.

A vice-presidente de finanças, Margaret Curry, tinha um ponto de vista mais radical:

> Estou bastante impressionada com os resultados da experiência da LPM, mas não penso que as economias de custo serão suficientes. Na verdade, não acredito que possamos competir fabricando nossos produtos nacionalmente.
>
> A opção *off-shore* nos dá uma enorme flexibilidade em matéria de fornecimento. Podemos pechinchar custo, qualidade e entrega entre os melhores fornecedores. Caso um deles não esteja dando certo, há uma porção de outros fornecedores asiáticos entre os quais escolher. De mais a mais, podemos lidar com os riscos de câmbio com opções de *hedge* apropriadas, de modo que isso não deve dificultar nossa análise.

Dentro da empresa, alguns acreditavam que, apesar do sucesso do projeto-piloto da LPM, não era com a produção que a Whistler devia se preocupar. Eis o que comenta um executivo que trabalhara na empresa por oito anos:

> Concordo com Margaret. Devíamos nos concentrar naquilo que fazemos melhor, talvez melhor que qualquer um de nossos concorrentes: o *design* e a engenharia. A vantagem competitiva de que desfrutamos está no alto desempenho que oferecemos num pequeno pacote. Mas a Cobra, a Bel e outras concorrentes estão realmente pressionando nossa liderança tecnológica. Se tentarmos fazer todas as coisas ao mesmo tempo, vamos acabar perdendo nossa vantagem tecnológica. A produção, ainda que obviamente seja uma parte importante da cadeia de valor, pode ser administrada de modo eficiente por nosso parceiro coreano ou por outros fornecedores extrangeiros, se necessário. Cada dólar que economizamos fabricando nossos produtos no estrangeiro é um dólar que podemos investir no desenvolvimento de produto.

Ed Johnson acrescenta: "Ou um dólar que podemos usar em publicidade e pesquisa de mercado".

Richard Packer, membro da equipe externa de consultoria, levantou a seguinte questão: "Creio que um benefício da LPM foi negligenciado. Ao diminuir o tempo de produção de 23 dias para um dia e meio, o novo sistema proporciona flexibilidade para responder rapidamente às mudanças do mercado".

ESTUDO DE CASO

Charles Stott, no entanto, estava preocupado com questões mais amplas. O mercado de detectores de radar basicamente parara de crescer. Além disso, dois Estados haviam proibido recentemente seu uso, enquanto vários outros cogitavam a aplicação da mesma lei. O mercado doméstico poderia evaporar-se rapidamente. Expandir as vendas estrangeiras pela Europa, o segundo maior mercado potencial, não era uma opção realista, visto que a legislação da maioria dos países do velho continente já proibia a circulação dos detectores. Na opinião de Stott, diversificar a produção da empresa logo seria um imperativo estratégico. O departamento de *marketing* já estava à procura de possíveis linhas de produto que pudessem ser vendidas mediante os mesmos canais de distribuição sob a marca Whistler. O setor de engenharia de projetos, por sua vez, havia começado projetos de desenvolvimento iniciais de novos de produtos em várias áreas – rádios faixa-cidadão, cargas de bateria, aparelhos antifurto, antenas amplificadoras de sinal para celular, lâmpadas de emergência, bafômetros, radares anticolisão, escâneres e rádios navais UHF. Em vista dessas mudanças nos negócios da Whistler, Stott vislumbrava o papel que a produção desempenharia no futuro da empresa.

ÍNDICE

análise de caso,
    abordagem para a leitura de um caso, 23–24
    avaliação de critérios de decisão, 29–31, 37–41
    descrição de processo (*ver* processo para trabalhar com casos)
    exemplo de processo (*ver* análise do caso "Malásia...")
    exigência de leitura ativa, 21–23, 28, 33–36
    habilidades necessárias, 14–15
    identificação de problema, 29–31, 37–38, 40–41 (*ver também* análise de problema)
    importância das boas habilidades redacionais, 14–16
    método do caso *versus* sistema de preleção, 14–15
    métodos qualitativos e, 32–33
    natureza heurística dos casos, 27–28
    realizando avaliações, 30–32, 38–41
    uso de regras apropriadas, 31–34
análise de caso da controvérsia RIM
    consideração de alternativas, 76–77
    desenvolvimento de hipóteses, 73–74
    desenvolvimento de plano de ação, 75–77
    identificação da situação, 71–72
    questões a considerar, 72–73
    verificação da hipótese e diagnóstico, 73–76
análise de decisão
    análise de opções, 69–71
    avaliação de critérios, 29–31, 37–41
    crítica de caso (*ver* ensaios sobre decisão)
    desenvolvimento de plano de ação, 70–72
    exemplo de caso (*ver* análise da controvérsia no caso do anel isolante RIM)
    fazendo uma recomendação, 70–71
    identificação de opções, 67–68
    seleção de critérios, 68–70
análise de problema
    análise causa-efeito, 54–55
    crítica de caso (*ver* ensaios sobre problemas)
    definição do problema e diagnóstico, 54
    elementos de um problema, 54
    exemplo de caso (*ver* análise do caso "Allentown...")
    exemplos de reconhecimento de situação, 54–58
    identificação de causas, 57–59
    identificando o problema, 29–30, 37–38, 40–41
    recomendação de ação, 54–55
    típica apresentação de problemas nos casos, 53
análise de regras, 31–34
análise do caso "Allentown..."
    alternativas consideradas, 64–65, 88
    análise de erros corporativos, 62–63
    desenvolvimento de hipóteses, 60–61, 83–85
    ensaio-exemplo, 123–127
    identificação de critérios avaliativos, 82–84
    identificação de justificativas, 86–88
    identificação de situações, 58–60, 82–83
    questões a considerar, 59–61
    questões culturais, 62–63
    recomendação de ação, 64, 87–88
    reconhecimento de problema, 54–56
    verificação de hipótese e diagnóstico, 60–64, 84–87
análise do caso "Malásia...",
    avaliação de critérios de decisão, 44–45
    avaliação de hipóteses, 50–51
    consideração de alternativas, 50–51

consideração de questões econômicas, 46–48
consideração de questões sociopolíticas, 47–50
desenvolvimento de hipóteses, 44–47
identificação de situação, 43–44
prova e ação respaldando a hipótese, 46–50
avaliando um caso
    análise de evidências, 80–81
    consideração de alternativas, 88
    crítica do caso (*ver* ensaios sobre decisão)
    escopo de, 81–82
    fazendo avaliações, 30–32, 38–41
    identificação de justificativas, 81–82
    parecer final [bottom-line judgment], 80–82
    recomendação de ação, 81–82
    seleção de critérios, 80–81, 159–160
    seleção de termos, 80–81

Cagne, Chris, 96
caso "EPD". Ver análise de caso "Allentown...";
caso "General Motors...". *Ver* análise de caso da controvérsia RIM

desenvolvimento de hipóteses
    caso "Allentown...", 60–64, 83–87
    caso "Malásia...", 44–51
    caso da controvérsia RIM, 73–76
    distribuição de tempo para um caso, 37
    processo para trabalhar com casos, 37–41
    uso em análise, 34–36
distribuição de tempo para um caso
    consideração de alternativas, 40–41
    desenvolvimento de hipóteses, 37
    identificação da situação, 35–36
    identificando questões específicas da situação, 36–37
    prova e ação, 39–40
    quantidade total de tempo, 34–35, 96–98

ensaio de caso "General Electric...", 140–146
ensaio-exemplo do caso "Bolivar Default...", 164–169
ensaio-exemplo do caso "Whislter", 55–149
ensaios sobre avaliação
    apresentação de planos de ação, 151–163
    declaração de parecer final, 158–159

declarações de critérios, 158–160
elementos, 157–158
ensaio-exemplo, "Bolivar Default...", 164–169
identificação de justificativas, 162–163
modelo de planejamento, 168–171
prova da avaliação, 159–163
uso do modelo "prova e declaração" 158
ensaios sobre decisão
    apresentação de opções, 133–135
    apresentação de planos de ação, 138–140
    crítica de opções, 137–139
    declaração de recomendação, 132–134
    declarações de critérios, 134–137
    ensaio-exemplo, caso "General Electric...", 140–146
    ensaio-exemplo, caso "Whistler...", 145–149
    modelo de planejamento, 150–152
    organização do modelo "declaração e prova", 131–132
    organização do modelo "prova e declaração", 132–133
    prova da opção recomendada, 137–138
ensaios sobre problemas
    apresentação de medidas do plano de ação e cronograma, 122
    declaração de diagnóstico, 117–119
    definição de problema, 117–118
    ensaio-exemplo, 123–127
    exemplo de prova das ligações causais, 118–122
    isolamento de causas, 117–118
    modelo de planejamento, 126–129
    organização, 117–118
escrevendo sobre um caso. *Ver* redações baseadas em casos

habilidades de discussão
    base de colaboração, 92–93
    boas estratégias de redução de riscos, 95–97
    distribuição de tempo para a preparação de casos, 96–98
    expectativas de desempenho pessoal, 91–93
    importância de ouvir, 98–100
    impressões equivocadas sobre análises de caso, 91–92
    lendo o caso ativamente e, 97–98

lugar do humor nas discussões de caso, 98–99
más estratégias de redução de riscos, 93–96
permitindo tempo para reflexão, 100–101
preocupações comuns dos estudantes, 92–94
reconhecimento do fator social, 97–99
sendo paciente consigo mesmo, 100–101
Hu, Vvivi Rongrong. 94–95

Kotter, John, 82–84
Kulich, Rasto, 96–99

leitura ativa de um caso
   abordagens para ler um caso, 21–23, 28, 97–98
   instrumentos redacionais, 39–40
   papel no processo da análise de caso, 33–36

método do caso em sala de aula
   características de um caso, 21
   descrição de caso de administração, 21
   padrão de pergunta e resposta, 19–20
   papel do instrutor, 20
   papel do leitor, 10–11, 23–24
   tratamento das informações, 21–23
   uso de inferências, 21–22
método socrático, 13, 95–96
modelo "declaração e prova", 131–132
modelo "prova e declaração", 132–133, 158
   evidências quantitativas, 109–110
   métodos quantitativos, 110–111
modelo de argumento, 16–18

navalha de Ockham, 58–59

persuasão
   definição, 15–16
   ensaios de caso persuasivos, 105–106
   meios de persuadir uma audiência, 16–17, 51
   uso da relação conclusão-evidência, 16–18, 51
Pondo o plano de ação no papel
   argumento *versus* plano, 111
   consciência dos riscos, 114–115
   conteúdo concreto do argumento, 112–113
   declaração de metas com base no argumento, 111–113
   medidas recomendadas, 112–114
   organização de medidas, 113–115
   para ensaios sobre avaliação, 162–163
   para ensaios sobre decisão, 138–140
   para ensaios sobre problemas, 54–55
ponto de vista em um caso, 34–35
processo para trabalhar com casos
   avaliação de hipóteses, 40–41
   consideração de alternativas, 40–41
   desenvolvimento de hipóteses, 37–40
   estoque de conteúdos, 37
   exemplo de processo (*ver* análise do caso "Malásia...")
   identificação de situação, 35–37
   identificando questões específicas da situação, 36–37
   prova e ação, 39–41

redação de ensaio. Ver redações baseadas em caso;
redações baseadas em casos
   apresentação de plano de ação (*ver* Pondo o plano de ação no papel)
   declaração de tomada de posição, 105–109
   ensaios sobre decisão (*ver* ensaios sobre decisão)
   ensaios sobre problemas (*ver* ensaios sobre problemas)
   uso de evidências, 108–111
regras, importância da informação, 33–34

Sharma, Agam, 97–98
sistema de preleção em escolas, 14–15

Vatasescu, E. Ciprian, 96

Walker, Maureen, 95–97
Watanabe, Yusuke, 100–101